Teoria e Prática do Direito Imobiliário

AQUISIÇÃO • PERDA • DEFESA • AÇÕES

4ª EDIÇÃO
REVISTA, AMPLIADA E ATUALIZADA

EDITORA AFILIADA

"O livro é a porta que se abre para a realização do homem."

Jair Lot Vieira

Gabriel J. P. Junqueira

Teoria e Prática do Direito Imobiliário

Aquisição • Perda • Defesa • Ações

4ª EDIÇÃO
REVISTA, AMPLIADA E ATUALIZADA

TEORIA E PRÁTICA DO DIREITO IMOBILIÁRIO
Aquisição – Perda – Defesa – Ações

Gabriel J. P. Junqueira

4ª Edição – 2008

Supervisão editorial: *Jair Lot Vieira* e *Mariana Lot Vieira*
Coordenação editorial: *Júlia Carolina de Lucca*
Produção gráfica e editorial: *Alexandre Rudyard Benevides ME*
Digitação: *Disquetes fornecidos pelo Autor*
Revisão: *Ricardo Virando* e *Luana da Costa Araújo Coelho*
Capa: *Equipe EDIPRO*

Nº de Catálogo: 1081

Dados Internacionais de Catalogação na Publicação (CIP)
(Câmara Brasileira do Livro, SP, Brasil)

Junqueira, Gabriel J. P.
  Teoria e prática do direito imobiliário: aquisição, perda, defesa, ações / Gabriel J. P. Junqueira / Bauru, SP: EDIPRO, 4ª ed., rev. atual., ampl. 2008.

  Bibliografia
  ISBN 978-85-7283-629-6
  1. Direito imobiliário – Brasil   I. Título

| 02-4601 | CDU-347.235(81) |

Índices para catálogo sistemático
1. Brasil : Direito imobiliário : 347.235(81)

edições profissionais ltda.

São Paulo: Fone (11) 3107-4788 – Fax (11) 3107-0061
Bauru: Fone (14) 3234-4121 – Fax (14) 3234-4122
edipro@edipro.com.br

À *Marilena*, minha mulher.

Ao *Luciano*, advogado;
e ao *Lélio*, engenheiro civil,
meus filhos.

Ao *Luiz Batista Pereira de Carvalho*
advogado, meu sobrinho.

Ao *Wagner Veneziani Costa,*
advogado, meu amigo e incentivador.

SUMÁRIO

Capítulo I
NOÇÕES GERAIS SOBRE O DIREITO IMOBILIÁRIO 25
1.1. DIREITO IMOBILIÁRIO 25
    1.1.1. Conceito 25
    1.1.2. Direito Real 25
    1.1.3. Domínio 26
    1.1.4. Direito Pessoal 26
1.2. A PROPRIEDADE IMÓVEL 27
    1.2.1. Conceito de Propriedade 27
    1.2.2. Propriedade Imóvel 27
    1.2.3. Algumas de suas Conseqüências 28
    1.2.4. Limitações da Propriedade Imóvel 28
    1.2.5. Bens Imóveis Considerados pelo CC 28
    1.2.6. Elementos Constitutivos da Propriedade Imóvel 29
    1.2.7. Propriedade Plena 29
    1.2.8. Propriedade Limitada 30
1.3. DA AQUISIÇÃO DA PROPRIEDADE IMÓVEL 30
    1.3.1. Elementos Essenciais à Aquisição da Propriedade Imóvel 30

1.3.2. Aquisição da Propriedade Imóvel	31
1.3.3. Da Usucapião	31
1.3.4. Usucapião Rural	31
1.3.5. Usucapião Urbano	32
1.3.6. Justo Título	34
1.3.7. Imóveis Públicos – Não estão Sujeitos à Usucapião	34
1.3.8. Da Aquisição pelo Registro do Título	35
1.3.9. Da Aquisição pela Acessão	35
1.3.10. Das Ilhas	36
1.3.11. Da Aluvião	36
1.3.12. Da Avulsão	37
1.3.13. Do Álveo Abandonado	37
1.3.14. Das Construções e Plantações	37
1.3.15. Direito Hereditário	38
1.3.16. Aberta a Sucessão	38
1.3.17. Suceder	38
1.3.18. Transferência do Domínio e a Posse	38
1.3.19. Momento da Morte	39
1.3.20. Direito à Sucessão Aberta	39
1.3.21. Registro dos Títulos Translativos da Propriedade	39
1.3.22. Dos Atos Jurídicos Sujeitos ao Registro	40
1.3.23. Cessão de Direitos Hereditários	40
1.3.24. Transferência de Domínio	40
1.3.25. Direito Hereditário	40
1.4. PERDA DA PROPRIEDADE IMÓVEL	41
1.4.1. Como se Perde a Propriedade	41
1.4.2. Pela Alienação	42
1.4.3. Alienação Voluntária	42
1.4.4. Alienação Forçada	42
1.4.5. Alienação a Título Gratuito	43

1.4.6. Alienação a Título Oneroso	43
1.4.7. Pela Renúncia	43
1.4.8. Abandono Puro e Simples	43
1.4.9. Por Perecimento da Coisa	44
1.4.10. Perda por Desapropriação	44
1.5. DEFESA DA PROPRIEDADE IMÓVEL	44
1.5.1. Posse	44
1.5.2. Conceito de Posse	45
1.5.3. Posse e Propriedade	45
1.5.4. Como se adquire a Posse	46
1.5.5. Transmissão da Posse	47
1.5.6. Sucessor Universal da Posse	47
1.5.7. Sucessor a Título Universal e Singular	47
1.5.8. Não Induzem Posse	47
1.5.9. O Acessório segue o Principal	48
1.5.10. Efeitos da Posse	48
1.5.11. Espécies de Posse	49
1.5.12. *Jus Possessionis* e *Jus Possidendi*	50
1.5.13. Perda da Posse	51
1.5.14. Pelo Abandono	51
1.5.15. Pela Tradição	51
1.5.16. Pela Destruição	52
1.5.17. Extravio	52
1.5.18. Por Serem Postas Fora do Comércio	52
1.5.19. Pela Posse de Outrem	52
1.6. DOS DIREITOS DE VIZINHANÇA	53
1.6.1. Uso Nocivo da Propriedade	53
1.6.2. Vizinhança	54
1.6.3. Segurança	54
1.6.4. Sossego	54
1.6.5. Saúde	54
1.6.6. Árvores Limítrofes	55
1.6.7. Raízes e Ramos	56
1.6.8. Frutos Caídos	56

1.7. DIREITO DE PASSAGEM	57
1.8. DA PASSAGEM DE CABOS E TUBULAÇÕES	58
1.9. DAS ÁGUAS. PASSAGEM PELO TERRENO VIZINHO	59
1.10. LIMITES ENTRE PRÉDIOS – DIREITO DE TAPAGEM	61
1.11. DIREITO DE CONSTRUIR	62
1.11.1. Direito do Proprietário	62
1.11.2. Obras Públicas	63
1.11.3. Prazo de Prescrição	64

Capítulo II
ATOS PRIVATIVOS DA PROPRIEDADE IMÓVEL

ATOS PRIVATIVOS DA PROPRIEDADE IMÓVEL	69
2.1. DESAPROPRIAÇÃO	69
2.1.1. Conceito	69
2.1.2. Desapropriação Mediante Acordo	70
2.1.3. Ilegalidade da Desapropriação	71
2.1.4. Quando cabe Mandado de Segurança	71
2.1.5. Defesa do Expropriado	71
2.1.6. Desapropriação Indireta	71
2.1.7. Retrocessão	72

Capítulo III
ATOS CONSTITUTIVOS DE DIREITOS DA PROPRIEDADE IMÓVEL

ATOS CONSTITUTIVOS DE DIREITOS DA PROPRIEDADE IMÓVEL	73
3.1. CONDOMÍNIO	73
3.1.1. Condomínio, Compropriedade ou Co-Propriedade	73
3.1.2. Coisa Indivisível	74
3.1.3. Venda ou Divisão Obrigatória da Propriedade em Comum	74
3.1.4. Uso e Gozo em Comum	75
3.1.5. Preferência na Locação	75
3.1.6. Administração	75
3.1.7. Frutos da Coisa	76

3.1.8. Comunhão 76
3.1.9. Classificação da Comunhão 76
3.1.10. Obrigações na Comunhão 77
3.1.11. Formas de Extinção do Condomínio 77
3.2. CONDOMÍNIOS EM PRÉDIOS OU EDIFÍCIOS 78
 3.2.1. Norma Jurídica Reguladora 78
 3.2.2. Unidade Autônoma 78
 3.2.3. Direitos de Uso e Gozo 78
 3.2.4. Convenção de Condomínio 79
 3.2.5. Regimento Interno 79
 3.2.6. Da Unidade Autônoma 79
 3.2.7. Síndico 79
 3.2.8. Assembléia Geral 80
 3.2.9. Extinção do Condomínio Horizontal 80
 3.2.10. Vagas em Garagens 80
 3.2.11. Condomínio Não é Pessoa Jurídica 80
 3.2.12. Falta Imputável ao Síndico 81
 3.2.13. Usucapião de Área Comum 81
3.3. INCORPORAÇÃO IMOBILIÁRIA 81
 3.3.1. Conceito 81
 3.3.2. Direito dos Vizinhos 82
 3.3.3. Regulamentos Administrativos 82
3.4. O INCORPORADOR 82
 3.4.1. Conceito 82
 3.4.2. Quem Pode Ser Incorporador 83
 3.4.3. Atribuições do Oficial de Registros 83
3.5. LOTEAMENTO 84
 3.5.1. Conceito 84
 3.5.2. Zona Urbana 84
 3.5.3. Zona Rural 85
3.6. DESMEMBRAMENTO 85
 3.6.1. Conceito 85
 3.6.2. Dos Contratos 86
 3.6.3. Transferência dos Contratos ou Cessões 87

3.6.4. Mora do Devedor 87
3.6.5. Vendas de Lotes Não Registrados 87
3.6.6. Crimes de Responsabilidade dos Funcionários Públicos 88
3.6.7. Venda de Lote Contra Disposição Legal 89
3.6.8. Loteamento de Fato 89
3.6.9. Loteamento de Direito 89
3.6.10. Benfeitorias 89
3.6.11. Constituição de 1988 90
3.6.12. Foro 90

Capítulo IV
ATOS ACESSÓRIOS DISPOSITIVOS DA PROPRIEDADE IMÓVEL 91
4.1. DAS CLÁUSULAS 91
4.2. CLÁUSULA DE IMPENHORABILIDADE 91
    4.2.1. Conceito 92
    4.2.2. Impenhorabilidade oriunda de Lei 92
    4.2.3. Impenhorabilidade por Ato Bilateral 92
    4.2.4. Impenhorabilidade por Ato Unilateral 92
4.3. INALIENABILIDADE 93
    4.3.1. Conceito 93
    4.3.2. A Cláusula de Inalienabilidade Abrangerá os Frutos e Rendimentos? 94
    4.3.3. Forma de Instituição 94
4.4. CLÁUSULA CONSTITUTI OU CONSTITUTIVA (CONSTITUTO POSSESSÓRIO) 95
    4.1. Conceito 95
4.5. CLÁUSULA DE ARREPENDIMENTO 95
    4.5.1. Conceito 95
    4.5.2. Irretratabilidade e Irrevogabilidade 96
    4.5.3. Conveniência da Cláusula de Arrependimento . 96
    4.5.4. Da Rescisão na Irretratabilidade 97
    4.5.5. Resilição por Mútuo Consentimento 97
    4.5.6. Plena Capacidade das Partes 97

4.5.7. Recusa de Escritura	97
4.5.8. Execução do Contrato	97
4.5.9. Quem Promete Vender deve ser Dono com Título Registrado	98
4.6. CLÁUSULA DE REVERSÃO OU RETORNO	98
4.6.1. Conceito	98
4.7. CLÁUSULA DE PREFERÊNCIA OU PREEMPÇÃO ..	98
4.7.1. Conceito	98
4.8. CLÁUSULA DE RETROVENDA (RESGATE OU RETRATO)	99
4.8.1. Conceito	99
4.8.2. Em Caso de Recusa	99
4.8.3. Prazo para o Resgate	99
4.8.4. Vencido o Prazo	100
4.8.5. Direito de Resgate é Transmissível	100
4.8.6. Da Venda do Imóvel a Terceiros	100
4.9. CLÁUSULA PENAL (OU CONVENCIONAL)	101
4.9.1. Conceito	101
4.9.2. Finalidade	101
4.9.3. A Pena é Criminal ou Econômica?	101
4.9.4. Extensão da Multa	101
4.9.5. Cláusula Penal e Arras	102

Capítulo V
ATOS TRANSLATIVOS DA PROPRIEDADE IMÓVEL	103
5.1. SUB-ROGAÇÃO DE BENS E DE VEÍCULO	103
5.1.1. Conceito	103
5.1.2. Ligeiras Considerações sobre a Alienação ...	104

Capítulo VI
DIREITOS REAIS, ALÉM DA PROPRIEDADE	105
6.1. ENFITEUSE	105
6.1.1. Conceito	105
6.1.2. Do Resgate pelo Antigo Código (Lei nº 3.071, de 1º.1.1916)	106

	6.1.3. Da Transmissão aos Herdeiros............	106
	6.1.4. Impostos sobre a Enfiteuse...................	107
	6.1.5. Da Venda do Domínio Útil.....................	107
	6.1.6. Da Transferência do Domínio................	107
	6.1.7. Penhora na Enfiteuse...........................	107
	6.1.8. Extinção da Enfiteuse..........................	108
	6.1.9. Ações Relativas à Enfiteuse.................	108
6.2.	SERVIDÕES...	109
	6.2.1. Conceito...	109
	6.2.2. Como se Constituem as Servidões........	110
	6.2.3. A Servidão Não se Presume.................	110
	6.2.4. Registro das Servidões.......................	110
	6.2.5. Remoção da Servidão.........................	111
	6.2.6. Por que Meios se Procede a Mudança da Servidão?..	111
	6.2.7. Será Válida Convenção de Não Pedir a Transferência da Servidão?............................	111
	6.2.8. Algumas Espécies de Servidões...........	112
	6.2.9. Extinção das Servidões......................	112
6.3.	AÇÕES RELATIVAS ÀS SERVIDÕES............	113
	6.3.1. Ação Confessória...............................	113
	6.3.2. Condições da Ação.............................	114
	6.3.3. Defesa que Cabe ao Réu.....................	114
	6.3.4. Ação Negatória..................................	114
	6.3.5. Condições da Ação Negatória..............	114
	6.3.6. Defesa do Réu na Ação Negatória........	115
	6.3.7. Ação Publiciana.................................	115
	6.3.8. Finalidade...	115
	6.3.9. Ações Possessórias...........................	116
	6.3.10. Interdito Proibitório..........................	116
	6.3.11. Nunciação de Obra Nova...................	117
6.4.	USUFRUTO..	117
	6.4.1. Conceito..	117

6.4.2. Usufrutuário	118
6.4.3. Pode Ceder a Propriedade?	118
6.4.4. Pode Mudar a Destinação?	118
6.4.5. Deterioração Resultante do Uso	119
6.4.6. Extinção do Usufruto	119
6.4.7. Conseqüências da Extinção do Usufruto	119
6.5. DO USO	120
6.5.1. Conceito	120
6.5.2. Extinção do Uso	120
6.6. DA HABITAÇÃO	120
6.6.1. Conceito	120
6.6.2. Como se Constitui	121
6.6.3. Direitos do Usuário	121
6.6.4. Extinção	121
6.6.5. Direito do Promitente Comprador	121
6.7. CONCESSÃO DE USO DA SUPERFÍCIE	122

Capítulo VII
DIREITOS REAIS DE GARANTIA	125
7.1. DEFINIÇÃO	125
7.2. PENHOR	126
7.2.1. Conceito	126
7.2.2. Podem ser Objeto de Penhor	126
7.2.3. Do Registro do Penhor	127
7.2.4. Obrigações do Credor	128
7.2.5. Extinção do Penhor	128
7.3. ANTICRESE	129
7.3.1. Conceito	129
7.3.2. Distinção entre Penhor e Anticrese	129
7.3.3. Forma de Estipulação da Anticrese	130
7.3.4. Direitos e Obrigações do Credor Anticrético	130
7.3.5. Extinção	130
7.3.6. Ações da Anticrese	131

7.4. HIPOTECA 131
    7.4.1. Conceito 131
    7.4.2. Princípios que Regem a Hipoteca 132
    7.4.3. Pluralidade da Hipoteca 132
    7.4.4. Objeto da Hipoteca 133
    7.4.5. A Lei que Regula a Hipoteca 133
    7.4.6. Espécies de Hipoteca 133
    7.4.7. Condição Especial de Validade da Hipoteca 133
    7.4.8. Prazo 134
    7.4.9. Direitos Preferenciais 134
    7.4.10. Direito de Remição 134
    7.4.11. Remissão 135
    7.4.12. Extinção da Hipoteca 135

Capítulo VIII
INEXECUÇÃO DE OBRIGAÇÕES NAS TRANSAÇÕES IMOBILIÁRIAS E SUAS CONSEQÜÊNCIAS 137
    8.1. DA MORA NAS TRANSAÇÕES IMOBILIÁRIAS 137
        8.1.1. Conceito de Mora 137
        8.1.2. Mora do Devedor (*Mora Solvendi*) 137
        8.1.3. Requisitos da Mora do Devedor 138
        8.1.4. Conseqüências da Mora 138
        8.1.5. Se a Prestação se Torna Inútil ao Credor? .. 139
        8.1.6. Mora do Credor (*Mora Credendi*) 139
        8.1.7. Outros Efeitos da Mora do Credor 139
        8.1.8. Notificação 140
        8.1.9. Espécies de Notificações 140
        8.1.10. O Protesto 141
    8.2. PURGAÇÃO DA MORA 141
        8.2.1. O que Constitui 141
        8.2.2. Purgação 142
        8.2.3. O Pagamento por Terceiros é Válido? 142
        8.2.4. Dívida Portável e Reclamável (*Portables* e *Quérables*) 143
        8.2.5. Lugar do Pagamento por Força de Lei 143
        8.2.6. Se o Pagamento for de Entrega de Imóvel? 144

Capítulo IX
TUTELA DO PATRIMÔNIO IMOBILIÁRIO 145
   9.1. TUTELA PENAL E CÍVEL DO PATRIMÔNIO IMOBILIÁRIO 145
      9.1.1. Tutela Cível 145
      9.1.2. Tutela Penal 146
      9.1.3. Leis Esparsas 146

Capítulo X
AFETAÇÃO 147
   10.1. CONCEITO 147
   10.2. REGISTRO DE IMÓVEIS E NOTÁRIOS 150

Capítulo XI
ARBITRAGEM NO DIREITO BRASILEIRO 151
   11.1. ARBITRAGEM 151
   11.2. O QUE SE RESOLVE PELA ARBITRAGEM? 151
   11.3. DA UTILIZAÇÃO DA ARBITRAGEM 152
   11.4. ARBITRAGEM *AD HOC* 152
   11.5. DO PROCEDIMENTO ARBITRAL 152
   11.6. ARBITRAGEM POR EQÜIDADE 152
   11.7. O QUE É CONCILIAÇÃO? 153
   11.8. A ARBITRAGEM É FACULTATIVA OU COMPULSÓRIA? 153
   11.9. EXISTE VANTAGEM PELO PROCEDIMENTO DA ARBITRAGEM? 153
   11.10. EFEITOS DA SENTENÇA ARBITRAL 153
   11.11. DOS RECURSOS 153
   11.12. CLÁUSULA COMPROMISSÓRIA 154
   11.13. PACTO ADJETO 154

Capítulo XII
BEM DE FAMÍLIA E BENS DA MEAÇÃO 157
   12.1. BEM DE FAMÍLIA (Arts. 1.711 a 1.722 do CC) 157
      12.1.1. Conceito 157
      12.1.2. Pessoas que Podem Instituir o Bem de Família   157

12.1.3. Família Monoparental 158
12.1.4. No que Consiste o Bem de Família 158
12.1.5. Fixação dos Valores a Serem Instituídos 158
12.1.6. Efeitos do Bem de Família quanto à Impenhorabilidade e à Inalienabilidade 158
12.1.7. Dissolução da Sociedade Conjugal 159
12.1.8. Curatela 159
12.2. BENS DA MEAÇÃO 160
12.2.1. Conceito 160
12.2.2. No Direito Sucessório, Meação Indisponível .. 160
12.2.3. Meação Resguardada 160
12.2.4. Penhora em Bens da Meação 161
12.2.5. Defesa pela Mulher de sua Meação 161
12.2.6. Cabe Mandado de Segurança 161
12.2.7. Aval Dado pelo Marido 161
12.2.8. Fiança sem Outorga Uxória 161

Capítulo XIII
PARTE PRÁTICA 163
13.1. TRANSAÇÕES IMOBILIÁRIAS 163
13.1.1. Cautelas Preliminares 163
13.1.2. Identificação 164
13.1.3. Titularidade 165
13.1.4. Procuradores 165
13.1.5. Conhecer a Propriedade Imóvel 165
13.1.6. Terrenos ou Lotes 166
13.1.7. Restrições Urbanísticas 166
13.1.8. Apartamentos 166
13.1.9. Preço 166
13.1.10. Cartório de Registro 166
13.1.11. Inquilinos 167
13.1.12. Retomada 167
13.2. DOCUMENTAÇÃO IMOBILIÁRIA 168
13.2.1. Formalidades 168
13.2.2. Documento e Instrumento 168

13.2.3. Documento Particular	169
13.2.4. Documento Público	170
13.2.5. Falsidade de Documento	170
13.3. DOCUMENTOS NECESSÁRIOS NAS TRANSAÇÕES IMOBILIÁRIAS	171
13.3.1. Documentos Pessoais	171
13.3.2. Prova da Capacidade para Vender	172
13.3.3. Certidões	172
13.3.3.1. Pessoais	172
13.3.3.2. Certidões dos Cartórios de Protestos	172
13.3.3.3. Certidão Negativa Municipal	172
13.3.3.4. Outras Certidões	173
13.3.3.5. Loteamentos	173
13.3.3.6. Imóvel Rural	173
13.3.3.7. Prédios	173
13.4. TÍTULOS DE PROPRIEDADE DO IMÓVEL	173
13.4.1. Título de Propriedade	173
13.4.2. Certidão Atualizada	174
13.4.3. Certidões Gerais	174
13.4.4. Imóvel com Inquilino	175
13.5. TÍTULOS DE AQUISIÇÃO DA PROPRIEDADE IMÓVEL	175
13.5.1. Compra e Venda	176
13.5.2. Permuta (Troca – Escambo – Barganha)	176
13.5.3. Divisão	177
13.5.4. Partilha Amigável	177
13.5.5. Doação	177
13.5.6. Documentos Oriundos do Poder Judiciário, por Certidões ou Cartas	177
13.5.6.1. Formal de Partilha	177
13.5.6.2. Usucapião	178
13.5.6.3. Arrematação	178
13.5.7. Adjudicação	179
13.5.7.1. Na Sucessão	179
13.5.7.2. Em Vendas de Terrenos a Prestações	179

13.6. REGISTRO DE IMÓVEIS 180
    13.6.1. Registro 180
    13.6.2. Do Registro de Imóveis 180
    13.6.3. Segurança do Registro 180
    13.6.4. Função do Registro de Imóveis 181
    13.6.5. Da Responsabilidade do Oficial do Registro ... 181
    13.6.6. Inovações da Lei nº 6.015/1973 181
13.7. ATOS PRINCIPAIS DO REGISTRO DE IMÓVEIS 182
    13.7.1. Matrícula 182
    13.7.2. Registro 182
    13.7.3. Averbação 183
    13.7.4. Prenotação 183
    13.7.5. Negação do Registro 183
13.8. DA RETIFICAÇÃO DO REGISTRO 184
    13.8.1. Se o Teor do Registro Não Exprimir a Verdade. 184
    13.8.2. Erro Evidente 185
13.9. REGISTRO TORRENS 185
    13.9.1. Definição 185
    13.9.2. Características 185
    13.9.3. Sua Feitura 186
13.10. LIVROS DO CARTÓRIO DE REGISTRO DE IMÓVEIS 186
    13.10.1. Protocolo 187
    13.10.2. Registro Geral 187
    13.10.3. Registro Auxiliar 187
    13.10.4. Indicador Real 188
    13.10.5. Indicador Pessoal 188

Capítulo XIV
MODELOS DAS AÇÕES MAIS USADAS NO DIREITO IMOBILIÁRIO 189
    14.1. Adjudicação a pedido do comprador 189
    14.2. Adjudicação a pedido do vendedor 191
    14.3. Alienação de bens de incapazes 192
    14.4. Alvará independente para outorga de escritura, quando não há bens a inventariar 193

14.5.	Alteração contratual para majoração do aluguel ou outra cláusula	194
14.6.	Ação anulatória de venda do imóvel	195
14.7.	Petição de cobrança de multa por não ter o locador usado o prédio para o fim declarado	196
14.8.	Ação cominatória – Direito de vizinhança	197
14.9.	Consignação de aluguéis em pagamento	198
14.10.	Petição de dano infecto	200
14.11.	Ação de demarcação	202
14.12.	Ação de demarcação e esbulho	204
14.13.	Ação demarcatória cumulada com queixa de esbulho	206
14.14.	Ação de despejo para fins de ampliação	208
14.15.	Despejo com base em denúncia vazia comercial	209
14.16.	Ação de despejo por falta de pagamento	211
14.17.	Ação de despejo por infração contratual	212
14.18.	Ação de despejo para uso de descendente, ascendente ou cônjuge	213
14.19.	Ação de despejo para uso próprio	214
14.20.	Ação de despejo de parte do imóvel para uso próprio	215
14.21.	Ação de despejo para reparações urgentes	216
14.22.	Ação de despejo por rescisão de contrato de trabalho	217
14.23.	Ação de reintegração por venda de imóvel	218
14.24.	Petição de ação divisória	219
14.25.	Embargo de obra	220
14.26.	Embargos de retenção por benfeitorias em locação	221
14.27.	Embargos de terceiros	223
14.28.	Ação de execução de aluguéis – Fiador ou inquilino	226
14.29.	Extinção de condomínio – Venda de coisa comum	227
14.30.	Extinção de servidão – Confessória	228

14.31. Extinção de usufruto ou fideicomisso 230
14.32. Especialização de hipoteca legal 231
14.33. Ação de evicção 232
14.34. Defesa da posse de violência iminente 233
14.35. Ação de manutenção de posse 235
14.36. Notificação para exercer direito de preferência em venda de imóvel locado 237
14.37. Notificação judicial – Pagamento em atraso ... 238
14.38. Petição de purga de mora e sub-rogação – Sublocatário 239
14.39. Purgação de mora – Aluguéis 240
14.40. Ação de remissão – Imóvel hipotecado 241
14.41. Reintegração de posse – Comodato 242
14.42. Ação renovatória comercial – Lei nº 8.245/ 1991 243
14.43. Ação rescisória de contrato 244
14.44. Rescisão contratual por mútuo acordo – Distrato 245
14.45. Retificação de área com citação dos confrontantes 246
14.46. Retificação de área com citação do alienante 248
14.47. Ação revisional de aluguel de acordo com a Lei nº 8.245/1991 249
14.48. Servidão de passagem – Negatória 251
14.49. Suprimento da outorga uxória 252
14.50. Usucapião urbano – Área de até 250m^2 – Prazo de 5 anos – CF de 1988 e CC art. 1.240 253
14.51. Usucapião rural – Especial – Prazo de 5 anos – CF de 1988, Lei nº 6.969/1981 e art. 1.239 do CC 255
14.52. Usucapião ordinário – Prazo de 10 anos 257
14.53. Usucapião extraordinário – 15 anos 259
14.54. Usucapião de servidão de passagem 261
14.55. Venda de quinhão 262
14.56. Petição concordando com o pedido de desocupação e requerendo prazo para desocupar 263

14.57. Modelo de petição de despejo para uso próprio – Através do juizado especial cível – Lei nº 9.099/1995 – art. 3º 264

14.58. Modelo de Cláusula Compromissória 265

Capítulo XV
LEGISLAÇÃO 267

15.1. **Lei nº 4.591, de 16 de dezembro de 1964** – *Dispõe sobre o condomínio em edificações e as incorporações imobiliárias* 267

Título I – Do Condomínio (arts. 1º a 27) 267
Capítulo I – Disposições Gerais (arts. 1º a 8º) 267
Capítulo II – Da Convenção de Condomínio (arts. 9º a 11) .. 268
Capítulo III – Das Despesas do Condomínio (art. 12) 269
Capítulo IV – Do Seguro, do Incêndio, da Demolição e da Reconstrução Obrigatória (arts. 13 a 18) 270
Capítulo V – Utilização da Edificação ou do Conjunto de Edificações (arts. 19 a 21) 271
Capítulo VI – Da Administração do Condomínio (arts. 22 e 23) 272
Capítulo VII – Da Assembléia Geral (arts. 24 a 27) 272
Título II – Das Incorporações (arts. 28 a 70) 273
Capítulo I – Disposições Gerais (arts. 28 a 31) 273
Capítulo I-A – Do Patrimônio de Afetação (arts. 31-A a 31-F) . 274
Capítulo II – Das Obrigações e Direitos do Incorporador (arts. 32 a 47) 279
Capítulo III – Da Construção de Edificação em Condomínio (arts. 48 a 62) 284
Seção I – Da Construção em Geral (arts. 48 a 54) 284
Seção II – Da Construção por Empreitada (arts. 55 a 57) 286
Seção III – Da Construção por Administração (arts. 58 a 62) 287
Capítulo IV – Das Infrações (arts. 63 a 66) 288
Capítulo V – Das Disposições Finais e Transitórias (arts. 67 a 70) 290

15.2. **Lei nº 9.307, de 23 de setembro de 1996** – *Dispõe sobre a arbitragem* 291
Capítulo I – Disposições Gerais (arts. 1º e 2º) 291
Capítulo II – Da Convenção de Arbitragem e seus Efeitos (arts. 3º a 12) 291

Capítulo III – Dos Árbitros (arts. 13 a 18) 293
Capítulo IV – Do Procedimento Arbitral (arts. 19 a 22) 294
Capítulo V – Da Sentença Arbitral (arts. 23 a 33) 295
Capítulo VI – Do Reconhecimento e Execução de Sentenças Arbitrais Estrangeiras (arts. 34 a 40) 297
Capítulo VII – Disposições Finais (arts. 41 a 44) 298

15.3. **Lei nº 10.931, de 2 de agosto de 2004** – *Dispõe sobre o patrimônio de afetação de incorporações imobiliárias, Letra de Crédito Imobiliário, Cédula de Crédito Imobiliário, Cédula de Crédito Bancário, altera o Decreto-Lei nº 911, de 1º de outubro de 1969, as Leis nº 4.591, de 16 de dezembro de 1964, nº 4.728, de 14 de julho de 1965, e nº 10.406, de 10 de janeiro de 2002, e dá outras providências* 298

Capítulo I – Do Regime Especial Tributário do Patrimônio de Afetação (arts. 1º a 11) 298

Capítulo II – Da Letra de Crédito Imobiliário (arts. 12 a 17) 300

Capítulo III – Da Cédula de Crédito Imobiliário (arts. 18 a 25) ... 301

Capítulo IV – Da Cédula de Crédito Bancário (arts. 26 a 45) 303

Capítulo V – Dos Contratos de Financiamento de Imóveis (arts. 46 a 52) 307

Capítulo VI – Disposições Finais (arts. 53 a 67) 308

BIBLIOGRAFIA 315

ÍNDICE ALFABÉTICO-REMISSIVO DOS MODELOS 319

CAPÍTULO I
NOÇÕES GERAIS SOBRE O DIREITO IMOBILIÁRIO

1.1. DIREITO IMOBILIÁRIO

1.1.1. CONCEITO

Direito Imobiliário é um complexo de normas que trata e rege a propriedade imóvel em todos os seus aspectos, isto é, sobre todas as coisas materiais consideradas imóveis. Todos os institutos jurídicos que se relacionam com imóveis ou dos atos a eles pertinentes pertencem ao Direito Imobiliário.

1.1.2. DIREITO REAL

Para compreender bem o Direito Imobiliário, faz-se mister o pleno conhecimento sobre direito real, que difere do direito pessoal.

Há, no Direito, dificuldade em conceituar o direito real em razão das diferentes teorias sobre a matéria. Para Mackeldey, o direito real é aquele que nos pertence tão diretamente sobre uma coisa, que ela se acha submetida ao nosso poder legal e a nossa vontade, seja sob todos os seus aspectos, seja sob alguns deles somente. Para Clóvis

Beviláqua, o direito real consiste no poder jurídico do homem sobre uma coisa determinada, afetando-a direta e imediatamente, sob todos ou certos aspectos ou respeitos. Adere à coisa, vinculando-a diretamente ao titular; segue a coisa ou objeto onde quer que se ache (direito de seqüela); não permite que outros se estabeleçam onde um já existe; é provido de ação real que prevalece contra qualquer detentor da coisa; o número de direitos reais é sempre limitado nas legislações; somente os direitos reais são suscetíveis de posse.

Portanto, em linhas gerais, direito real é o poder jurídico da pessoa sobre a coisa, aderindo a ela e prevalecendo contra todos. Vinculando a pessoa à coisa e à sua sujeição. O domínio é o mais completo direito real.

1.1.3. DOMÍNIO

No direito imobiliário, a palavra domínio tem um significado especial. Para Lafayette, *"domínio é o direito real que vincula e legalmente submete ao poder absoluto de nossa vontade a cousa corpórea, na substância, acidentes e acessórios".*

O domínio, considerado o mais completo direito real, está sujeito a inúmeras restrições, não podendo, assim, ser considerado absoluto, uma vez que esse direito só será exercido nos moldes e conforme os interesses da sociedade. Será domínio pleno quando o seu titular pode exercer todos os direitos que o constituem; limitado, quando lhe faltar, pelo menos, um de seus direitos elementares e que está sujeito a outro agente. Um dos exemplos de domínio limitado é o da cláusula de inalienabilidade, que afeta o poder de disposição.

1.1.4. DIREITO PESSOAL

Com a noção de direito real que versa sobre coisa móvel ou imóvel, corpórea, individuada e determinada em espécie, aquele que incide sobre a coisa – *jus in re* – ou seja, aquele que afeta a coisa direta e imediatamente sob certos aspectos e a segue em poder daquele que a detém, o direito pessoal é aquele de natureza pessoal, cuja relação jurídica se vincula às pessoas, entre dois sujeitos, como por exemplo, credor e devedor.

São os direitos inerentes às pessoas, por elas exercidos e se opõem ao direito real.

1.2. A PROPRIEDADE IMÓVEL

A propriedade, considerada direito real por excelência, é o tema desta singela obra que não tem o intuito de esgotar a matéria que é extensa, mas apresentar os aspectos mais importantes e largamente utilizados em nossa vida diária. No direito privado, a propriedade é, sem dúvida, um dos mais importantes direitos protegidos por nossas leis, visto que a nossa Constituição, bem como as anteriores, asseguram a inviolabilidade. A atual Carta Magna, em seu art. 5º, garante aos brasileiros e estrangeiros residentes no País a inviolabilidade do direito à propriedade. O nosso Código Civil, Título III, trata da propriedade em geral em seus arts. 1.228 e seguintes, cuidando especificamente da propriedade imóvel nos arts. 1.238 e seguintes.

1.2.1. CONCEITO DE PROPRIEDADE

Para Pontes de Miranda é tudo que se tem como próprio. É patrimônio a soma ou o total de nossos bens. O Código Civil deixa claro a idéia de propriedade ao estatuir: O proprietário tem a faculdade de usar, gozar e dispor da coisa, e o direito de reavê-la do poder de quem quer que injustamente a possua ou a detenha.

O termo propriedade é amplo e já vem sendo objeto de estudos desde os tempos dos romanos e por diversos tratadistas. Várias foram as teorias para justificar o fundamento do direito de propriedade.

Como o termo é amplo, abrangendo bens corpóreos e incorpóreos, o nosso trabalho ficará restrito à propriedade imóvel.

1.2.2. PROPRIEDADE IMÓVEL

A propriedade imóvel, em regra, são os bens que se caracterizam em corpóreos, por sua presença física e material, ao contrário dos bens incorpóreos, de natureza abstrata, não palpáveis, como a propriedade literária, científica e artística.

Os bens corpóreos, isto é, aqueles suscetíveis de apropriação exclusiva pelo homem, podem ser divididos em imóveis e móveis, conforme o nosso Código Civil em seus arts. 79 e seguintes.

Para o nosso estudo, essa distinção é de fundamental importância, dadas as conseqüências jurídicas.

1.2.3. ALGUMAS DE SUAS CONSEQÜÊNCIAS

1. Os bens móveis podem ser adquiridos pela simples tradição (a entrega da coisa móvel a quem a adquiriu), ao contrário dos bens imóveis que são transferidos por escrituras ou mediante outras exigências, registradas no Cartório de Registro de Imóveis que lhes atribuem os domínios.

2. A venda ou alienação dos bens imóveis carece do consentimento expresso do outro cônjuge, qualquer que seja o regime do casamento, enquanto que os bens móveis são adquiridos pela simples tradição que é a entrega do bem, sem necessidade da autorização do outro cônjuge; exceto no regime da separação absoluta (art. 1.687 do CC).

3. Os bens imóveis estão sujeitos ao registro, para sua perfeita validade e fazer valer direitos contra terceiros. É comum a frase nas capas de escrituras: "o registro é a perfeita segurança". O instrumento de transferência da propriedade, antes do registro, cria apenas entre as partes um direito pessoal. É o registro que transfere o domínio, não o instrumento.

4. Só os bens móveis podem ser objeto de atos de comércio e receber a incidência do imposto sobre circulação de mercadorias (ICMS) e ser objeto de furto, como somente os imóveis estão sujeitos ao imposto predial e territorial e de transmissão.

5. A usucapião dos bens móveis é possível de 3 a 5 anos; enquanto que no caso de bens imóveis, é possível em prazos de 5, 10 ou 15 anos.

1.2.4. LIMITAÇÕES DA PROPRIEDADE IMÓVEL

Nota-se uma tendência ao enfraquecimento da propriedade imóvel privada em favor da propriedade imóvel social ou coletiva.

A Carta Magna, que assegura o direito à propriedade, estabelece limitações a esse direito, ressalvando as desapropriações por necessidade ou utilidade pública, ou interesse social que são justificadas em nome do interesse social ou público, bem como em função do interesse particular (direito de vizinhança), etc.

1.2.5. BENS IMÓVEIS CONSIDERADOS PELO CC

O nosso Código Civil, em seus arts. 79 a 81, estabelece quais são os bens considerados imóveis:

"**Art. 79.** São bens imóveis o solo e tudo quanto se lhe incorporar natural ou artificialmente.

Art. 80. Consideram-se imóveis para os efeitos legais:

I – os direitos reais sobre imóveis e as ações que os asseguram;

II – o direito à sucessão aberta;

Art. 81. Não perdem o caráter de imóveis:

I – as edificações que, separadas do solo, mas conservando sua unidade, forem removidas para outro local;

II – os materiais provisoriamente separados de um prédio, para nele se reempregarem."

1.2.6. ELEMENTOS CONSTITUTIVOS DA PROPRIEDADE IMÓVEL

Como se pode notar pela classificação acima, ditada pelo nosso Código Civil, o imóvel alcança um sentido mais amplo. Quando se fala em imóvel, tem-se em vista os imóveis em seu campo restrito, como solo, prédios, terrenos, etc., mas é preciso chamar atenção para aqueles que a lei equipara a imóveis, dadas as suas conseqüências jurídicas.

O Código Civil assegura ao proprietário o direito de usar, gozar, dispor de seus bens e reavê-los do poder de quem injustamente os possua. Esses direitos são os elementos constitutivos da propriedade imóvel. O direito de usar pressupõe que o proprietário tenha a posse ou detenção da coisa. Que esteja sob seu domínio direto. E o direito de usar consiste em servir-se da coisa em sua substância, como morar no imóvel e servir-se dele para qualquer fim, desde que não proibido por lei. O direito de gozar é mais amplo que o de usar. Compreende tudo aquilo que se possa obter da propriedade, todos os frutos ou rendimentos da coisa. Como exemplo temos a locação ou arrendamento; a cessão gratuita a outrem (comodato), constituição de renda sobre o imóvel, etc. O direito de dispor é aquele que em sua essência se caracteriza como o mais importante por reconhecer o domínio. Consiste no poder de alienar, gravar, doar, consumir e, entre outros, abandonar a propriedade imóvel.

1.2.7. PROPRIEDADE PLENA

A propriedade é plena quando os seus bens, direitos elementares, se acham reunidos no proprietário, como o direito de usar, gozar, dispor (e reivindicar).

É denominada na prática: domínio pleno, livre ou perfeito.

Reivindicar é um dos elementos componentes do direito de propriedade.

Podem ser reivindicados todos os bens que são objetos da propriedade, isto é, todas as coisas corpóreas que se acham no comércio, sejam móveis ou imóveis. (Veja Ação Reivindicatória).

1.2.8. PROPRIEDADE LIMITADA

A propriedade se diz limitada quando algum ou vários dos direitos elementares da propriedade se localizam ou pertencem a outra pessoa ou quando o domínio se acha restrito pelos direitos que terceiros exercem sobre a propriedade ou coisa. Desmembrado um dos direitos elementares da propriedade, não lhe diminui em nada, subsiste a propriedade, embora a numeração desses direitos elementares forme o conteúdo integral do direito de propriedade. Apesar de algum daqueles direitos ser cedido, ela continua inteira, com o seu conteúdo íntegro. A transmissão da parte do conteúdo não diminui em nada a capacidade do continente, o que podia o proprietário fazer, consentiu que outro fizesse. O que ficou limitado não foi o direito de propriedade e sim o seu exercício.

O Código Civil refere-se a domínio resolúvel, como instituindo a propriedade limitada. É resolúvel o domínio quando se encerra o princípio que o tem de extinguir. Isto ocorre quando, no próprio título se constitui condição resolutiva ou termo extintivo, seja por força de lei ou declaração da vontade.

1.3. DA AQUISIÇÃO DA PROPRIEDADE IMÓVEL

1.3.1. ELEMENTOS ESSENCIAIS À AQUISIÇÃO DA PROPRIEDADE IMÓVEL

Para a aquisição da propriedade imóvel, que se reveste de ato jurídico, não poderá o adquirente ou vendedor ignorar que são essenciais os seguintes elementos: agente capaz, objeto lícito e forma prescrita, ou não defesa em lei.

Pelo que podemos notar, não podem adquirir a propriedade imóvel os incapazes quando não forem representados, tratando-se dos menores de 16 anos ou assistidos quando maiores de 16 e com menos de 18 anos e os demais dos arts. 3º e 4º do Código Civil. Também não podem adquirir a propriedade imóvel certas pessoas proibidas por lei, como por exemplo, os tutores, quanto aos bens confiados à sua administração; os síndicos, com referência aos bens que formam a massa falida.

1.3.2. AQUISIÇÃO DA PROPRIEDADE IMÓVEL

A aquisição da propriedade imóvel se opera de três modos:

I – pela usucapião;
II – pelo registro do título;
III – por acessão.

1.3.3. DA USUCAPIÃO

Aquele que, por quinze anos, sem interrupção, nem oposição, possuir como seu um imóvel, adquire-lhe a propriedade, independentemente de título e boa-fé; podendo requerer ao juiz que assim o declare por sentença, a qual servirá de título para o registro no Cartório de Registro de Imóveis.

Se o possuidor houver estabelecido no imóvel a sua moradia habitual, ou nele realizado obras ou serviços de caráter produtivo, o prazo reduzir-se-á a dez anos.

Como vimos, o prazo para a usucapião extraordinário foi alterado de vinte para quinze anos.

Para requerer a usucapião é necessário que o possuidor não tenha interrompido sua posse e nem tenha oposição, mas exclui-se a boa-fé.

Nesta forma de usucapião, a lei dispensa o justo título, o que não acontece no ordinário (art. 1.242). A posse e o decurso do tempo é o binômio indispensável para a prescrição aquisitiva. A posse há de ser mansa, pacífica e sem contestação ou oposição por quinze anos com o ânimo de ser dono – *animus domini*, mesmo que a posse fosse adquirida sem boa-fé. O direito não socorre aquele que dormiu por quinze anos. A posse mansa e pacífica é aquela tida como pública.

1.3.4. USUCAPIÃO RURAL

Aquele que, não sendo proprietário de imóvel rural ou urbano, possua como sua, por cinco anos ininterruptos, sem oposição, área de terra em zona rural não superior a cinqüenta hectares, tornando-a produtiva por seu trabalho ou de sua família, tendo nela sua moradia, adquirir-lhe-á a propriedade (art. 1.239).

A lei que tem por objeto a fixação do homem ao campo, dando, assim, um caráter social relevante, premiando aquele que tornou a terra útil ou produtiva por período de 5 anos, veio garantir a posse prolongada em função do trabalho exercido pelo posseiro, gerando-lhe o direito à usucapião especial *pro labore*.

1.3.5. USUCAPIÃO URBANO

Aquele que possuir, como sua, área urbana de até duzentos e cinqüenta metros quadrados, por cinco anos ininterruptamente e sem oposição, utilizando-a para sua moradia ou de sua família, adquirir-lhe-á o domínio, desde que não seja proprietário de outro imóvel urbano ou rural.

O título de Domínio e a concessão de uso serão conferidos ao homem ou à mulher, ou a ambos, independentemente do estado civil.

O direito não será reconhecido ao mesmo possuidor mais de uma vez (art. 1.240, § 2º).

A lei criou esta figura de usucapião em favor de uma classe menos privilegiada, isto é, aos não possuidores de outro imóvel, estabelecendo, assim, um relevante valor social. De outro lado, a lei vem restringir a propriedade imóvel, outorgando aos possuidores de imóveis particulares até duzentos e cinqüenta metros quadrados o direito de adquirir o domínio.

Os requisitos essenciais são o tempo de cinco (5) anos, a posse ininterrupta, sem oposição e que o uso seja para morada de sua família ou própria, cujo título de domínio ou concessão de uso serão conferidos, tanto ao homem como à mulher ou a ambos, independente do estado civil.

Esse direito somente uma vez lhe será conferido, evitando-se, assim, tirar proveito da lei, com sérios abusos.

Finalmente, ficam excluídos de serem adquiridos por usucapião os imóveis públicos.

Um problema que poderá surgir é de ser a área pretendida à usucapião maior que a estabelecida na lei. Caso isso aconteça, como resolver? Essa realidade fática pode exigir outras soluções jurídicas. A jurisprudência tem dado a seguinte solução: "*quando a área máxima usucapível é superior: declara-se a usucapião sobre esta área demarcada e a sobra* a posteriori" (*RT* 447/205).

Outro fato que deverá ser levado em consideração é como distinguir a zona urbana da rural.

O Estatuto da Terra (Lei nº 4.504, de 30.11.1964), em seu art. 4º, define como imóvel rural o prédio rústico, de área contínua, qualquer que seja a sua localização, que se destine à exploração extrativa agrícola, pecuária ou agroindustrial. Na doutrina, Washington de Barros Monteiro (*Curso de Direito Civil, Direito das Obrigações*, p. 166, 4ª ed., Saraiva) ensina que o prédio rústico é o destinado primordialmente à exploração agrícola ou pecuária e ele poderá se localizar no perímetro urbano. Não deixará de ser propriedade rústica se a sua destinação é o exercício da atividade agrícola ou pastoril, em qualquer de suas modalidades. Para Antônio Chaves (*Lições de Direito Civil, Direito das Obrigações*, p. 72, Revista dos Tribunais), prevalece, ainda hoje, o critério do direito romano: não é a localização, mas o gênero principal, a natureza precípua do prédio, sua destinação, que lhe confere o caráter urbano ou rústico.

Embora os conceitos apresentados, os Tribunais não vêm reconhecendo a usucapião *pro labore* dentro da área urbana, estendendo-a, exclusivamente, às áreas rurais.

A posse para gerar a usucapião deverá ser a *animus domini*, isto é, com a intenção de ser o dono e deve ser ininterrupta, sem oposição, mansa e pacífica. Como já referimos nos outros casos de usucapião, as mesmas regras aqui se aplicam. Não basta ocupar a terra, é preciso a intenção de ser dono e torná-la produtiva pelo seu trabalho ou pelo de sua família. Se o possuidor estiver na terra com o consentimento do proprietário, numa relação de dependência, como comodato, arrendamento ou por qualquer outra forma que não o *animus domini*, não induz direito à usucapião *pro labore* ou qualquer outro tipo. Não há posse *ad usucapionem* se houver reconhecimento que o domínio é alheio.

Usucapião é a forma originária de aquisição da propriedade, tanto móvel, como imóvel, através da posse continuada, durante certo tempo, cumprindo-se os requisitos estabelecidos em leis. Denomina-se prescrição aquisitiva.

É a força criadora que faz atrofiar a capacidade defensiva daquele que não fez uso do seu direito; isto é, meio de adquirir direitos com extermínio da ação daquele que dormiu, desaparecendo, assim, o amparo legal, o que se denomina de prescrição extintiva. A prescrição aquisitiva gera o direito à usucapião do imóvel para aquele que tem a posse mansa e pacífica e extingue a ação do titular do direito para reavê-lo de volta do possuidor.

1.3.6. JUSTO TÍTULO

Justo título são os documentos hábeis para transferir-se a propriedade imóvel, se não fossem portadores de algum vício, isto é, todo aquele com aparência de legítimo e de perfeito, que fosse capaz de transferir o domínio, caso não tivesse o vício que o impede da transferência perfeita. Como *justo título*, podemos ter uma escritura de compra e venda, um formal de partilha, uma carta de adjudicação, etc., desde que portadores de algum vício interno e com aparência de perfeito e legal.

Animus domini – É a intenção de ser dono ou proprietário. É o elemento subjetivo que se fixa no possuidor. É a intenção de possuir a coisa como se sua fosse. Para a usucapião é necessário o *animus domini* como um de seus requisitos.

Boa-fé – É a crença da posse legítima, a convicção de que o título de posse do imóvel é tido como legítimo, dando a certeza de que é possuidor verdadeiro. *O possuidor com justo título tem por si a presunção de boa-fé, salvo prova em contrário, ou quando a lei expressamente não admite esta presunção.*

Assim, cabe ao réu provar que o autor não tinha boa-fé.

Consumado a usucapião, para que se opere a transmissão da propriedade, se faz mister que se registre o mandado da sentença que a declarou.

Pelo registro no Cartório de Registro de Imóveis, o adquirente torna-se legítimo dono, pois o registro é uma das formas de aquisição do imóvel.

1.3.7. IMÓVEIS PÚBLICOS – NÃO ESTÃO SUJEITOS À USUCAPIÃO

Em linhas gerais, são imóveis públicos aqueles que pertencem ao domínio do Estado. Em sentido objetivo são os destinados ao aproveitamento social e comunitário, reservados à administração para o exercício e prática dos serviços públicos. O art. 98 do Código Civil diz que são públicos os bens do domínio nacional pertencentes às pessoas jurídicas de direito público interno; todos os outros são particulares, seja qual for a pessoa a que pertencerem. E o art. 102 do Código Civil diz que os bens públicos não estão sujeitos à usucapião. A Constituição Federal tráz, no parágrafo único do art. 191, a proibição de usucapião de imóvel público.

Portanto, Usucapião é a forma originária de aquisição da propriedade, tanto móvel como imóvel, através da posse continuada, durante certo espaço de tempo, cumprindo-se os requisitos estabelecidos em leis. Denomina-se *prescrição* (do latim *usucapere* – tomar pelo uso).

1.3.8. DA AQUISIÇÃO PELO REGISTRO DO TÍTULO

A propriedade se transfere entre vivos, de um titular para outro, mediante o registro do título translativo no Cartório de Registro de Imóveis.

Enquanto não se registrar o título translativo, o alienante continua a ser havido como dono do imóvel.

Título translativo é todo documento público ou particular que afirma um direito. Ele exprime sempre um ato jurídico que tem por fim adquirir, resguardar, modificar ou extinguir direitos.

O título translativo é o documento hábil para que se processe o registro no Cartório de Registro de Imóveis.

Uma vez registrado o título, enquanto não se promover, por meio de ação própria, a decretação de invalidade do registro, e o respectivo cancelamento, o adquirente continua a ser havido como dono do imóvel.

A partir da data do registro é que se verifica o domínio. Antes do registro não pode o adquirente intentar ação reivindicatória porque ainda não é dono do imóvel, do mesmo modo não pode dispor dele.

1.3.9. DA AQUISIÇÃO PELA ACESSÃO

A acessão pode dar-se:

I – por formação de ilhas;

II – por aluvião;

III – por avulsão;

IV – por abandono de álveo;

V – por plantações ou construções.

A incorporação de um imóvel a outro imóvel designa-se de acessão.

Os casos mais comuns são a formação de ilhas, aluvião, avulsão e de abandono de álveo e das construções e plantações.

Acessão consiste no modo originário de adquirir, em virtude do qual fica pertencendo ao proprietário, obedecidas as regras legais, tudo aquilo que se incorporou ao bem. Pressupõe, assim, que haja um imóvel ou bem principal ao ficar incorporado o acréscimo.

Diz-se que é modo originário de adquirir, em contrapartida ao modo derivado. Originário porque tem nessa incorporação o primeiro titular, a este pertencendo o domínio; já que essa transferência não é bilateral e sim unilateral. A transferência desse bem é por força da natureza. Mas também pode-se dar a acessão artificial, como no caso das plantações e construções, etc.

1.3.10. DAS ILHAS

Código Civil:

"Art. 1.249. As ilhas que se formarem em correntes comuns ou particulares pertencem aos proprietários ribeirinhos fronteiros, observadas as regras seguintes:

I – as que se formarem no meio do rio consideram-se acréscimos sobrevindo aos terrenos ribeirinhos fronteiros de ambas as margens, na proporção de suas testadas, até a linha que dividir o álveo em duas partes iguais;

II – as que se formarem entre a referida linha e uma das margens consideram-se acréscimos aos terrenos ribeirinhos fronteiros desse mesmo lado;

III – as que se formarem pelo desdobramento de um novo braço do rio continuam a pertencer aos proprietários dos terrenos dos terrenos à custa dos quais se constituíram."

1.3.11. DA ALUVIÃO

Código Civil:

"Art. 1.250. Os acréscimos formados, sucessiva e imperceptivelmente, por depósitos e aterros naturais ao longo das margens das correntes, ou pelo desvio das águas destas, pertencem aos donos dos terrenos marginais, sem indenização.

Parágrafo único. O terreno aluvial, que se formar em frente de prédios de proprietários diferentes, dividir-se-á entre eles, na proporção da testada de cada um sobre a antiga margem."

Pelo que vimos, aluvião são acréscimos à propriedade imóvel lentamente formados por depósitos e aterros naturais, ou pelo desvio de águas dos rios, ainda que estes sejam navegáveis.

1.3.12. DA AVULSÃO

Quando, por força natural violenta, uma porção de terra se destacar de um prédio e se juntar a outro, o dono deste adquirirá a propriedade do acréscimo, se indenizar o dono do primeiro ou, sem indenização, se, em um ano, ninguém houver reclamado.

Se o proprietário do prédio a que se juntou a porção de terra se recusar ao pagamento da indenização, deverá aquiescer a que se remova a parte acrescida.

A avulsão é o desprendimento de uma porção de terras ou parte delas, ou ainda, parte de um prédio, por força natural violenta, que se acrescenta a outro prédio fronteiriço ou lateral, por superposição ou junção, ou não adere a outro naturalmente.

1.3.13. DO ÁLVEO ABANDONADO

O álveo abandonado de corrente pertence aos proprietários ribeirinhos das duas margens, sem que tenham indenização os donos dos terrenos por onde as águas abrirem novo curso, entendendo-se que os prédios marginais se estendem até o meio do álveo.

Álveo é a superfície que as águas cobrem sem transbordar para o solo natural e ordinariamente enxuto. Diz-se álveo abandonado o que pertenceu a um rio ou corrente que desviou posteriormente seu curso.

1.3.14. DAS CONSTRUÇÕES E PLANTAÇÕES

Toda construção ou plantação existente em um terreno presume-se feita pelo proprietário à sua custa, até que se prove o contrário (art. 1.253 do CC).

Pelo art. 1.254 do Código Civil vemos caracterizada a aquisição, conforme sua disposição:

> "Aquele que semeia, planta ou edifica em terreno próprio com sementes, plantas ou materiais alheios, adquire a propriedade destes; mas fica obrigado a pagar-lhes o valor, além de responder por perdas e danos, se agiu de má-fé."

Vemos por este artigo que esta é uma das formas de adquirir a propriedade por acessão, pois os materiais empregados, sejam sementes ou móveis, se integram à propriedade constituindo um imóvel.

E o que semeia, planta ou edifica em terreno alheio perde em proveito do proprietário as sementes, plantas e construções; se procedeu de boa-fé, terá direito à indenização, mas do contrário a perda é evidente.

1.3.15. DIREITO HEREDITÁRIO

É um dos modos derivados de adquirir a propriedade, estabelecido pelo nosso Código Civil, segundo o qual os bens e obrigações de um indivíduo, em conseqüência de sua morte, se transmitem aos seus herdeiros. Segundo Clóvis Beviláqua:

"Direito hereditário ou direito sucessório é o complexo dos princípios, segundo os quais se realiza a transmissão do patrimônio de alguém que deixou de existir."

Estabelece o art. 1.784 do Código Civil que:

"Aberta a sucessão, a herança transmite-se, desde logo, aos herdeiros legítimos e testamentários."

1.3.16. ABERTA A SUCESSÃO

Só no momento do falecimento da pessoa é que a sucessão se opera com a evolução dos bens que constituem a herança.

1.3.17. SUCEDER

Suceder, em direito hereditário, significa que uma pessoa toma o lugar da falecida, recolhendo os seus direitos.

Pela morte, a pessoa perde a personalidade, não mais lhe podendo ser atribuídos obrigações ou direitos.

1.3.18. TRANSFERÊNCIA DO DOMÍNIO E A POSSE

O domínio e a posse da herança transmitem-se, desde logo, aos herdeiros legítimos e testamentários. Isso significa que a transmissão da propriedade e posse é imediata, independente de qualquer ato.

Ela se opera de pleno direito, mesmo sem qualquer manifestação da vontade, podendo até a pessoa ignorar que seja herdeiro.

1.3.19. MOMENTO DA MORTE

É de fundamental importância a constatação do momento exato da morte da pessoa. O sucessível que sobreviver ao *de cujus*, ainda que poucos minutos, transmite a herança aos seus herdeiros, mesmo que ignorasse a devolução da herança a seu favor.

1.3.20. DIREITO À SUCESSÃO ABERTA

Estabelece o art. 1.793 do Código Civil que:

"O direito à sucessão aberta, bem como o quinhão de que disponha o co-herdeiro, pode ser objeto de cessão por escritura pública."

1.3.21. REGISTRO DOS TÍTULOS TRANSLATIVOS DA PROPRIEDADE

A Lei nº 6.015, de 31.12.1973, com as alterações das Leis nºs 6.140, de 28.11.1974 e 6.216, de 30.6.1975, não diz mais transcrição ou inscrição, mas sim registro.

Assim dispõe o art. 168 da Lei dos Registros Públicos:

"Na designação genérica de registro, consideram-se englobadas a inscrição e a transcrição a que se referem as leis civis."

Como vimos, a simples escritura de compra e venda, o formal de partilha, a adjudicação, etc., por si sós, não operam a transmissão da propriedade imóvel. A aquisição se aperfeiçoa com o registro no Cartório de Registro de Imóveis (art. 1.245 do CC). O registro, considerado um ato derivado de adquirir, consiste na trasladação do escrito da escritura nos livros dos registros.

Enquanto não se registrar o título translativo, o alienante continua a ser havido como dono do imóvel.

O registro é eficaz desde o momento em que se apresentar o título ao oficial de registro, e este prenotar no protocolo.

É pelo registro que se toma conhecimento do legítimo dono do imóvel. Para que constitua direito real oponível a terceiros, isto é, para que terceiros tomem conhecimento do verdadeiro dono do imóvel, é indispensável que o imóvel esteja registrado no Cartório de Registro de Imóveis, pelo menos prenotado.

1.3.22. DOS ATOS JURÍDICOS SUJEITOS AO REGISTRO

Com o advento da Lei dos Registros Públicos, o conceito de registro está ampliado com real benefício nas transações imobiliárias. Hoje, a Lei dos Registros Públicos enumera em seus 40 itens (art. 167) os atos sujeitos a registro. O registro abrange atualmente não só os atos translativos da propriedade imóvel, como, praticamente, os demais atos que venham, de algum modo, modificar qualquer dos elementos essenciais da propriedade, ou, ainda, que lhe imponham uma condição ou ônus.

1.3.23. CESSÃO DE DIREITOS HEREDITÁRIOS

Não comporta registro a Cessão de Direitos Hereditários. Para registro, os bens devem ser individualizados e especificados. No caso presente, os direitos compõem-se de uma universalidade de bens. Somente após a partilha é possível o registro.

1.3.24. TRANSFERÊNCIA DE DOMÍNIO

Os atos sujeitos ao registro não transferem o domínio, senão na data em que se registrarem. A partir da data do registro é que se verifica o domínio. Uma das conseqüências do não registro é a de responder o alienante pelos seus encargos.

1.3.25. DIREITO HEREDITÁRIO

Conceito – *Direito hereditário ou direito sucessório é o complexo dos princípios, segundo os quais se realiza a transmissão do patrimônio de alguém que deixou de existir* – Clóvis Beviláqua.

É um dos últimos modos derivados de adquirir a propriedade, estabelecido pelo nosso Código Civil, segundo o qual os bens e obrigações de um indivíduo, em conseqüência de sua morte, se transmitem aos seus herdeiros (art. 1.571 do CC).

Assim estabelece o referido artigo que:

"*Aberta a sucessão, o DOMÍNIO e a POSSE da herança transmitem-se, desde logo, aos herdeiros, legítimos e testamentários.*"

1.4. PERDA DA PROPRIEDADE IMÓVEL

1.4.1. COMO SE PERDE A PROPRIEDADE

O Código Civil, nos arts. 1.275 e 1.276, de forma exemplificativa, enumera os casos e formas da perda da propriedade imóvel:

"*Art. 1.275. Além das causas consideradas neste Código, perde-se a propriedade:*

I – por alienação;

II – pela renúncia;

III – por abandono;

IV – por perecimento da coisa;

V – por desapropriação.

Parágrafo único. Nos casos dos incisos I e II, os efeitos da perda da propriedade imóvel serão subordinados ao registro do título transmissivo ou do ato renunciativo no Registro de Imóveis.

Art. 1.276. O imóvel urbano que o proprietário abandonar, com a intenção de não mais o conservar em seu patrimônio, e que se não encontrar na posse de outrem, poderá ser arrecadado, como bem vago, e passar, três anos depois, à propriedade do Município ou à do Distrito Federal, se se achar nas respectivas circunscrições.

§ 1º. O imóvel situado na zona rural, abandonado nas mesmas circunstâncias, poderá ser arrecadado, como bem vago, e passar, três anos depois, à propriedade da União, onde quer que ele se localize.

§ 2º. Presumir-se-á de modo absoluto a intenção a que se refere este artigo, quando, cessados os atos de posse, deixar o proprietário de satisfazer os ônus fiscais."

Além das causas de extinção consideradas neste Código – O que quer dizer o Código com outras causas? – No tópico anterior, quando se diz que adquire a propriedade pela usucapião, acessão, de outro lado, para o titular da propriedade, há uma perda em benefício de outrem.

Na usucapião houve a prescrição extintiva para aquele que não exerceu o seu direito, vindo a perder a propriedade em favor daquele que teve posse prolongada. É uma das causas de extinção de que fala o art. 1.275 do CC na parte inicial.

Outro caso é a acessão que se opera em detrimento do proprietário que sofreu os efeitos desse fato jurídico.

Temos ainda, como causa de perda de propriedade imóvel, a dissolução do casamento. Quando o casamento é realizado sob o regime da comunhão de bens, verifica-se a perda da propriedade imóvel.

Temos ainda como perda da propriedade imóvel a sentença em caso de reivindicação, a adjudicação ou arrematação em hasta pública, etc.

1.4.2. PELA ALIENAÇÃO

Alienar em sentido geral significa transferir para outro, tornar alheio. É um ato contratual a título oneroso ou gratuito, pelo qual alguém, desfalcando o próprio patrimônio, transfere a outrem a propriedade de uma coisa ou direito de que é titular. É causa de extinção da propriedade imóvel.

1.4.3. ALIENAÇÃO VOLUNTÁRIA

Dá-se a alienação voluntária quando a pessoa que promove tem plena capacidade para dispor de seus bens, dos quais é titular. Como exemplo de alienação voluntária temos a compra e venda, doação, permuta, cessão de direitos, etc.

1.4.4. ALIENAÇÃO FORÇADA

Alienação forçada é aquela que resulta de ato independente da vontade do proprietário do imóvel, como se verifica na desapropriação, arrematação, adjudicação, tanto a compulsória como a judicial, o confisco, etc.

1.4.5. ALIENAÇÃO A TÍTULO GRATUITO

Quando a transferência da propriedade é passada para o patrimônio de outrem sem a contraprestação em dinheiro ou valor, dá-se a alienação a título gratuito, como no caso da doação, adiantamento da legítima, etc.

1.4.6. ALIENAÇÃO A TÍTULO ONEROSO

Neste caso, ao contrário da alienação gratuita, a condição essencial da alienação é a contraprestação em dinheiro ou valor, como no caso da compra e venda, dação em pagamento, etc.

1.4.7. PELA RENÚNCIA

Renúncia é a manifestação expressa da vontade do titular em não mais possuir a propriedade imóvel. Ela se caracteriza pelo abandono, pelo qual o proprietário se desfaz de seus direitos sobre o bem imóvel. Raros são os casos de renúncia no direito brasileiro. A renúncia só é possível sobre os direitos adquiridos. Não se renuncia a uma doação antes da manifestação de recebê-la, bem como, não se renuncia a uma herança antes da morte do *de cujus*, mas após a morte é possível, pois a herança é uma das formas de aquisição da propriedade imóvel. No caso da doação, se já foi recebida, pode-se renunciar.

O art. 1.275, parágrafo único, do CC determina: *para que se opere a renúncia é necessário que a manifestação expressa do titular do domínio seja registrada no Registro de Imóveis.*

1.4.8. ABANDONO PURO E SIMPLES

Se o proprietário do imóvel abandoná-lo, sem manifestar expressamente sua intenção, se abandonar apenas com intuito de não mais usá-lo ou tê-lo como seu bem, podendo terceiros adquiri-lo, caso queiram, dá-se a renúncia.

Ao contrário do caso em que a renúncia deverá ser registrada, o abandono puro e simples é uma questão puramente subjetiva e de difícil comprovação.

O imóvel abandonado será arrecadado como vago, conforme determina o art. 1.276 do CC e passará, três anos depois, ao domínio do Município, ou do Distrito Federal, se se achar nas respectivas circunscrições.

1.4.9. POR PERECIMENTO DA COISA

Há fatos de o imóvel desaparecer completamente, como no caso de desaparecimento de ilhas, incêndios, alagamentos de solos, etc. Esse fato constitui uma das formas da perda da propriedade imóvel, pois deixando de existir o objeto, não pode haver imóvel.

O perecimento há de ser total; se restar alguma coisa, ainda que pequena, existirá o imóvel, subsistirá o direito do proprietário sobre essa parte.

1.4.10. PERDA POR DESAPROPRIAÇÃO

O art. 1.275, V, do CC contempla uma forma especial de perda da propriedade imóvel que é a desapropriação. Ela pode dar-se por necessidade ou utilidade públicas.

A desapropriação é o ato pelo qual o Estado tira do proprietário o domínio contra a sua vontade, tendo em vista um interesse coletivo que é assegurado pela Constituição (art. 22, II).

As desapropriações são promovidas pela União, Estados e Municípios.

Embora seja um ato de império do Estado, a desapropriação deve estar prevista em lei.

Verifica-se, porém, que a lei civil inclui a desapropriação entre os casos de perda da propriedade imóvel (art. 1.275, V, CC).

1.5. DEFESA DA PROPRIEDADE IMÓVEL

Nos casos de defesa da propriedade imóvel, a posse é um fato de real importância que se vincula à propriedade imóvel. Embora haja casos de defesa da propriedade imóvel sem a posse, outras há em que a posse é condição *sine qua non*.

1.5.1. POSSE

A posse, matéria que apresenta sérias dificuldades de entendimento no campo doutrinário, não poderá ser plenamente examinada neste trabalho. O estudo da posse será, em seus estritos aspectos, o necessário para o bom entendimento, pois está intimamente ligada à propriedade imóvel. Não é nosso intuito esgotar a matéria que é muito ampla, mas sim apresentar os pontos mais importantes em relação à propriedade imóvel.

Conforme ensina Clóvis Beviláqua, a posse, como estado de fato, detenção ou utilização das coisas do mundo externo, antecedeu, historicamente, a propriedade.

1.5.2. CONCEITO DE POSSE

Entre as várias teorias que tentam explicar a posse, as duas mais importantes são resumidas em dois grupos: a teoria subjetiva e a objetiva.

Teoria Subjetiva – Para Savigny *é o poder que tem uma pessoa de dispor, fisicamente, de uma coisa, acompanhada da intenção de tê-la para si.* Essa posse é o resultado da combinação de dois elementos: poder físico e intenção de ter a coisa para si.

Teoria Objetiva – Ihering entende que o *animus estava implícito no poder de fato exercido sobre a coisa.* Dizia que a posse é uma relação de fato estabelecida entre a pessoa e a coisa, pelo fim de sua utilização econômica. A posse é a exteriorização da propriedade.

Assim dispõe o art. 1.196 do CC:

"Considera-se possuidor todo aquele que tem de fato o exercício pleno, ou não, de algum dos poderes inerentes à propriedade."

1.5.3. POSSE E PROPRIEDADE

Para estabelecer uma diferença entre posse e propriedade, busca-se a origem dos vocábulos: posse vem do latim *possessio* – *de possidere* (possuir), formado de posse (poder, ter poder de) e *sedere* (estar colocado, estar fincado, assentar).

Propriedade vem também do latim – *proprietas* – *de proprius* (particular, próprio).

A posse é a aparência de domínio. É o poder físico do titular de dispor, por qualquer meio e livremente, da coisa. Esse poder fático é amplamente defendido pelo direito. São defendidos pelo direito, tanto o fato da posse como o direito à posse.

Muitos são os conceitos de posse e não cabe aqui apresentar um conceito fundamental e nem entrar em discussões intermináveis sobre o assunto.

1.5.4. COMO SE ADQUIRE A POSSE

Analisando o art. 1.204 do CC, a posse é adquirida desde o momento em que se torna possível o exercício sobre a coisa, em nome próprio, de qualquer dos poderes inerentes à propriedade.

Pelo exercício entendemos a apreensão da coisa, indica o vínculo físico entre a pessoa e a coisa e sua sujeição. Quando alguém se apodera da propriedade abandonada, dá-se a apreensão, ou mesmo, quando a retira de alguém sem sua permissão, de modo clandestino, ou violento, dá-se a apreensão.

Pelo fato de se dispor da coisa, ou do direito. Nem todo fato de disposição da propriedade torna legítimo o possuidor. O indivíduo que se apodera violentamente de uma posse ou a adquire de quem não tinha direito sobre a propriedade, não é possuidor pelo exercício. Efetivamente, ocorre o exercício quando a pessoa se utiliza da faculdade que lhe foi concedida de imitir-se na posse da coisa. Exemplo: após assinar um contrato, o inquilino recebe as chaves da propriedade, o que lhe permite entrar nela.

Qualquer ato jurídico a título gratuito ou oneroso é válido para transmitir a posse, como compra e venda, permuta, dação em pagamento, cessão, adjudicação, herança, etc. Acrescente-se, finalmente, para que a posse seja válida é necessário que o título de aquisição seja hábil e sem vícios.

Para que a *própria pessoa* possa adquirir a posse é necessário que essa pessoa tenha capacidade de praticar ato jurídico que se faça valer; de modo contrário, não poderá adquirir a posse.

Por seu representante, significa as pessoas colocadas no imóvel a mando daquele que se pretende apossar da propriedade. Essas pessoas ficarão sob a direção do pretendido possuidor ou, ainda, essas pessoas poderão ficar sob a direção de um terceiro como capataz, procurador do pretendente da posse.

É necessário que o mandato, neste caso, tenha o fim especial de tomar posse. No caso de mandato geral é necessário a ratificação.

Por terceiro sem mandato, dependendo de ratificação. Neste caso, sem mandato, pressupõe a gestão de negócio. Os atos praticados pelo gestor exigem a ratificação daquele a quem aproveita. Exemplo: se o administrador de um determinado imóvel passa a cercar ou cultivar outra área vizinha abandonada da qual não é mandatário, a aquisição da posse dessa última pode efetivar-se pela ratificação, expressa ou tácita.

1.5.5. TRANSMISSÃO DA POSSE

Estabelece o art. 1.206 do Código Civil que:

"A posse transmite-se aos herdeiros ou legatários do possuidor com os mesmos caracteres."

Isso significa que se o herdeiro ou legatário receber a posse com vício, viciada fica a posse.

Transmite-se a posse em decorrência de um fato (morte) e em razão de um ato (cessão). É muito comum ver em contratos *venda de posse*, quando, na realidade, deveria ser *cessão dos direitos de posse*.

O Registro de Imóveis não trata do registro de cessão de direitos, visto que lei alguma prevê tal registro.

1.5.6. SUCESSOR UNIVERSAL DA POSSE

É o que substitui o titular de direito na totalidade de seus bens ou numa cota-parte deles. Exemplo: herdeiro.

1.5.7. SUCESSOR A TÍTULO UNIVERSAL E SINGULAR

Estabelece o art. 1.207 do Código Civil que:

"O sucessor universal continua de direito a posse do seu antecessor; e ao sucessor singular é facultado unir sua posse à do antecessor, para os efeitos legais."

O sucessor universal ou *per universitatem* é aquele que toma o nome de herdeiro e assume os direitos e obrigações da herança, sendo considerado representante e continuador do *de cujus*.

Ao sucessor singular fica facultado unir a sua posse à do antecessor, para os efeitos legais.

1.5.8. NÃO INDUZEM POSSE

Os atos de mera permissão ou tolerância nunca traduzem posse, assim também não autorizam a sua aquisição os atos violentos ou clandestinos (art. 1.208, CC).

A posse para ser útil, há de cessar a violência. Não autorizam também a aquisição da posse os atos clandestinos. A posse tida como útil há de ser pública, à vista de todos.

1.5.9. O ACESSÓRIO SEGUE O PRINCIPAL

O art. 1.209 do CC estabelece que há presunção de que os objetos e os móveis que estão no imóvel, até prova em contrário, sigam o principal pela posse. O artigo não é taxativo. Há de ser provado que a posse dos objetos ou dos móveis não se vinculava ao imóvel.

1.5.10. EFEITOS DA POSSE

O art. 1.210 do CC estabelece:

"*O possuidor tem direito a ser mantido na posse, em caso de turbação, restituído, no esbulho, e segurado de violência iminente, se tiver justo receio de ser molestado.*"

O principal efeito dentre os demais é o direito de proteção da posse. A lei protege a posse justa, resguardando o possuidor de boa-fé.

Dentre os demais, em face do nosso Código Civil, a posse produz os seguintes efeitos:

1. Dá direito aos interditos, que é a faculdade de o possuidor propor ações possessórias, como ação de manutenção de posse, de reintegração de posse ou como querem alguns autores, reintegração na posse e o interdito proibitório.

A ação de manutenção de posse tem cabimento quando o possuidor é apenas perturbado em sua posse. A ação de reintegração de posse tem cabimento quando o possuidor é despojado do que lhe pertence, contra sua vontade.

2. O do desforço *incontinenti* que é medida de defesa praticada pelo próprio possuidor. Quem assim age não faz justiça pelas próprias mãos, mas sim em nome da justiça. O possuidor perturbado ou esbulhado deve agir de imediato, praticando atos de defesa necessários à manutenção ou restituição da posse. Neste caso, o possuidor age em legítima defesa da posse (art. 1.210, § 1º, CC).

3. O de haver indenização dos prejuízos sofridos. As lesões da posse constituem atos ilícitos, sujeitando o esbulhador ao pagamento de indenizações dos prejuízos sofridos. O dano em geral é a conseqüência da turbação.

4. De receber os frutos da coisa possuída. A restituição da posse deve ser acompanhada de todos os seus rendimentos. Os arts. 1.214 a 1.216 tratam dos casos dos frutos.

5. Direito de retenção por benfeitorias. As benfeitorias estão enquadradas em três espécies: necessárias, úteis e voluptuárias. Os direitos do possuidor de boa-fé quanto às benfeitorias são os seguintes: *a)* direito à indenização pelas benfeitorias necessárias e úteis; *b)* direito de levantar as benfeitorias voluptuárias, se for possível sem destruição ou detrimento da coisa; *c)* direito à indenização pelas benfeitorias, quando o prefira, ao invés de levantá-las; *d)* direito de retenção da coisa, pelo valor das benfeitorias necessárias ou úteis.

6. Conduzir à usucapião. Embora alguns autores não reconheçam a usucapião como efeito da posse, mas sim uma forma de aquisição. Não resta dúvida de que a posse estabelece uma relação fática geradora da usucapião e isto constitui, na certa, um dos efeitos da posse.

1.5.11. Espécies de Posse

Há várias espécies de posse, cuja distinção é de alto interesse, dados os efeitos jurídicos que apresenta pela sua diversificação.

Apresentamos aqui algumas das mais importantes:

Posse direta ou imediata – É a constituída da posse efetiva da coisa.

Posse indireta – É a que existe de modo subjetivo. A que não recai diretamente sobre a coisa que se acha em poder de outrem.

Posse justa – É a posse não proibida por lei (art. 1.200 do CC). É a posse legítima.

Posse injusta ou violenta – É a que decorre da violência, clandestinidade. É a posse ilegítima.

Posse mansa, pacífica ou tranqüila – É a posse isenta de violência.

Posse precária – É a que se origina pelo abuso de confiança, por parte daquele que se nega a restituir a coisa quando pedida.

Posse de boa-fé – É aquela em que o possuidor ignora o vício.

O possuidor de boa-fé tem direito, enquanto ela durar, aos frutos percebidos e os frutos pendentes ao tempo em que cessar a boa-fé devem ser restituídos, depois de restituídas as despesas da produção e custeio; devem ser restituídos os frutos colhidos com antecipação (art. 1.214 do CC).

O possuidor de boa-fé não responde pela perda ou deterioração da coisa a que não der causa (art. 1.217 do CC).

E, ainda, o possuidor de boa-fé tem direito à indenização das benfeitorias necessárias e úteis, bem como, quanto às voluptuárias, se não lhe forem pagas, a levantá-las, quando o puder sem detrimento da coisa, e poderá exercer o direito de retenção pelo valor das benfeitorias necessárias e úteis.

Posse de má-fé – É aquela em que o possuidor conhece a ilegitimidade.

O possuidor de má-fé responde por todos os frutos colhidos e percebidos, bem como pelos que, por culpa sua, deixou de perceber, desde o momento em que se constitui de má-fé; tendo direito às despesas da produção e custeio (art. 1.216 do CC).

E o possuidor de má-fé responde pela perda, ou deterioração da coisa, ainda que acidentais, salvo se provar que de igual modo se teriam dado, estando ela na posse do reivindicante (art. 1.218 do CC).

Ao possuidor de má-fé serão ressarcidas somente as benfeitorias necessárias; não lhe assistindo o direito de retenção pela importância destas, nem o de levantar as voluptuárias (art. 1.220 do CC).

Posse contínua – É aquela que não sofreu interrupção.

Posse comum – É aquela exercida por duas ou mais pessoas.

O art. 1.211 determina que:

"Quando mais de uma pessoa se disser possuidora, manter-se-á provisoriamente a que tiver a coisa, se não estiver manifesto que a obteve de alguma das outras por modo vicioso."

Posse equívoca – Aquela em que perdura a dúvida, tanto sobre a legitimidade, como se é em nome próprio ou em nome alheio.

Posse civil – É a decorrente por força de lei, sem necessidade da apreensão material.

Assim determina o art. 1.212 do Código Civil:

"O possuidor pode intentar a ação de esbulho, ou a de indenização, contra o terceiro que recebeu a coisa esbulhada sabendo que o era."

1.5.12. JUS POSSESSIONIS E JUS POSSIDENDI

Jus possessionis – é o direito de posse, direito esse que vem do fato da pessoa manter efetivamente a posse da propriedade imóvel.

Jus possidendi – é o direito de possuir, isto é, o direito que o titular ou a pessoa tem de manter a posse, embora de não a manter efetivamente.

Adquire o direito de posse (*jus possessionis*) aquele que detém o imóvel com intenção de tê-lo como próprio. O direito de posse (*jus possessionis*) nasce pela ocupação da propriedade imóvel, isto é, de um fato externo e de um fato interno (intenção de tê-lo como próprio). É a posse sem título.

1.5.13. PERDA DA POSSE

Perde-se a posse quando cessa, embora contra a vontade do possuidor, o poder sobre o bem, ao qual se refere o art. 1.196 (art. 1.223 do CC).

Pela perda da posse, o titular não mais poderá praticar o seu exercício sobre a coisa de que dispunha. Para o pleno exercício sobre a coisa perdida, terá, aquele que perdeu a posse, de reavê-la de terceiros através de ação própria.

Temos várias formas de perda da posse.

De forma voluntária, perde-se a posse das coisas pelo *abandono* ou pela *tradição*. A perda da posse de forma involuntária, pode ser pela *destruição* delas, pelo *extravio* ou por serem postas *fora do comércio*.

1.5.14. PELO ABANDONO

Aquele que não mais desejar manter a posse sobre determinada coisa, poderá abandoná-la por vontade de não mais a possuí-la.

Para que haja efetivamente o abandono, deve estar presente a manifestação voluntária do possuidor em não mais desejar possuir a propriedade. O simples afastamento da propriedade não resulta em abandono se o possuidor não manifestar de forma inequívoca sua intenção de não mais possuí-la. O afastamento da propriedade pelo possuidor que se retira para outra propriedade não faz desaparecer a posse.

Há casos de abandono da propriedade sem a intenção de deixar de possuir, mas pela negligência e desinteresse, abandono esse prolongado. Nesses casos, quando a propriedade é ocupada por terceiros, sem oposição do proprietário, durante certo período de tempo, faz gerar o direito à usucapião.

1.5.15. PELA TRADIÇÃO

Para a perda da posse pela tradição, que consiste na entrega da coisa a quem adquiriu de direito, há de ser sem o *constituto possessório*. Por esta forma o transmitente continua a ter a posse em nome alheio.

Há casos de tradição que não induz perda da posse, como no caso do locador que dá posse ao locatário pela entrega das chaves, adquirindo, assim, o locatário a posse direta, enquanto o locador conserva a posse indireta.

1.5.16. Pela Destruição

A destruição pode decorrer de eventos naturais ou da própria vontade do possuidor. Destruir significa eliminar a possibilidade de uso de forma integral e definitiva. Se for passageira como no caso do rio em época de enchente que transborda e alaga os terrenos e depois volta ao seu estado natural, não há que se falar em destruição. A destruição tem que ser definitiva, tornando a propriedade imprestável ou impossível para o uso a que se destina. A destruição pode resultar da própria vontade do possuidor, como no caso de um incêndio provocado, que destrói um prédio ou barracão. Pode, ainda, resultar a destruição de um fato de terceiro. O próprio incêndio é um exemplo, se for provocado por uma pessoa estranha.

1.5.17. Extravio

O extravio significa a perda da coisa, o descaminho. Neste caso, somente de coisas móveis se verifica a perda, porque estas podem ser subtraídas, desviadas ou perdidas pela sua locomoção, o que não acontece com a propriedade imóvel.

1.5.18. Por Serem Postas Fora do Comércio

Raros são os casos de perda da posse por ter sido posta a coisa fora do comércio. Para os casos de móveis é mais comum essa perda de posse, o que dificilmente acontece com a propriedade imóvel. Como exemplo temos o caso de uma desapropriação em que a administração pública se utiliza do imóvel para abrir uma rua ou praça, etc.

1.5.19. Pela Posse de Outrem

Pela posse de outrem, ainda contra a vontade do possuidor, se este não foi manutenido, ou reintegrado em tempo competente.

Praticado o esbulho ou a turbação, se o possuidor não se defende em tempo hábil, se reintegrando, ou não obteve a manutenção, o turbador ou esbulhador passa a possuir, pela exclusão do legítimo possuidor, a propriedade esbulhada ou turbada. A posse somente é perdida após cessar o exercício de defesa do possuidor legítimo. Mas se o possuidor se socorre dos meios judiciais, afastando o embaraço que o privara daquele exercício, não perde a posse.

Mas, nesse caso, só se considera perdida a posse para quem não presenciou o esbulho, quando, tendo notícia dele, se abstém de retomar a coisa, ou, tentando recuperá-la, é violentamente repelido (art. 1.224 do CC).

1.6. DOS DIREITOS DE VIZINHANÇA

1.6.1. USO NOCIVO DA PROPRIEDADE

Embora o nosso Código Civil estabeleça que o proprietário possa usar, gozar da propriedade com ampla liberdade, mesmo assim, estabelece sérias restrições ao uso da propriedade ao dispor sobre os direitos de vizinhança, em prol da segurança, do sossego e da saúde (art. 1.277 CC). Essas imposições não atingem somente o proprietário, como também o inquilino, o comodatário ou qualquer pessoa que esteja na posse do imóvel, a qualquer título. Daí podemos entender que o direito de propriedade não é absoluto. O direito de propriedade se estende até onde começa o direito de seu vizinho ou de outros. O interesse individual, dentro de uma sociedade ou comunidade, consiste em limitar a sua ação à justa liberdade de ação alheia.

O art. 1.277 do CC estabelece restrições ao uso da propriedade em prol da segurança, do sossego e da saúde.

Assim estabelece o Código Civil:

"*Art. 1.277. O proprietário ou possuidor de um prédio tem o direito de fazer cessar as interferências prejudiciais à segurança, ao sossego e à saúde dos que o habitam, provocadas pela utilização de propriedade vizinha.*

Parágrafo único. Proíbem-se as interferências considerando-se a natureza da utilização, a localização do prédio, atendidas as normas que distribuem as edificações em zonas, e os limites ordinários de tolerância dos moradores da vizinhança."

1.6.2. VIZINHANÇA

Vizinhança é a relação de proximidade. Isso não quer dizer que vizinho ou vizinhança são somente os prédios confinantes. No nosso Direito, o campo entendido como vizinhança é bem amplo. Nele estão incluídos os prédios afastados, desde que sujeitos às conseqüências do uso nocivo de vizinhança. A relação de vizinhança, para os efeitos jurídicos, pode se estender a todo o bairro, isto é, ir muito além dos prédios confinantes.

1.6.3. SEGURANÇA

É aquela estabelecida para proteção material e pessoal. A segurança está em função do prédio e das pessoas que habitam ou freqüentam a propriedade. A ofensa à segurança pode ser causada por ação ou omissão do vizinho.

Pela ação podemos ter todo dano gerado pela vontade humana e por omissão, qualquer fato que crie uma situação de perigo para o prédio vizinho, seus habitantes ou freqüentadores ou demais pessoas nas redondezas. Há uma série de fatos reprimíveis considerados ofensivos à segurança do prédio vizinho e demais pessoas.

1.6.4. SOSSEGO

O sossego que o Código Civil visa assegurar nas relações de vizinhança é o estabelecido dentro de um critério de normalidade com relação aos ruídos, barulhos ou vibrações incômodas em condições anormais e não suportáveis pelos vizinhos.

O que a lei confere ao vizinho é o direito de impedir os excessos.

1.6.5. SAÚDE

Todas as atividades ou omissões dos vizinhos que lesem ou ponham em risco o bem-estar físico ou psíquico das pessoas são amparadas neste artigo. Cabe, ainda, ao Poder Público, proteger e velar pelas pessoas, com medidas sanitárias de ordem coletiva. O Código Civil visa a resguardar a saúde de cada vizinho, em relação aos confrontantes, cabendo às entidades públicas zelar e resguardar o bem-estar coletivo.

A proteção ao bem-estar social cabe a todas as entidades como: União, Estados e Municípios. Todas no dever da defesa dos interesses da coletividade (art. 6º da CF 88).

Dispõe o art. 1.280 do CC:

"O proprietário ou o possuidor tem direito a exigir do dono do prédio vizinho a demolição, ou reparação necessária, quando este ameace ruína, bem como preste caução pelo dano iminente."

Neste artigo, o Código Civil faz referência ao proprietário ou possuidor ter o direito de exigir a demolição ou reparação do prédio vizinho.

A referência é unicamente feita ao proprietário ou possuidor que tem direito de intentar a ação de dano infecto, mesmo que não habite o prédio vizinho. Para se intentar a ação de dano infecto, não basta apenas um certo receio, é necessário que o dano seja certo e inevitável, embora futuro.

Se o pedido da reparação não produzir os devidos efeitos desejados, pode ser pedida a demolição, no caso de ameaça de ruína do prédio vizinho. Pode ser exigida caução como garantia de qualquer dano, enquanto não se faz a reparação ou demolição.

Assim estabelece o art. 1.281 do Código Civil:

"O proprietário ou o possuidor de um prédio, em que alguém tenha direito de fazer obras, pode, no caso de dano iminente, exigir do autor delas as necessárias garantias contra o prejuízo eventual."

1.6.6. ÁRVORES LIMÍTROFES

A árvore, cujo tronco estiver na linha divisória, presume-se pertencer em comum aos donos dos prédios confinantes (art. 1.282 do CC).

Várias são as conseqüências advindas de árvores limítrofes. A primeira regra é a de que a árvore que se achar na linha divisória presume-se pertencer em comum aos confrontantes. Essa presunção é absoluta, mesmo que plantada por um dos confinantes, por sua conta e com semente própria. Mas se a árvore não estiver na linha divisória, pertencerá ao dono do prédio onde tem o tronco.

Causando as árvores prejuízos às propriedades limítrofes, é admissível que o proprietário prejudicado possa exigir que sejam arrancadas. Da presunção estabelecida pelo Código Civil de que a árvore, cujo tronco estiver na linha divisória, pertence em comum, quando arrancadas, cortadas, devem ser repartidas ao meio, bem como são repartidas as despesas e os frutos. A presunção do artigo supra pode ser destruída por prova em contrário, estabelecendo a propriedade exclusiva da árvore a um dos vizinhos.

1.6.7. Raízes e Ramos

Uma das conseqüências das árvores vizinhas é a ultrapassagem das raízes e ramos para o lado da outra propriedade, muitas vezes causando entupimento de calhas e quebra de calçadas. Mas o Código Civil dá o direito ao vizinho de cortar os ramos ou raízes. Assim estabelece o art. 1.283 do Código Civil:

"As raízes e os ramos de árvore, que ultrapassarem a estrema do prédio, poderão ser cortados, até o plano vertical divisório, pelo proprietário do terreno invadido."

O artigo determina o corte no plano vertical divisório. Isto significa que o vizinho poderá cortar todos os ramos e raízes até o limite de sua divisa, não podendo, com essa faculdade, invadir o terreno do proprietário da árvore para o corte, que deverá ser até a linha divisória.

Este artigo pode ser largamente ignorado pelos vizinhos. Por ser do mais amplo desconhecimento, tem trazido sérias discussões jurídicas. Muitas vezes, os galhos caídos no lado do vizinho produzem certos danos, como entupimentos de calhas, ralos, sujeiras, etc.

O direito ao corte das raízes e ramos, independe de qualquer alegação de prejuízo, bem como, independe também de qualquer reclamação prévia. Não faz depender de qualquer formalidade o direito do proprietário de cortar as raízes e os ramos que ultrapassem a extrema de seu prédio. O simples fato de ultrapassar a divisa, autoriza o exercício do corte, não cabendo ao dono da árvore qualquer indenização pelos cortes, mesmo que venha sacrificar ou perecer a árvore. Plano vertical indica o limite máximo dentro do qual pode ser exercido o direito de vizinho.

É sempre necessário o bom senso do vizinho, não praticando abusos. O corte há de ser de forma tal que não ultrapasse a área do terreno vizinho, sem que isso implique invasão.

1.6.8. Frutos Caídos

O art. 1.284 do CC estabelece que os frutos caídos de árvore do terreno vizinho pertencem ao dono do solo onde caírem, se este for de propriedade particular.

"Art. 1.284. Os frutos caídos de árvore do terreno vizinho pertencem ao dono do solo onde caíram, se este for de propriedade particular."

O que o Código Civil estabelece é que os frutos pendentes pertencem ao vizinho onde estiverem pendidos, não cabendo ao outro vizinho o direito de colhê-los, mesmo que a árvore lhe pertença. A razão desse dispositivo é o de evitar as contendas que poderão surgir com a entrada ou invasão do dono da árvore para apanhar os frutos no terreno vizinho, ainda que esteja aberto ou sem qualquer tapume. São aplicáveis os efeitos deste artigo, mesmo que a árvore esteja situada em terreno público.

1.7. DIREITO DE PASSAGEM

A passagem forçada é também uma das conseqüências do direito de vizinhança. É restrita ao direito de propriedade, decorrente das relações de vizinhança.

Sobre a passagem forçada assim estabelece o Código Civil:

"Art. 1.285. O dono do prédio que não tiver acesso a via pública, nascente ou porto, pode, mediante pagamento de indenização cabal, constranger o vizinho a lhe dar passagem, cujo rumo será judicialmente fixado, se necessário.

§ 1º. Sofrerá o constrangimento o vizinho cujo imóvel mais natural e facilmente se prestar à passagem.

§ 2º. Se ocorrer alienação parcial do prédio, de modo que uma das partes perca o acesso a via pública, nascente ou porto, o proprietário da outra deve tolerar a passagem.

§ 3º. Aplica-se o disposto no parágrafo antecedente ainda quando, antes da alienação, existia passagem através de imóvel vizinho, não estando o proprietário deste constrangido, depois, a dar uma outra."

A lei estabelece que se um prédio ficar encravado, seja ele urbano ou rural, sem saída para via pública, fonte ou porto, tem direito de reclamar do vizinho que lhe deixe passagem.

Quando ocorre tal situação, estão os vizinhos obrigados a conceder a passagem, que não fica à mercê dos desejos do proprietário encravado, mas sim ao arbítrio do Juiz estabelecê-la, da forma menos onerosa para aqueles que estão obrigados a concedê-la. Os danos causados pela obtenção da passagem devem ser indenizados pelo proprietário do prédio encravado. A passagem concedida deverá atingir necessariamente a via pública. Não basta ligar ao vizinho. Se o proprietário do prédio dispuser de caminho para via pública, ainda que mais longo ou dificultoso ou oneroso, não cabe o direito de exigir nova passagem de seu vizinho. Assim, prédio encravado é aquele que não dispõe de saída alguma para via pública, nascente ou porto.

Mas, se o prédio encravado tem uma saída que não seja segura ou praticável, insuficiente às necessidades do prédio, tem direito a reclamar do vizinho uma passagem. Como exemplo temos o imóvel separado da via pública por um curso d'água, sobre o qual não existe ponte. Basta que não seja seguro e transitável, para se exigir do prédio vizinho a passagem para o desencrave.

A passagem pedida deve ser entendida como aquela que deva servir a todo tempo e não somente para certas estações ou períodos. O que se deve levar em conta é que a passagem deve servir suficientemente para a satisfação das necessidades do prédio encravado.

O conceito do encravamento é relativo. Hoje, a passagem satisfaz plenamente; amanhã, com a modernização ou ampliação de uma lavoura, pode não mais satisfazer, assegurando ao proprietário encravado o direito de exigir do seu vizinho meio mais fácil e suficiente para atingir a via pública, fonte ou porto.

O que o direito assegura ao dono do prédio encravado é que haja passagem útil às necessidades do seu prédio. O direito de passagem do prédio encravado se faz valer contra todos os terrenos lindeiros; o princípio é o mesmo.

O direito de passagem pelo prédio vizinho cessa de pleno direito, pela abertura de outra passagem ou caminho que se comunica a uma via pública, mesmo que a passagem original seja muito antiga ou foi motivo de indenizações.

Não tem direito de exigir passagem aquele que se isolou por sua vontade própria, como o que constrói em seu terreno e fica sem passagem para via pública, bem como aquele que destrói uma ponte. A lei não admite passagem àquele que procurou, por suas próprias mãos, ficar isolado.

Não desaparece o direito à passagem com o decurso do tempo, a menos que tenha cessado o encravamento.

O direito de passagem pode tornar oneroso ao proprietário que, por negligência sua, perde a passagem. Mesmo perdida a passagem, pode o proprietário encravado exigir nova comunicação com a via pública, nascente ou porto.

1.8. DA PASSAGEM DE CABOS E TUBULAÇÕES

Estabelece o art. 1.286 do Código Civil que:
"*Mediante recebimento de indenização que atenda, também, à desvalorização da área remanescente, o proprietário é obrigado a*

tolerar a passagem, através de seu imóvel, de cabos, tubulações e outros condutos subterrâneos de serviços de utilidade pública, em proveito de proprietários vizinhos, quando de outro modo for impossível ou excessivamente onerosa."

Temos no artigo acima mais uma das limitações da propriedade imóvel privada em favor da utilidade pública, ou interesse social.

A Carta Magna que assegura o direito à propriedade particular estabelece limitações a esse direito, ressalvando o direito à indenização que atenda também à desvalorização da área remanescente. E o proprietário prejudicado pode exigir que a instalação seja feita de modo menos gravoso ao prédio onerado, bem como, depois, seja removida, à sua custa, para outro local do imóvel.

Se as instalações oferecerem grave risco, será facultado ao proprietário do prédio onerado exigir a realização de obras com segurança (art. 1.287 do CC).

1.9. DAS ÁGUAS. PASSAGEM PELO TERRENO VIZINHO

Art. 1.288 do Código Civil:

"O dono ou o possuidor do prédio inferior é obrigado a receber as águas que correm naturalmente do superior, não podendo realizar obras que embaracem o seu fluxo; porém a condição natural e anterior do prédio inferior não pode ser agravada por obras feitas pelo dono ou possuidor do prédio superior."

A razão desse artigo decorre da própria natureza. É natural que os terrenos mais elevados façam com que suas águas corram para os terrenos mais baixos. Está aí mais uma das restrições da propriedade em função social. A água que o prédio inferior fica obrigado a receber é a que decorre da força da natureza, como as fontes, águas das cachoeiras, etc. Isso significa que o fluxo das águas deve ser natural e não resultar de obra do homem.

O dono do prédio inferior não tem direito a receber indenização pelo fato de receber as águas que correm do prédio superior, porque este fato decorre, essencialmente, de fato da natureza. Nem pode o dono do prédio inferior impor ao dono do prédio superior obrigações de fazer desaparecer os obstáculos naturais, ou menos prejudiciais ao seu terreno. Mas o proprietário do prédio superior não pode fazer nada que possa agravar o ônus que pesa sobre o prédio inferior, como reunir várias águas para dar mais volume, tornar a corrente intermitente quando era contínua ou vice-versa.

Art. 1.289 do Código Civil:

"*Quando as águas, artificialmente levadas ao prédio superior, ou aí colhidas, correm dele para o inferior, poderá o dono deste reclamar que se desviem, ou se lhe indenize o prejuízo que sofrer.*

Parágrafo único. Da indenização será deduzido o valor do benefício obtido."

Temos como águas artificiais as recebidas por qualquer meio, como encanamentos de ruas levadas ao prédio, bem como, poços artificiais. Neste caso, o vizinho do prédio inferior não fica obrigado a receber as águas que correm do prédio superior para o inferior e com direito a reclamar que se desviem, ou se lhe indenize o prejuízo que sofrer, mas da indenização o proprietário do prédio superior poderá deduzir o benefício obtido pelo prédio inferior, caso não seja possível o desvio.

Art. 1.290 do Código Civil:

"*O proprietário de nascente, ou do solo onde caem águas pluviais, satisfeitas as necessidades de seu consumo, não pode impedir, ou desviar o curso natural das águas remanescentes pelos prédios inferiores.*"

O dono do prédio superior goza do direito de usar das águas nascentes ou pluviais de forma que atenda as suas necessidades e de seu legítimo interesse. O que se proíbe é o desvio das águas. As águas sobejas é um direito do prédio inferior. Se a nascente ou as águas pluviais forem de pouca quantidade e que só satisfaça o dono do prédio comum, o direito do prédio inferior fica prejudicado.

Art. 1.291 do Código Civil:

"*O possuidor do imóvel superior não poderá poluir as águas indispensáveis às primeiras necessidades da vida dos possuidores dos imóveis inferiores; as demais, que poluir, deverá recuperar, ressarcindo os danos que estes sofrerem, se não for possível a recuperação ou o desvio do curso artificial das águas.*"

O dono do prédio superior tem o direito de gozar e de dispor da água da forma mais absoluta, mas não poderá poluir as águas indispensáveis às primeiras necessidades do prédio inferior. Isso significa que são imprescindíveis à vida humana, isto é, as de exigências mínimas para satisfazer as condições materiais, como beber, a satisfazer as funções fisiológicas relativas ao aparelho excretor, banhos, lavagens de roupas, etc. Quanto ao restante das águas, poderá desviar o curso quando possível. Mas se não desviá-las ou poluí-las, deverá proceder a sua recuperação sob pena de ressarcir o dono do prédio inferior pela poluição.

1.10. LIMITES ENTRE PRÉDIOS – DIREITO DE TAPAGEM

Estabelece o art. 1.297 do Código Civil que:

"O proprietário tem direito a cercar, murar, valar ou tapar de qualquer modo o seu prédio, urbano ou rural, e pode constranger o seu confinante a proceder com ele à demarcação entre os dois prédios, a aviventar rumos apagados e a renovar marcos destruídos ou arruinados, repartindo-se proporcionalmente entre os interessados as respectivas despesas."

O direito de obrigar a proceder a demarcação é somente do proprietário, a qualquer título, não podendo exercer esse direito os meros possuidores. O direito de exigir é uma faculdade, a de atender é uma obrigação. A ação demarcatória é imprescritível, mesmo se decorridos mais de 15 anos. A ação demarcatória cabe quando há confusão dos limites, cujo objetivo é delinear, pôr limite, isto é, deixar certa e inequívoca a extrema entre as propriedades contíguas. A finalidade da demarcação ou demarcatória é afastar a confusão por haverem desaparecido os marcos e vestígios e assentar os limites da propriedade, afastando qualquer dúvida, determinando, assim, um limite certo, sem cogitar da causa que originou a confusão. É permitida a cumulação de ação de demarcação com a de esbulho, caso o proprietário vizinho tenha ocupado parte do terreno do outro. O código fala em confinante, no singular, mas nada impede que as ações sejam contra mais de um confinante.

As despesas de demarcação devem ser rateadas proporcionalmente à extensão das propriedades. A demarcação poderá ser pedida tantas vezes quantas forem necessárias, desde que surja nova confusão ou destruição dos marcos.

Qualquer tapume, muro, vala ou outra obra divisória presumir-se-á pertencer aos proprietários confinantes, até prova em contrário. Cabe a ambos os proprietários as reparações de estragos de qualquer causa e as reparações devem ser feitas de acordo com os costumes da localidade. Mas se o estrago for feito por um dos proprietários ou seus ocupantes, cabe a este a reparação.

O § 2º do artigo acima determina que as sebes vivas, as árvores, ou plantas quaisquer, que servem de marco divisório, só podem ser cortadas, ou arrancadas, de comum acordo entre os proprietários.

O § 3º determina que a construção de tapumes especiais para impedir a passagem de animais de pequeno porte, ou para outro fim, pode ser exigida de quem provocou a necessidade deles, pelo proprietário, que não está obrigado a concorrer para as despesas.

Art. 1.298 do Código Civil:

"*Sendo confusos, os limites, em falta de outro meio, se determinarão de conformidade com a posse justa; e, não se achando ela provada, o terreno contestado se dividirá por partes iguais entre os prédios, ou, não sendo possível a divisão cômoda, se adjudicará a um deles, mediante indenização ao outro.*"

Em caso de confusão, os limites, em falta de outro meio, se determinarão de acordo com a posse justa. Posse justa é a posse que não é viciada. E, não se achando ela provada, o terreno contestado se repartirá proporcionalmente entre os prédios ou, não sendo possível a divisão cômoda, se adjudicará a um deles, mediante indenização ao proprietário particular, mediante indenização ao outro.

1.11. DIREITO DE CONSTRUIR

1.11.1. DIREITO DO PROPRIETÁRIO

O Código Civil assegura ao proprietário o direito de usar, gozar e dispor de seus bens e de reavê-los do poder de quem quer que injustamente os possua.

Por este artigo podemos deduzir que o direito de construir está plenamente reconhecido, visto que, usar, gozar e dispor compreende a faculdade de edificar, transformar, beneficiar. Com a construção, o dono pode auferir todas as vantagens que a construção lhe proporciona, como frutos, rendimentos, etc.

A nossa Constituição (1988), em seu art. 5º, XXIII, estabelece que a propriedade atenderá a sua função social, e no item XXVI trata da defesa da pequena propriedade rural que não será objeto de penhora para pagamento de débitos decorrentes de sua atividade produtiva. Assim, também defende a propriedade imóvel que dispõe sobre a impenhorabilidade do bem de família, a Lei nº 8.009, de 29.3.1990.

Ressalvado o direito dos vizinhos e de regulamentos administrativos, o proprietário pode levantar em seu terreno as construções que lhe aprouver (art. 1.299, CC).

O proprietário construirá de forma que o seu prédio não despeje águas, diretamente, sobre o prédio vizinho (art. 1.300 do CC).

O Código novamente refere-se ao proprietário. Podem outras pessoas exercer esse direito de construir em terreno alheio?

O direito de construir é do proprietário, salvo os casos de sua permissão a terceiros e dos possuidores de boa-fé, que deverão obedecer as mesmas restrições, incorrendo ainda nas restrições do art. 1.255 do CC, que estabelece que aquele que semeia, planta ou edifica em terreno alheio perde, em proveito do proprietário, as sementes, plantas e construção.

Está aí mais uma restrição ao uso e gozo da propriedade imóvel, ditada pelo interesse público.

As construções devem obedecer a certos critérios que não comprometam a segurança, independência ou a tranqüilidade do prédio vizinho. Assim, todas as construções devem estar revestidas e em observância com as regras técnicas para se evitar que a construção venha a danificar, ou de qualquer modo prejudicar o prédio vizinho, causando danos materiais.

As relações de vizinhança impõem ao proprietário certas limitações, em função do bem-estar coletivo, visando assegurar a coexistência pacífica dos indivíduos numa comunidade.

O Código Civil prescreve que o proprietário pode levantar em seu terreno as construções que lhe aprouver, salvo o direito dos vizinhos e regulamentos. Temos como regra a liberdade de construir e as limitações e as restrições formam as exceções. Normal é o direito de construir sem que provoque dano ou lesão para a vizinhança. O direito de construir há de atender aos padrões locais e comuns de utilização da propriedade em obediência aos preceitos da municipalidade e do bairro. O mau uso da propriedade, como a utilização do imóvel para oficina barulhenta ou fábrica poluidora, é fator de conflitos de vizinhança. O que se deve notar é que a normalidade do uso da propriedade é relativa. Nem todo incômodo é reprimível, desde que suportável. Se a utilização do imóvel for abusiva, faz desaparecer o conceito de normalidade. Devemos atender as condições do lugar, as peculiaridades do bairro, se é industrial ou residencial, a natureza da atividade. O barulho de uma fábrica poderá ser normal numa zona industrial ou mista, estar dentro dos parâmetros da normalidade e ser considerado anormal para um bairro residencial.

1.11.2. OBRAS PÚBLICAS

As obras públicas também podem ser lesivas à vizinhança, causando danos aos prédios e aos moradores ou à coletividade. É dever da Prefeitura zelar por suas obras para que não produzam danos ou molestem as pessoas, pondo em risco a saúde, sossego ou segurança pessoal. As aberturas de canais para esgotos, quando iniciados e não terminados, deixando correr os detritos a céu aberto, são danos e incômodos à propriedade imóvel, colocando em risco a saúde de toda uma coletividade, portanto, fora dos padrões da normalidade.

Com a modernização e o progresso, com o fomento da indústria, crescem, diariamente, os incômodos aos proprietários, como ruídos e vibrações das fábricas, as fumaças causadoras de alta poluição, os alto-falantes circulando por toda cidade no mais alto volume, sem qualquer controle, as motocicletas barulhentas sem controle dos seus escapamentos, enfim toda uma gama de incômodos que ofendem e lesam o bem-estar físico ou psíquico das pessoas, às vezes, a própria propriedade diretamente.

A Constituição de 1988 assegura de forma ampla a proteção ao bem-estar social. Em seu art. 225, trata do meio ambiente, altamente afetado pelo modernismo descontrolado. Neste artigo, é imposto ao Poder Público e à coletividade o dever de defender o meio ambiente e preservá-lo para as gerações presentes e futuras. A proteção a que se refere a Constituição é afeta a todas as entidades como União, Estado e Município. A coletividade refere-se a todo cidadão, sem exceção. Todos têm a obrigação e o dever de defesa dos interesses da comunidade, cidadão ou Poder Público.

Embora o nosso Código Civil estabeleça ampla liberdade de construir, por outro lado impõe restrições de ordem privada e pública que atuam em prol da propriedade e das pessoas.

Muitas são, portanto, as restrições ao direito de construir em benefício dos prédios confinantes e aos seus ocupantes.

O Código proíbe abrir janelas ou fazer eirado, que é a cobertura na parte superior do prédio, como proíbe também fazer terraço ou varanda, a menos de metro e meio do terreno vizinho. Também as janelas, cuja visão não incida sobre a linha divisória, bem como as perpendiculares, não poderão ser abertas a menos de setenta e cinco centímetros.

O que fica excluído são as aberturas de luz ou ventilação, não maiores de dez centímetros de largura sobre vinte de comprimento e construídas a mais de dois metros de altura de cada piso.

1.11.3. PRAZO DE PRESCRIÇÃO

Art. 1.302 do Código Civil:

"O proprietário pode, no lapso de ano e dia após a conclusão da obra, exigir que se desfaça janela, sacada, terraço ou goteira sobre o seu prédio; escoado o prazo, não poderá, por sua vez, edifi-

car sem atender ao disposto no artigo antecedente, nem impedir, ou dificultar, o escoamento das águas da goteira, com prejuízo para o prédio vizinho.

Parágrafo único. Em se tratando de vãos, ou aberturas para luz, seja qual for a quantidade, altura e disposição, o vizinho poderá, a todo tempo, levantar a sua edificação, ou contramuro, ainda que lhes vede a claridade."

Temos no artigo acima mais uma das restrições do direito de construir em benefício dos prédios vizinhos. O vizinho que se sentir prejudicado pela abertura de janelas, terraço ou varanda, cuja visão incida sobre seu prédio, tem o espaço de um ano e dia para fazer valer seu direito, sob pena de prescrição para a oposição. E em zona rural, não será permitido levantar edificações a menos de três metros do terreno vizinho (art. 1.303 do CC).

No antigo Código Civil que data de 1916, a permissão para edificar em prédio rústico era de um metro e meio, desde que com licença do vizinho. O atual Código Civil silenciou sobre essa faculdade.

O prédio rústico de que falava o Código Civil antigo era de forma genérica, abrangendo toda propriedade, não cabendo aqui interpretação restritiva, como poderiam entender: propriedade rural ou simples, sem qualquer melhoramento ou grosseira.

Com a anuência do vizinho podia construir a menos de metro e meio. A permissão podia operar-se de forma expressa ou tácita, desde que o vizinho não oferecesse qualquer embargo. Terminada a obra operava-se a prescrição para os embargos.

O atual Código Civil, como já vimos, silenciou quanto a permissão que era uma faculdade.

Art. 1.304 do Código Civil:

"Nas cidades, vilas e povoados cuja edificação estiver adstrita a alinhamento, o dono de um terreno pode nele edificar, madeirando na parede divisória do prédio contíguo, se ela suportar a nova construção; mas terá que embolsar ao vizinho metade do valor da parede e do chão correspondente."

Isso equivale ao proprietário poder madeirar na parede divisória do vizinho, desde que ela suporte a nova construção, mas terá o proprietário que embolsar ao vizinho a metade do valor da parede e do chão correspondente.

Mas se a parede divisória pertencer a um só dos vizinhos, e não tiver capacidade para ser travejada pelo outro, não poderá este fazer-lhe alicerce ao pé sem prestar caução àquele, pelo risco a que expõe a construção anterior.

Art. 1.306 do Código Civil:

"O condômino da parede-meia pode utilizá-la até ao meio da espessura, não pondo em risco a segurança ou a separação dos dois prédios, e avisando previamente o outro condômino das obras que ali tenciona fazer; não pode sem consentimento do outro, fazer, na parede-meia, armários, ou obras semelhantes, correspondendo a outras, da mesma natureza, já feitas do lado oposto."

Parede-meia é a parede comum construída na divisa de dois prédios contíguos, configurando, assim, aos proprietários meia parede, geralmente, parede-cega, a que não tem aberturas, podendo os proprietários utilizá-las somente até a metade da linha divisória, razão porque impede o Código Civil construções de armários e outros semelhantes, para que não ponha em risco a segurança da construção.

Art. 1.307 do Código Civil:

"Qualquer dos confinantes pode altear a parede divisória, se necessário reconstruindo-a, para suportar o alteamento; arcará com todas as despesas, inclusive de conservação, ou com metade, se o vizinho adquirir meação também na parte aumentada."

Nesse artigo, o Código faculta a qualquer das partes altear a parede divisória, isto é, elevá-la, torná-la mais alta, mas, para isso, deverá reconstruí-la para que suporte o alteamento, devendo suportar com todas as despesas, inclusive de conservação, salvo se o vizinho adquirir meação na parte aumentada.

Art. 1.308 do Código Civil:

"Não é lícito encostar à parede divisória chaminés, fogões, fornos ou quaisquer aparelhos ou depósitos suscetíveis de produzir infiltrações ou interferências prejudiciais ao vizinho.

Parágrafo único. A disposição anterior não abrange as chaminés ordinárias e os fogões de cozinha."

O que o artigo acima proíbe são chaminés, fogões ou fornos industriais como os de padarias, indústrias, etc., que são suscetíveis de produzir infiltrações ou interferências prejudiciais, não se incluindo na proibição deste artigo os fogões, chaminés e fornos caseiros, mas se estes forem suscetíveis de produzir as infiltrações ou interferências, cabe a proibição.

Art.1.309 do Código Civil:

"São proibidas construções capazes de poluir, ou inutilizar, para uso ordinário, a água do poço, ou nascente alheia, a elas preexistentes."

Para o artigo acima, qualquer que seja a construção que produza efeito nocivo é proibida. Não basta a certeza de que a construção é nociva. Se a construção se revestir de incerteza, mas com probabilidade, já se enquadra no presente artigo. O que a lei quer preservar é a segurança da água do poço ou da nascente.

Art. 1.310 do Código Civil:

"Não é permitido fazer escavações ou quaisquer obras que tirem ao poço ou à nascente de outrem a água indispensável às suas necessidades normais."

As obras proibidas para o artigo acima são aquelas suscetíveis de provocar desmoronamento ou deslocação de terras que tirem ao poço ou às nascentes de outrem a água.

Para execução de obras perto de nascentes ou poços de água há necessidade de uma sondagem técnica para configurar certeza de que não irá provocar danos, pois a proibição do Código Civil é taxativa, mas não estabeleceu distância para as escavações ou obras, basta que vislumbre a possibilidade de causar danos.

Art. 1.311 do Código Civil:

"Não é permitida a execução de qualquer obra ou serviço suscetível de provocar desmoronamento ou deslocação de terra, ou que comprometa a segurança do prédio vizinho, senão após haverem sido feitas as obras acautelatórias.

Parágrafo único. O proprietário do prédio vizinho tem direito a ressarcimento pelos prejuízos que sofrer, não obstante haverem sido realizadas as obras acautelatórias."

Mais uma vez usou o Código Civil a proibição de execução de obras ou serviços suscetíveis de desmoronamento ou deslocação de terras que venha a comprometer a segurança do prédio vizinho, mas essa proibição é ressalvada após feitas obras acautelatórias que irão dar total segurança. Essas obras deverão ser feitas com supervisão dos órgãos públicos responsáveis.

O direito ao ressarcimento pelos prejuízos que sofrer o vizinho prejudicado será devido, mesmo realizadas as obras acautelatórias. Uma das razões para que o interessado nas obras deva requerer a supervisão dos órgãos públicos responsáveis é a de chamá-los à responsabilidade.

Art. 1.312 do Código Civil:

"Todo aquele que violar as proibições estabelecidas nesta Seção é obrigado a demolir as construções feitas, respondendo por perdas e danos."

No caso de violação dos artigos acima, responde por perdas e danos aquele que provocou o dano e é obrigado a demolir as construções ou obras. A ação correspondente para a obrigação de demolir é a ação demolitória.

A obrigação imposta neste artigo abrange não só o proprietário, como também o possuidor.

Art. 1.313 do Código Civil:

"O proprietário ou ocupante do imóvel é obrigado a tolerar que o vizinho entre no prédio, mediante aviso, para:

I – dele temporariamente usar, quando indispensável à reparação, construção, reconstrução ou limpeza de sua casa ou do muro divisório;

II – apoderar-se de coisas suas, inclusive animais que aí se encontrem casualmente.

§ 1º. O disposto neste artigo aplica-se aos casos de limpeza ou reparação de esgotos, goteiras, aparelhos higiênicos, poços e nascentes e ao aparo de cerca viva.

§ 2º Na hipótese do inciso II, uma vez entregues as coisas buscadas pelo vizinho, poderá ser impedida a sua entrada no imóvel.

§ 3º Se do exercício do direito assegurado neste artigo provier dano, terá o prejudicado direito a ressarcimento."

Outra vez deparamos com restrição ao direito de propriedade pela imposição dos artigos supra. A obrigação de consentir está em função da solidariedade social. O convívio em sociedade impõe certas obrigações para o bem geral. Não quer a lei a ruína em prejuízo da propriedade vizinha, ao comodismo ou exclusivismo ou indiferentismo do confinante. Não fosse a lei taxativa em impor a obrigação de consentir ao vizinho adentrar no prédio confinante, poderia haver recusas nos casos de rompimento de relações de amizade. Neste caso, sem apoio legal, e no caso de recusa, o vizinho teria prejuízos na certa, o que não é a intenção da lei.

O vizinho responderá pela indenização de qualquer dano que possa resultar do uso que faz da propriedade vizinha, para os fins do artigo supra.

Capítulo II
Atos Privativos
da Propriedade Imóvel

2.1. DESAPROPRIAÇÃO

2.1.1. Conceito

Desapropriação é o ato em virtude do qual a autoridade competente, mediante indenização prévia e justa e em casos estritos em lei, determina a transferência da propriedade individual a quem dela se utilize, no interesse da coletividade. A indenização haverá de ser justa; assim determina a Constituição de 1988, no art. 5º, inciso XXIV: "*a lei estabelecerá o procedimento para desapropriação, por necessidade ou utilidade pública, ou por interesse social, mediante justa e prévia indenização em dinheiro, (...);*".

Através da desapropriação, a propriedade do particular se translada forçosamente para o ente público que efetuou a desapropriação. É o efeito de privar da propriedade o particular que era seu legítimo titular.

O fundamento da desapropriação é a necessidade ou utilidade públicas que prevalece contra o direito da propriedade privada. Eis aí mais uma das restrições da propriedade imóvel. O interesse coletivo está acima do interesse particular.

A desapropriação está assegurada pela Constituição; o art. 22, II, avoca para a União a competência privativa de legislar sobre a desapropriação. No art. 5º, a Constituição garante aos brasileiros e estrangeiros a inviolabilidade da propriedade (art. 5º, XXII) e no item XXIV determina que a Lei estabelecerá o procedimento para desapropriação por necessidade ou utilidade pública ou por interesse social, mediante justa e prévia indenização em dinheiro.

Poderão ser objeto de desapropriação quaisquer bens, até coisas móveis, corpóreas e incorpóreas, consumíveis e inconsumíveis, assim como: direitos autorais, patentes de invenção, gêneros alimentícios, etc. O que interessa para o nosso estudo é a desapropriação da propriedade imóvel que poderá recair em sua totalidade ou apenas em parte do mesmo. No caso de o imóvel ficar reduzido a menos da metade ou desmerecendo de valor, fica o expropriado com direito de requerer que seja desapropriado no todo com a indenização total. É o chamado direito de extensão (art. 12 do Decreto nº 4.956, de 9.9.1903).

O proprietário que deseja exercitar o direito de extensão, deverá se manifestar no acordo ou na ação judicial que se instaurar, sob pena de haver renunciado o seu direito.

Vários são os casos que ensejam a desapropriação. Os mais comuns são: defesa do território nacional; segurança pública; salubridade pública; criação e melhoramentos de centros de população; seu abastecimento regular e meios de subsistência; aberturas de vias, logradouros públicos; construções de edifícios públicos; construções de viadutos, pontes, etc.

As desapropriações podem ser feitas pela União, Estados e Municípios. O Poder Público pode delegar às entidades paraestatais o direito de promover a desapropriação.

2.1.2. Desapropriação Mediante Acordo

O Estado antes de ingressar com procedimento judicial, mesmo antes da declaração de utilidade pública, pode entrar em composição amigável com o proprietário do imóvel, não havendo desse acordo uma desapropriação, mas sim, uma simples compra e venda completando-se a relação de transferência da propriedade e o pagamento do preço (indenização).

Estando em curso o procedimento expropriatório, o acordo amigável pode efetuar-se nos próprios autos, com pedido de arquivamento do feito.

2.1.3. Ilegalidade da Desapropriação

Somente em ação própria, como ação ordinária de anulação de ato jurídico, mandado de segurança ou ação popular, pode ser submetida a desapropriação ao exame judicial.

Cabe ação ordinária sempre que faltar ao ato expropriatório algum elemento essencial à validade de qualquer ato jurídico (art. 166, CC), ou ainda se por qualquer outro motivo, o ato do Poder Público não se revestir de legalidade ou constitucionalidade.

2.1.4. Quando Cabe Mandado de Segurança

Cabe Mandado de Segurança contra o ato da autoridade administrativa, praticado ilegalmente ou com abuso do poder, lesivo de direito líquido e certo, não amparado por *habeas corpus*.

2.1.5. Defesa do Expropriado

Citado o expropriado, este poderá oferecer, no prazo de 15 dias, sua contestação ou exceção. A contestação só poderá versar sobre vícios do processo judicial ou impugnação do preço. Qualquer outra questão deverá ser decidida por ação direta, não se admitindo a reconvenção.

2.1.6. Desapropriação Indireta

É a que se dá quando a Administração Pública procede a expropriação de bens particulares sem atender aos procedimentos legais. Na desapropriação indireta ocorre o apossamento de propriedade privada pelo Poder Público sem o pagamento da justa e prévia indenização.

O Estado pratica ato ilegal e ilícito caracterizando, assim, abuso de poder. Não obstante a ilegalidade patente, esta desapropriação tem caráter real, comum, desapropriação direta e legal, não cabendo ao expropriante pleitear a reivindicação da propriedade, mas sim a indenização.

2.1.7. RETROCESSÃO

A retrocessão é o direito subjetivo legítimo do proprietário de reaver o bem, isto é, a propriedade, quando não tenha ocorrido a utilização para os fins que o Estado a destinara. O Estado, decretando a desapropriação da propriedade, é obrigado a utilizá-la para os fins destinados e indicados para atender os interesses da coletividade invocados. Não utilizando o Estado da propriedade desapropriada, não dando o seu aproveitamento, ressurge para o expropriado o direito de reivindicar o imóvel que lhe pertencera.

Anulada a desapropriação, por falta de fundamento legal, utilidade ou necessidade pública ou interesse social, o bem desapropriado volta a integrar o patrimônio do expropriado, restituindo o preço recebido.

O art. 519 do CC estabelece que:

"Se a coisa expropriada para fins de necessidade ou utilidade pública, ou por interesse social, não tiver destino para que se desapropriou, ou não for utilizada em obras ou serviços públicos, caberá ao expropriado direito de preferência, pelo preço atual da coisa."

O art. 35 do Decreto-Lei nº 3.365 nega a retrocessão, impedindo o expropriado de promover a reivindicação em seus expressos termos:

"Os bens expropriados, uma vez incorporados à Fazenda Pública, não podem ser objeto de reivindicação, ainda que fundada em nulidade do processo de desapropriação. Qualquer ação, julgada procedente, resolver-se-á em perdas e danos."

Com a implantação do Novo Código Civil, fica revogado o referido Decreto-Lei nº 3.365, que é lei menor.

Capítulo III
Atos Constitutivos de Direitos da Propriedade Imóvel

3.1. CONDOMÍNIO

3.1.1. Condomínio, Compropriedade ou Co-Propriedade

É o direito de propriedade de duas ou mais pessoas sobre o mesmo imóvel ou coisa. Ao imóvel que pertencia exclusivamente a um só titular e que passa a pertencer a diversos titulares, dá-se o nome de condomínio. Pelo concurso de diversos titulares, sofre a propriedade uma diminuição individual. Dessa forma, os novos titulares passam conjuntamente a substituir o antigo proprietário ou com ele se integrar na sua posição jurídica em relação ao imóvel.

O estado de condomínio pode resultar de atos das partes, como exemplo temos a aquisição de uma propriedade imóvel por duas ou mais pessoas, configurando-se, assim, proprietários em comum da propriedade. Pode ainda dar-se o condomínio de uma propriedade imóvel pela herança ou legado, etc.

O condomínio pode ser *convencional, incidente* ou *eventual.*

Convencional – dá-se o condomínio convencional quando se origina de contrato, isto é, quando as partes contratantes estabelecem a propriedade comum sobre a propriedade adquirida.

Incidente ou *eventual* – é aquele que se origina de fato alheio à vontade dos condôminos, como herança, doação, testamento, etc.

3.1.2. COISA INDIVISÍVEL

Estabelece o Código Civil que:

"Art. 1.322. Quando a coisa for indivisível, e os consortes não quiserem adjudicá-la a um só, indenizando os outros, será vendida e repartido o apurado, preferindo-se, na venda, em condições iguais de oferta, o condômino ao estranho, e entre os condôminos aquele que tiver na coisa benfeitorias mais valiosas, e, não as havendo, o de quinhão maior.

Parágrafo único. *Se nenhum dos condôminos tem benfeitorias na coisa comum e participam todos do condomínio em partes iguais, realizar-se-á licitação entre estranhos e, antes de adjudicada a coisa àquele que ofereceu maior lanço, proceder-se-á à licitação entre condôminos, a fim de que a coisa seja adjudicada a quem afinal oferecer melhor lanço, preferindo, em condições iguais, o condômino ao estranho."*

3.1.3. VENDA OU DIVISÃO OBRIGATÓRIA DA PROPRIEDADE EM COMUM

Um dos fatos que gera maiores contendas é o de não aceitar o condômino a venda ou divisão da propriedade comum. Quando a propriedade não suporta divisão cômoda, cabe a venda, em casos de discórdias, mesmo contra a vontade da maioria. Basta que um decida a venda ou divisão, mesmo que pequena seja sua parte, para ser procedida a venda.

Os demais condôminos estão obrigados a respeitar o direito daquele que não quer a comunhão. A divisão ou venda é o meio de liberar o condômino da comunhão e extinguir com as discórdias que a concorrência de interesses fomenta.

Sempre os mais astutos acabam por prejudicar os mais cordatos e a melhor forma de solução é sempre a divisão ou venda.

3.1.4. USO E GOZO EM COMUM

Se, por qualquer circunstância, não for possível o uso e gozo da propriedade em comum, resolverão os condôminos se a propriedade deve ser administrada, vendida ou alugada. Se todos concordarem em que se não venda, à maioria competirá deliberar sobre a administração ou locação da propriedade comum. Pronunciando-se a maioria pela administração, escolherá também o administrador. Resolvendo-se alugar a propriedade comum, preferir-se-á, em condições iguais, o condômino ao estranho. A razão se justifica porque o condômino é dono de uma parte da propriedade.

Assim estabelece o Código Civil:

"*Art. 1.314.* Cada condômino pode usar da coisa conforme sua destinação, sobre ela exercer todos os direitos compatíveis com a indivisão, reivindicá-la de terceiro, defender a sua posse e alhear a respectiva parte ideal, ou gravá-la.

Parágrafo único. Nenhum dos condôminos pode alterar a destinação da coisa comum, nem dar posse, uso ou gozo dela a estranhos, sem o consenso dos outros."

3.1.5. PREFERÊNCIA NA LOCAÇÃO

Se diversos condôminos pleitearem a preferência na locação, resolve-se pela licitação entre eles, como no caso de venda. A interpretação é dada em conformidade com o art. 1.322 do CC.

3.1.6. ADMINISTRAÇÃO

Estabelece o art. 1.323 do Código Civil:

"*Deliberando a maioria sobre a administração da coisa comum, escolherá o administrador, que poderá ser estranho ao condomínio; resolvendo alugá-la, preferir-se-á, em condições iguais, o condômino ao que não o é.*"

A maioria que delibera sobre a administração da propriedade será calculada pelo número de quinhões e não pelo número de condôminos. Isto quer dizer que aquele que tiver maior fração ou quinhões terá também maior parte dos votos.

E as obrigações só obrigam quando tomadas por maioria absoluta, por votos que representem mais de meio do valor total.

Como dissemos antes, pode um único condômino, cujo quinhão seja maior ou tenha o valor de mais de metade do total, representar a maioria, mesmo sendo muitos os condôminos.

Os condôminos em minoria têm de submeter-se às deliberações da maioria, mas sempre ressalvados os seus direitos de pedir a divisão da propriedade comum.

3.1.7. FRUTOS DA COISA

Estabelece o art. 1.326 do Código Civil:

"Os frutos da coisa comum, não havendo em contrário estipulação ou disposição de última vontade, serão partilhados na proporção dos quinhões."

Por frutos temos os rendimentos da coisa em comum, como também pode ser até os frutos de plantas em geral. E a colheita dos frutos de qualquer espécie devem ser repartidos na proporção dos quinhões.

3.1.8. COMUNHÃO

A comunhão é o estado daquilo que é comum a duas ou mais pessoas e considerando-se o modo estabelecido entre os condôminos para uso e gozo da propriedade comum, dá-se o estado de condomínio ou compropriedade ou co-propriedade.

3.1.9. CLASSIFICAÇÃO DA COMUNHÃO

Podemos classificar a comunhão em: comunhão *pro diviso* e comunhão *pro indiviso*.

a) Comunhão pro diviso – é o estado em que os condôminos têm as suas partes divididas e distintas, não obstante a propriedade continue em comum.

Localizada na posse sobre o quinhão que, de fato, passa a representar a sua cota na co-propriedade, cada comunheiro usufrui sua porção do imóvel com exclusividade, podendo usar de defesa contra quem quer molestá-lo, agindo judicialmente, com as ações devidas, como as possessórias, etc.

As benfeitorias feitas serão próprias e não entram na partilha que vier a ser feita futuramente da propriedade comum, bem como, os frutos ou rendimentos que auferir, nada terá que partilhar.

A posse localizada dá direito de preferência ao condômino sobre o local possuído, salvo se é constituída de má-fé. Se é de má-fé e o tempo for superior a 15 anos, exclui o direito de ação divisória.

b) *Comunhão pro indiviso* – Dá-se quando a propriedade indivisa pertence em comum a diversos donos, tendo cada qual uma parte ou fração ideal da mesma propriedade. É aquela em que todos os condôminos estão de direito e de fato na comunhão, de sorte que ninguém tem posse exclusiva sobre determinada parte da propriedade comum. Não há localização do condômino na propriedade.

3.1.10. Obrigações na Comunhão

A comunhão gera um complexo de obrigações cuja denominação é *praestationes* como: conservação da coisa, reparos, despesas, ressarcimentos de danos, partilha e utilização dos frutos, sujeição à maioria dos votos na administração, respeito à igualdade, abstenção de fazer determinadas coisas, dever de praticar outras, suportar as obrigações, os ônus a que estiver sujeita, etc. (art. 1.315, CC).

Tanto a divisão como a venda pode ser amigável, caso haja concordância entre os condôminos ou judicial, quando não houver acordo ou interesse (vide art. 1.117 do CPC).

3.1.11. Formas de Extinção do Condomínio

Para a extinção do condomínio existem as formas convencionais todas como voluntárias e as não convencionais ou involuntárias:

Convencionais ou voluntárias:

— o contrato;

— pelo término do prazo convencionado para a indivisão;

— pela partilha ou divisão.

Não convencionais ou involuntárias:

— perecimento ou extinção da propriedade ou coisa;

— pela sucessão;

— pela usucapião.

3.2. CONDOMÍNIOS EM PRÉDIOS OU EDIFÍCIOS

O condomínio em prédios ou edifícios destinados a apartamentos, lojas, escritórios, etc., difere do condomínio tradicional estudado antes, visto que o tradicional é transitório e este é permanente. No condomínio tradicional, a qualquer tempo será lícito ao condômino exigir a divisão ou venda da coisa em comum, ao passo que o condomínio em edifícios ou prédios, denominado condomínio horizontal, é fundamentado na coexistência de um conjunto de unidades exclusivas, enlaçadas por uma área de propriedade comum e que se destina a perpetuar, sob ordem jurídica própria, estabelecendo suas normas.

3.2.1. NORMA JURÍDICA REGULADORA

O condomínio em edifícios ou prédios, destinados a apartamentos, lojas, escritórios, basicamente, está regulado pela Lei nº 4.591, de 16.12.1964, que dispõe sobre edifícios e incorporações imobiliárias e arts. 1.331 a 1.358 do Código Civil.

3.2.2. UNIDADE AUTÔNOMA

Cada unidade autônoma do edifício ou prédio está intimamente ligada ou vinculada à área comum que é indivisível e inalienável.

A unidade autônoma tem vínculo obrigatoriamente com a propriedade das áreas comuns.

3.2.3. DIREITOS DE USO E GOZO

Os condôminos em edifícios ou prédios de apartamentos, salas para escritórios, lojas ou outros, destinados aos fins residenciais e comerciais e outros, constituem-se numa pequena comunidade em que se faz mister ter normas reguladoras para uma perfeita convivência. A Lei nº 4.591/1964, que regula a matéria do condomínio em prédios ou edifícios, traça os princípios norteadores de suas utilizações, inclusive deixando a critério dos condôminos a execução da convenção e regulamento interno.

3.2.4. CONVENÇÃO DE CONDOMÍNIO

A convenção é a Lei do condomínio. Sendo o condomínio em edifícios ou outros uma pequena comunidade, a convenção é norma com poder imperativo, com o fim precípuo de estabelecer direitos e obrigações entre os condôminos. A convenção pode ser instituída antes ou depois de ser construído o prédio.

Após a elaboração da convenção, esta deverá ser aprovada pelos titulares de direito e representada pelo mínimo de 2/3 (dois terços) dos que compõem o condomínio. Uma vez aprovada, deverá ser registrada no Cartório de Registro de Imóveis para que possa valer contra terceiros (art. 9º da Lei nº 4.591/1964).

3.2.5. REGIMENTO INTERNO

O regimento interno é o instrumento elaborado com a finalidade de estabelecer normas para disciplinar o funcionamento do edifício. Não se confunde com a convenção. O regimento interno pode fazer parte da convenção ou se estabelecer isoladamente.

3.2.6. DA UNIDADE AUTÔNOMA

Cada unidade autônoma é tratada como prédio isolado para efeitos tributários e demais, e constitui domínio exclusivo de seu proprietário que dela pode usar, gozar, dispor, reivindicar e defender contra terceiros, com independência dos demais condôminos e nem mesmo necessita consultá-los. Embora seja amplo o campo do uso e gozo, deverá o condômino respeitar a convenção e o regulamento interno. Nenhum condômino ou síndico pode impedi-lo de receber em sua unidade autônoma quem quer que seja, mas é imperioso o dever de respeitar as normas estabelecidas.

3.2.7. SÍNDICO

Síndico é o administrador do prédio de dois ou mais pavimentos, eleito pelos condôminos na forma prevista pela convenção e com ampla competência de administração.

O seu mandato não pode exceder de 2 anos, permitindo sua reeleição por igual período ou mais vezes (Lei nº 4.591/1964, art. 22). O condômino responde pelas faltas ocasionadas a terceiros pelo síndico, cabendo-lhe o direito regressivo contra o síndico.

3.2.8. ASSEMBLÉIA GERAL

A Assembléia Geral é destinada a decidir as questões surgidas dentro do condomínio, a nível administrativo, podendo ser convocada por qualquer interessado. As decisões tomadas pela Assembléia, pelo *quorum* que a convenção fixar, obrigam a todos os condôminos indistintamente, com força coativa.

3.2.9. EXTINÇÃO DO CONDOMÍNIO HORIZONTAL

O condomínio é constituído com o intuito de perpetuar-se, mas há circunstâncias que determinam sua extinção. Dentre elas está a concentração de todas as frações ideais de terreno sob uma mesma pessoa ou titular, isto é, pela confusão da propriedade de todas as unidades que se incorporam num só dono. Outras formas de extinção são a desapropriação e o perecimento do prédio através de incêndios, destruições, sinistros, etc.

3.2.10. VAGAS EM GARAGENS

Nenhum condômino pode demarcar sua vaga sem aprovação em assembléia especialmente convocada e não havendo decisão, a via correta é a judicial. Sendo a garagem constituída em área comum, o condômino está obrigado a respeitar o que determina a convenção. Sendo ela omissa, isto é, não havendo previsão para o uso da garagem, nenhum condômino pode demarcá-la.

Resolvendo o condômino alugar área no abrigo para veículos, preferir-se-á, em condições iguais, qualquer condômino a estranhos, e, entre todos, os possuidores (art. 1.338 do CC).

3.2.11. CONDOMÍNIO NÃO É PESSOA JURÍDICA

Embora o condomínio represente um conjunto de interesses característicos e autônomos, com administração própria e realização de atos independentes, não é considerado pessoa jurídica. Não tem qualidade para figurar como parte em escrituras de aquisição de direitos e outros bens, mas pode ser parte, ativa ou passiva, em juízo, da mesma forma que o espólio.

3.2.12. Falta Imputável ao Síndico

Pelas faltas causadas pelo síndico, ocasionando danos a terceiros, respondem os condôminos, cabendo-lhes o direito regressivo contra o síndico. O síndico tem obrigação de exercer administração interna do edifício, zelando pela segurança, vigilância, moralidade e demais atos de sua atribuição, sob pena de responder pelas suas faltas.

3.2.13. Usucapião de Área Comum

Não é possível usucapir área comum do prédio, qualquer que seja o prazo decorrido de sua posse.

3.3. INCORPORAÇÃO IMOBILIÁRIA

3.3.1. Conceito

Incorporação imobiliária é a atividade exercida com o intuito de promover e realizar a construção para alienação total ou parcial de edificações, ou conjunto de edificações compostas de unidades autônomas.

As incorporações imobiliárias, reguladas pela Lei nº 4.591/1964, podem abranger a construção e alienação tanto de um conjunto de casas térreas, como conjunto de edifícios, etc., competindo ao incorporador planejar e dar a forma legal por meio do processo de incorporação no registro imobiliário competente. Veja Capítulo X, "Afetação".

A lei não limita o direito de construir, aliás, ela é ampla. O Código Civil estabelece que o proprietário pode levantar em seu terreno as construções que lhe aprouver, salvo o direito de vizinhança e os regulamentos administrativos.

Pelo que vimos, a lei impõe apenas duas restrições: o direito dos vizinhos e os regulamentos administrativos.

3.3.2. DIREITO DOS VIZINHOS

O uso da propriedade fora dos padrões da normalidade caracteriza o mau uso e dá direito ao vizinho de impedir que este possa prejudicar a segurança, o sossego e a saúde dos que a habitam.

Como já foi objeto de estudo antes, vimos que o Código Civil atribui ao vizinho o direito de impedir o mau uso da propriedade em desacordo com as normas de vizinhança, podendo o proprietário que fizer o mau uso sofrer as sanções legais que vão desde a multa até a demolição.

3.3.3. REGULAMENTOS ADMINISTRATIVOS

As limitações administrativas resultam de normas de ordem pública que visam ao bem-estar social da coletividade em geral.

Dentre as normas administrativas está a da competência dos municípios, fixando as normas de urbanização, zoneamento, loteamento, fixando a fiscalização e orientação do crescimento das cidades, quer através do Código de Obras, quer de legislação complementar.

Nas disposições de competência dos Estados, encontramos os regulamentos administrativos que dispõem sobre a segurança dos edifícios e a saúde dos que neles vão habitar.

Várias são as exigências no tocante aos edifícios. Como exemplo temos: a instrução do sistema de combate a incêndios, manutenção de elevadores, escadas de segurança, etc. Essas disposições são de competência do Estado, através da Polícia, Corpo de Bombeiros, Saúde, etc.

3.4. O INCORPORADOR

3.4.1. CONCEITO

A Lei nº 4.591/1964, no seu art. 29, considera incorporador a pessoa física ou jurídica que, embora não efetuando a construção, compromisse ou efetive a venda de frações ideais de terreno objetivando a vinculação de tais frações a unidades autônomas, em edificações a serem construídas ou em construção sob regime condominial, ou que, meramente aceite propostas para efetivação de tais transações, coordenando e levando a termo a incorporação e responsabilizando-se, conforme o caso, pela entrega, a certo prazo, preço e determinadas condições das obras concluídas.

Incorporador, então, é aquele que toma as iniciativas de forma geral, administrando, comercializando, compromissando, coordenando e levando a termo a incorporação e por ela se responsabilizando. Portanto, sem ele não haverá a incorporação imobiliária.

3.4.2. QUEM PODE SER INCORPORADOR

A Lei nº 4.591/1964 em seu art. 31 estabelece as condições daquele que poderá ser incorporador, como:

a) o proprietário do terreno, o promitente comprador, o cessionário deste ou promitente cessionário com título que satisfaça os requisitos da alínea *a* do art. 32: *título de propriedade de terreno ou de promessa, irrevogável e irretratável, de compra e venda ou de cessão de direitos ou de permuta do qual conste cláusula de imissão na posse do imóvel, não haja estipulações impeditivas de sua alienação em frações ideais e inclua consentimento para demolição e construção, devidamente registrado;*

b) o construtor (Decretos nºs 23.569, de 11.12.1933 e 3.995, de 31.12.1941, e Decreto-Lei nº 8.620, de 10.1.1946, que regulam o exercício das profissões de engenheiro, arquiteto e de agrimensor).

c) o corretor de imóveis – O corretor de imóveis, para esse mister, há de estar devidamente inscrito no Conselho Regional dos Corretores de Imóveis – Lei nº 6.530, de 12.5.1978 e Decreto nº 81.871, de 29.6.1978.

3.4.3. ATRIBUIÇÕES DO OFICIAL DE REGISTROS

A Lei nº 4.591/1964 estipula, no art. 32, os documentos essenciais à composição do *dossier* a ser arquivado no Registro de Imóveis e atribui ao Oficial a tarefa de examinar os documentos, e, no prazo de 15 dias, formular por escrito as exigências que julgar necessárias, ficando, assim, os interessados na aquisição de unidades autônomas, resguardados quanto à legalidade. Nesse art. 32, § 7º, está a cominação imposta ao Oficial, segundo a qual responde civil e criminalmente se efetuar o arquivamento de documentação em desacordo com a lei, ou fornecer certidão sem o arquivamento de todos os documentos.

3.5. LOTEAMENTO

3.5.1. CONCEITO

Considera-se loteamento a subdivisão de gleba em lotes destinados à edificação ou exploração de qualquer natureza com abertura de novas ruas ou vias de circulação, de logradouros públicos, ou com modificação ou ampliação das vias existentes.

O loteamento tanto pode ser a subdivisão de terrenos em zona urbana como em zonas rurais com observância das formalidades legais e regulamentos.

Para o loteamento, há de se observar as exigências dos dispositivos da legislação vigente nos níveis municipal, estadual e federal, pois fica afeto o loteamento às formalidades que visam o bem-estar, saúde, segurança e melhoria de vida da pessoa.

Não basta dividir a terra e colocá-la à venda, se a divisão não atende às exigências urbanísticas, sanitárias, florestais, turísticas e se não preserva o meio ambiente, em benefício da própria coletividade.

3.5.2. ZONA URBANA

Devemos observar o conceito de zona urbana em consideração de alguns textos legais que caracterizam determinadas porções territoriais como zonas urbanas em confronto com as denominadas zonas rurais.

No Decreto-Lei nº 271/1967, art. 1º, § 3º temos o seguinte conceito:

"Considera-se zona urbana, para fins deste Decreto-Lei, a edificação contínua das povoações, as partes adjacentes e as áreas que, a critério dos Municípios, possivelmente venham a ser ocupadas por edificações contínuas dentro dos seguintes dez anos."

Lei nº 5.172, de 25.10.1966 – Código Tributário Nacional – solo urbano é o que assim for considerado pela Lei Municipal, localizado em áreas urbanizáveis ou de expansão urbana, constantes de loteamentos aprovados pelos órgãos competentes, destinados à habitação, à indústria ou ao comércio, mesmo que localizados fora das zonas definidas nos termos dos §§ 1º e 2º do art. 32, do mencionado Código, que dispõe:

"*Art. 32. O imposto, de competência dos Municípios, sobre a propriedade predial e territorial urbana tem como fato gerador a propriedade, o domínio útil ou a posse de bem imóvel por natureza ou por acessão física, como definido na lei civil, localizado na zona urbana do Município.*

§ 1º. Para os efeitos desse imposto, entende-se como zona urbana a definida em Lei Municipal, observado o requisito mínimo da existência de melhoramentos indicados em pelo menos dois (2) dos incisos seguintes, construídos ou mantidos pelo Poder Público:

I – meio-fio ou calçamento, com canalização de águas pluviais;

II – abastecimento de água;

III – sistema de esgotos sanitários;

IV – rede de iluminação pública, com ou sem posteamento para distribuição domiciliar;

V – escola primária ou posto de saúde a uma distância máxima de três (3) quilômetros do imóvel considerado.

§ 2º. A Lei Municipal pode considerar urbanas as áreas urbanizáveis, ou de expansão urbana, constantes de loteamentos aprovados pelos órgãos competentes, destinados à habitação, à indústria ou ao comércio, mesmo que localizados fora das zonas definidas nos termos do parágrafo anterior."

3.5.3. ZONA RURAL

Zona rural é a destinada à produção e exploração dos bens do campo, como lavouras, criações, etc., isto é, dos bens necessários à subsistência do homem.

3.6. DESMEMBRAMENTO

3.6.1. CONCEITO

Desmembramento urbano é a subdivisão de uma gleba em lotes destinados à edificação, com aproveitamento do sistema viário existente, desde que não implique na abertura de novas ruas ou vias e logradouros públicos nem no prolongamento, modificação ou ampliação dos já existentes. Assim entende-se o parcelamento de uma área maior, desde que já existam ruas ou vias para seu aproveitamento. A única operação que se faz é retalhar a área maior em outras menores. Toda vez que se subdividir uma área sem que haja necessidade de abrir novas vias de circulação, logradouros, prolongar, ampliar e modificar as vias já existentes, estamos diante de desdobramento e não loteamento. O ponto comum entre loteamento e desmembramento é a subdivisão de uma gleba feita por ambos.

A diferença entre loteamento e desdobramento é bem estabelecida no art. 2º da Lei nº 6.766/1979 em seus parágrafos. Podemos notar que o desdobramento é uma forma mais simplificada de parcelamento urbano à qual pertence o loteamento. Assim loteamento e desmembramento estão afetos à Lei nº 6.766/1979.

3.6.2. DOS CONTRATOS

Tradicionalmente, a forma de contratar a venda de lotes, quando a venda não for à vista, é através de contratos particulares de Compromisso de Compra e Venda. Preocupado o governo com a possibilidade de o vendedor – principalmente o inescrupuloso – usar do direito de arrependimento, dada a forte inflação e crescente valorização, na aquisição do imóvel, procurou dar segurança ao comprador, dando-lhe garantias do pleno cumprimento do contrato, por ambas as partes.

O art. 25 da referida Lei nº 6.766/1979 estabelece que são irretratáveis os compromissos de compra e venda, cessões e promessas de cessões, os que atribuem direitos e adjudicação compulsória e, estando registrado, configuram direito real oponível a terceiros.

Verificamos, pois, pela irretratabilidade, que nenhuma das partes poderá arrepender-se das obrigações contratuais assumidas.

Adjudicação compulsória é o direito de pedir judicialmente, caso o vendedor negue a outorga da escritura definitiva.

O direito real oponível a terceiros é a qualidade que a lei confere aos contratos registrados no Cartório de Registro de Imóveis de obter legalmente a escritura pública e impedir, pela publicidade do registro, que o mesmo lote seja objeto de venda para mais de uma pessoa. Uma vez registrado o compromisso, pela certidão obtida do Cartório de Registro, verifica-se que o referido lote está vendido, portanto, não poderá ser objeto de nova venda.

Estabelece o art. 26 da Lei nº 6.766/1979 que os compromissos de compra e venda, as cessões ou promessas de cessão poderão ser feitos por escritura pública ou instrumento particular, obedecendo o art. 18 da mesma Lei.

3.6.3. TRANSFERÊNCIA DOS CONTRATOS OU CESSÕES

O art. 31 da Lei nº 6.766/1979 admite que o contrato particular seja translúcido por simples trespasse, independente da vontade ou anuência do loteador. A cessão poderá ser feita no verso do contrato ou em documento à parte. Deverá ser declarado o número do registro, o valor e a qualificação do cessionário.

3.6.4. MORA DO DEVEDOR

Vencida e não paga a prestação, o contrato será rescindido, 30 (trinta) dias depois de constituído em mora o devedor. O inadimplemento da obrigação positiva e líquida constitui o devedor em mora. Os meios por que se pode valer o credor para constituir o devedor em mora pode ser o judicial e o extrajudicial, através do Cartório de Registro de Imóveis. O prazo para o devedor resgatar o débito é de 30 (trinta) dias, após a notificação, termo da contagem desse prazo. Purgada a mora pelo efetivo pagamento do débito, o contrato continua normalmente. Não havendo purgação da mora dentro do prazo estabelecido dos 30 dias, considerar-se-á rescindido o contrato. Não só o atraso no pagamento enseja a rescisão contratual; outros motivos podem dar ensejo à rescisão, não necessitando de notificação, cuja via é a judicial. Assim como o comprador pode incidir em mora dos pagamentos, pode também o vendedor atrasar o recebimento, incidindo, da mesma forma, em mora, devendo, portanto, inverter a situação, o devedor constituir em mora o vendedor, sob pena de depósito (art. 33).

3.6.5. VENDAS DE LOTES NÃO REGISTRADOS

No art. 37 da Lei nº 6.766/1979 deparamos com a proibição de vender ou prometer vender lotes ou desmembramentos não registrados. A conseqüência da desobediência desse dispositivo é crime contra a Administração Pública capitulado no art. 50 da mesma Lei que pune com pena de reclusão de 1 a 5 anos, e multa de 10 a 100 vezes o maior salário mínimo vigente no País, o infrator.

A proibição não é somente vender ou prometer vender. Também:

"*Art. 50. Constitui crime contra a Administração Pública:*

I – dar início, de qualquer modo, ou efetuar loteamento ou desmembramento do solo para fins urbanos, sem autorização do ór-

gão público competente, ou em desacordo com as disposições, desta Lei ou das normas pertinentes do Distrito Federal, Estados e Municípios;

II – dar início, de qualquer modo, ou efetuar loteamento ou desmembramento do solo para fins urbanos sem observância das determinações constantes do ato administrativo de licença;

III – fazer, ou veicular em proposta, contrato, prospecto de comunicação ao público ou a interessados, afirmação falsa sobre a legalidade de loteamento ou desmembramento do solo para fins urbanos, ou ocultar fraudulentamente fato a ele relativo.

Pena: Reclusão, de um (1) a quatro (4) anos, e multa de cinco (5) a cinqüenta (50) vezes o maior salário mínimo vigente no País.

Parágrafo único. O crime definido neste artigo é qualificado, se cometido:

I – por meio de venda, promessa de venda, reserva de lote ou quaisquer outros instrumentos que manifestem a intenção de vender lote em loteamento ou desmembramento não registrado no Registro de Imóveis competente;

II – com inexistência de título legítimo de propriedade do imóvel loteado ou desmembrado, ressalvado o disposto no art. 18, §§ 4º e 5º, desta Lei, ou com omissão fraudulenta de fato a ele relativo, se o fato não constituir crime mais grave.

• Inciso II com redação dada pela Lei nº 9.785, de 29.1.1999.

Pena: Reclusão, de um (1) a cinco (5) anos, e multa de dez (10) a cem (100) vezes o maior salário mínimo vigente no País."

3.6.6. CRIMES DE RESPONSABILIDADE DOS FUNCIONÁRIOS PÚBLICOS

Os crimes praticados pelo oficial do Registro de Imóveis e por funcionários que estão sob suas ordens são crimes contra a Administração e são dolosos.

O art. 52 da Lei nº 6.766/1979 prevê três figuras delituosas que poderão ser praticadas pelo oficial do Registro de Imóveis ou seus funcionários:

"a) registrar loteamento ou desmembramento não aprovado pelos órgãos competentes;

b) registrar o compromisso de compra e venda, a cessão ou promessa de cessão de direitos;

c) efetuar registro de contrato de venda de loteamento ou desmembramento não registrado.

Pena: *Detenção de um (1) a dois (2) anos, e multa de cinco (5) a cinqüenta (50) vezes o maior salário mínimo vigente no País, sem prejuízo das sanções administrativas cabíveis."*

Do Processo. O rito previsto para o processo dos crimes acima é o especial, do Livro II, do Código de Processo Penal.

3.6.7. VENDA DE LOTE CONTRA DISPOSIÇÃO LEGAL

É de se notar que essa conduta implicará na qualificação do crime e não na nulidade do ato. A lei possibilita ao comprador do lote em tal circunstância a suspensão do pagamento das prestações restantes e a notificação do loteador para suprir a falta. Ocorrendo a suspensão do pagamento das prestações, o adquirente efetuará o depósito das prestações restantes devidas junto ao Cartório do Registro de Imóveis competente até a pronta regularização.

3.6.8. LOTEAMENTO DE FATO

Quando a subdivisão de uma área é feita sem obediência às normas legais que regem a matéria, estamos diante de um loteamento de fato. Geralmente o loteamento de fato é clandestino e ilegal. Clandestino porque é feito ao arrepio da lei, fugindo de suas exigências. Embora feito sem apoio legal, os atos geram efeitos pessoais entre os contratantes, isto é, efeitos personalíssimos *intuitu personae*.

3.6.9. LOTEAMENTO DE DIREITO

O loteamento de direito é aquele que se reveste de todas as formalidades jurídicas necessárias à sua aceitação legal, o que se submete à lei com suas normas de regulamentação e orientação. Constitui direitos e deveres de ordem geral.

3.6.10. BENFEITORIAS

Em caso de rescisão contratual, as benfeitorias promovidas no imóvel, necessárias ou úteis, deverão ser indenizadas pelo vendedor, sendo de nenhum efeito qualquer disposição contratual em contrário (art. 34 da Lei nº 6.766/1979).

Benfeitorias necessárias – Benfeitorias necessárias são aquelas indispensáveis à conservação do bem.

Benfeitorias úteis – Benfeitorias úteis são aquelas que contribuem para a valorização do bem.

A lei veda disposição entre as partes com o fito de impedir a indenização. O promitente vendedor pode estipular cláusula para impedir ao adquirente a execução de qualquer benfeitoria antes de estarem quitadas as prestações. Nesse caso não terá direito o adquirente em benfeitorias feitas ao arrepio do contrato.

Se o contrato estipular imissão na posse, somente após o pagamento das prestações, poderá o comprador promover as benfeitorias. Quaisquer benfeitorias feitas antes do final pagamento é tida de má-fé, seja útil ou necessária, perderá o direito o adquirente à indenização.

3.6.11. Constituição de 1988

A Constituição de 1988 dá competência ao Poder Público municipal e estabelece a política de desenvolvimento urbano. O instrumento básico da política de desenvolvimento e de expansão urbana é o plano diretor que é obrigatório para as cidades de mais de vinte mil habitantes (art. 182). A Lei nº 10.257, de 10.7.2001, regulamentou este art. 182.

3.6.12. Foro

O foro competente para os procedimentos judiciais previstos na Lei nº 6.766/1979 será sempre o da comarca da situação do lote.

O art. 95 do Código de Processo Civil estabelece que o foro da situação do imóvel é o competente para as ações fundadas em direito real pertinente. Faculta este dispositivo ao autor optar pelo foro do domicílio ou de eleição, não recaindo o litígio sobre direito de propriedade, vizinhança, servidão, posse, divisão e demarcação de terras e nunciação de obra nova.

Quanto ao foro da Lei nº 6.766/1979, que dispõe sobre o parcelamento do solo urbano, é sempre o da comarca da situação do lote, não cabendo ao autor qualquer opção de foro.

Capítulo IV
Atos Acessórios Dispositivos da Propriedade Imóvel

4.1. DAS CLÁUSULAS

Damos, a seguir, as cláusulas mais importantes e peculiares aos negócios imobiliários e suas aplicações.

Definição – A cláusula pode se considerar como um preceito, um artigo ou condição contida num ato jurídico.

Condição aceita pelas partes, geralmente aposta num contrato, escritura ou qualquer outro ato jurídico, fazendo dele parte integrante.

4.2. CLÁUSULA DE IMPENHORABILIDADE

Penhor – É o direito real que submete coisa móvel ou mobilizável ao pagamento de uma dívida.

Penhora – É o ato judicial pelo qual, em virtude de mandado, se tiram os bens do poder do condenado. É o ato coercitivo realizado no processo de execução e preparatório da expropriação dos bens do devedor.

4.2.1. CONCEITO

Dizem-se impenhoráveis os bens que não podem ser objeto de garantia a uma execução. Essa garantia pode resultar da lei ou por ato voluntário.

É a impenhorabilidade um gravame sobre determinado objeto que se deseja alienar, criando a impossibilidade de execução sobre ele pelos credores.

A finalidade precípua da impenhorabilidade é salvaguardar interesses do executado, de sua família e do interesse social.

Como exemplo temos: se alguém quiser doar para outrem um imóvel e protegê-lo de seus credores, deverá o doador estabelecer no ato da doação, através do instrumento próprio, a cláusula de impenhorabilidade, a fim de que este fique imune da penhora, desde que não frustre o direito de crédito dos credores, porque havendo fraude, podem os credores anular o negócio.

4.2.2. IMPENHORABILIDADE ORIUNDA DE LEI

Vários são os dispositivos legais que dispõem sobre a impenhorabilidade. Dentre eles estão os arts. 648 e seguintes do CPC, art. 41 da Lei de Falências e, atualmente, a Lei nº 8.009, de 29.3.1990, que dispõe que o imóvel residencial próprio do casal ou da entidade familiar é impenhorável. A violação da impenhorabilidade, oriunda da lei, acarreta a nulidade da apreensão judicial do bem. Portanto, os bens gravados com a cláusula de impenhorabilidade não podem ser penhorados, arrestados, seqüestrados ou por qualquer outra forma apreendidos.

4.2.3. IMPENHORABILIDADE POR ATO BILATERAL

Por ato bilateral se entende o que nasce do acordo de vontade das partes contratantes, lavrado em instrumento público ou particular, conforme sejam o valor e a natureza dos bens.

4.2.4. IMPENHORABILIDADE POR ATO UNILATERAL

É o ato voluntário, concedido pela lei, como no caso dos testamentos, doações, etc.

É o testamento um ato unilateral e gratuito e revogável a todo e qualquer momento, a critério do testador, conforme dispõe o art. 1.858 do Código Civil:

"*O testamento é ato personalíssimo, podendo ser mudado a qualquer tempo.*"

Doação é a transmissão gratuita que uma pessoa faz dos seus bens a outrem; distingue-se doação testamentária e doação entre vivos.

A doação pode ser pura, condicional, onerosa e remuneratória.

a) Pura – é a independente de qualquer condição e meramente benéfica.

b) Condicional – é a que depende de qualquer evento ou circunstância.

c) Onerosa – é a que traz consigo certos encargos ou ônus.

d) Remuneratória – é a que é feita em atenção aos serviços recebidos pelo doador e que não tenham a natureza de dívida exigível.

Aplicam-se às doações as restrições relativas ao direito de testar.

4.3. INALIENABILIDADE

4.3.1. CONCEITO

Pela inalienabilidade, um bem fica impossibilitado por completo de passar às mãos de outrem, a qualquer título, oneroso ou gratuito.

Com a inalienabilidade de um bem, a coisa também se torna impenhorável e incomunicável.

O Código Civil determina que:

"*Art. 1.911. A cláusula de inalienabilidade, imposta aos bens por ato de liberalidade, implica impenhorabilidade e incomunicabilidade.*

Parágrafo único. No caso de desapropriação de bens clausulados, ou de sua alienação, por conveniência econômica do donatário ou do herdeiro, mediante autorização judicial, o produto da venda converter-se-á em outros bens, sobre os quais incidirão as restrições apostas aos primeiros."

A inalienabilidade é uma disposição imposta pelo autor de uma liberalidade, determinando que o bem não pode ser, por qualquer forma, alienado pelo beneficiário, significando, assim, uma limitação ao domínio do bem. A limitação é apenas quanto à alienação, podendo o beneficiário usar de todas as prerrogativas de direito, como uso, gozo e defesa do bem.

Assim como o bem não pode ser alienado, da mesma forma não pode ser cedido, ser onerado com hipoteca, nem serem constituídos sobre ele os direitos reais de anticrese. Sobre anticrese trataremos mais adiante.

A finalidade dessa imposição é a de proteger os bens do beneficiário que deles não poderá dispor ao seu livre arbítrio.

Estabelece o art. 1.911, parágrafo único, do Código Civil que no caso de desapropriação e se se der alienação dos bens clausulados, o produto se converterá em outros bens, que ficarão sub-rogados nas obrigações dos primeiros.

Trataremos de sub-rogação mais adiante.

4.3.2. A CLÁUSULA DE INALIENABILIDADE ABRANGERÁ OS FRUTOS E RENDIMENTOS?

Nem o Código Civil, nem outras leis fazem qualquer alusão ou referência aos rendimentos e frutos dos bens inalienáveis. Entende-se, assim, que se não há disposição legal, não há motivo para ampliar a inalienabilidade, fato este que se estende ao da impenhorabilidade. Mas a matéria é polêmica e não cabe aqui qualquer discussão doutrinária. A jurisprudência também tem oscilado quanto ao fato.

4.3.3. FORMA DE INSTITUIÇÃO

A inalienabilidade pode dar-se quer através de atos *inter vivos*, quer em *causa mortis*, da seguinte forma:

1. *Vitalícia* – é a que é imposta para durar por toda a vida do beneficiário, extinguindo-se somente após a sua morte.

2. *Temporária* – é aquela destinada a um período limitado, sujeita a uma condição, termo ou encargo, a critério do autor da doação ou testador.

Uma vez satisfeito o termo, encargo ou condição, desaparece a inalienabilidade.

A jurisprudência tem entendido que a cláusula testamentária que impõe inalienabilidade até o beneficiário atingir a maioridade não se extingue pela emancipação (*RT* 181/271).

Averbação no Registro de Imóveis – Nos termos da Lei nº 6.015, de 1973, é obrigatória a averbação frente à matrícula ou transcrição. E o seu cancelamento se faz a pedido de pessoa interessada, através de certidão de óbito, devendo, portanto, o interessado comprovar seu interesse (Ap. Civil 279.125, *RDI*, p. 118, nº 6).

4.4. CLÁUSULA *CONSTITUTI* OU CONSTITUTIVA (*CONSTITUTO POSSESSÓRIO*)

4.4.1. CONCEITO

É uma das formas de tradição, pela qual o alienante ao invés de entregar o bem, o detém em nome do comprador, passando, assim, a possuir em nome dele a coisa ou bem. É a operação pela qual aquele que possuía a coisa em seu nome, passa a possuí-la em nome de terceiro.

Exemplo prático: temos o caso da venda de um imóvel, quando o vendedor continua residindo no imóvel, a título de locação. O vendedor, neste caso, passa ter a posse direta e o comprador posse indireta.

No *constituto possessório*, o possuidor de um bem em nome próprio passa a possuí-lo em nome alheio. Antes da alienação, isto é, na posse anterior, o *animus* era *domini*, com a tradição o *animus* passou a ser *in nomine alieno*.

Estabelece o Código Civil que:

"*Art. 1.267*. *A propriedade das coisas não se transfere pelos negócios jurídicos antes da tradição.*

Parágrafo único. *Subentende-se a tradição quando o transmitente continua a possuir pelo constituto possessório; quando cede ao adquirente o direito à restituição da coisa, que se encontra em poder de terceiro; ou quando o adquirente já esta na posse da coisa, por ocasião do negócio jurídico.*"

O importante nos contratos e escrituras é ficar estabelecida, isto é, estipulada a cláusula *constituti*, no caso de o vendedor conservar em seu poder a coisa e também, para não gerar dúvidas, consignar sempre nas estipulações o termo *constituto possessório*, pois essa cláusula deve ser expressa e nunca presumida. As questões de posse geram muitas dúvidas e lides. Como vimos, a propriedade das coisas não se transfere pelos negócios jurídicos antes da tradição. A tradição é o ato de transferência.

4.5. CLÁUSULA DE ARREPENDIMENTO

4.5.1. CONCEITO

Nos contratos imobiliários podem as partes estipular o direito de arrependimento, não obstante as arras (sinal) dadas. O arrependimento é o ato pelo qual se deixa de concluir um contrato pela mudança de interesse, a tempo, de uma das partes, usando de uma prerrogativa de lei.

Estabelece o art. 420 do Código Civil que:

"Se no contrato for estipulado o direito de arrependimento para qualquer das partes, as arras ou sinal terão função unicamente indenizatória. Neste caso, quem as deu perdê-las-á em benefício da outra parte; e quem as recebeu devolvê-las-á, mais o equivalente. Em ambos os casos não haverá direito a indenização suplementar."

A razão de restituir quem as recebeu mais o equivalente é que se ele restituir somente o que recebeu nada perderá, estará devolvendo apenas o que recebeu, pois, nesse caso, não haveria punição ou perda, pois quem as deu perde o que adiantou, não há razão de dar mais o equivalente.

4.5.2. IRRETRATABILIDADE E IRREVOGABILIDADE

As partes podem também convencionar a irretratabilidade e irrevogabilidade, não dando azo ao desfazimento do negócio pela simples vontade.

Com a real desvalorização da moeda, gerada pela inflação, a cláusula de arrependimento nos contratos imobiliários é um negócio arriscado e pode trazer prejuízos para uma das partes, pela falta de segurança que ela traz. Nas operações imobiliárias tem acontecido, freqüentemente, de o vendedor achar mais conveniente arrepender-se da venda, pagar a quantia recebida e revender o imóvel, cuja valorização foi além do dobro ou mais. Por isso, nas negociações com imóveis, é de real segurança estipular a cláusula *irrevogável* e *irretratável*, quando se tratar de compromisso. Essa cláusula dá segurança ao negócio, além de assegurar a adjudicação compulsória. Os contratos devem ser, preferencialmente, registrados nos Cartórios de Registro de Imóveis, a fim de que terceiros tomem conhecimento da transação, isto é, para que o negócio fique do conhecimento público.

4.5.3. CONVENIÊNCIA DA CLÁUSULA DE ARREPENDIMENTO

A cláusula de arrependimento só é conveniente quando há incertezas ou riscos no negócio. Em regra geral, quem assume uma obrigação contratual terá que cumpri-la. O arrependimento ou retratação só é permitido em casos excepcionais. A regra é que o que foi pactuado deverá ser obedecido, embora a lei outorgue o direito às partes de estipularem a cláusula de arrependimento.

4.5.4. DA RESCISÃO NA IRRETRATABILIDADE

A cláusula de irretratabilidade não impede a rescisão do contrato por inexecução. Neste caso, deverá o promitente vendedor notificar o promitente comprador para pagamento dentro do prazo legal, sob pena de ser constituído em mora e sujeito à rescisão do contrato pela forma judicial. Notificado o promitente comprador e este não cumprir com os pagamentos, poderá o promitente vendedor rescindir judicialmente o contrato ou executar as prestações vencidas. Da mesma forma, em caso de recusa de recebimento das prestações, por parte do promitente vendedor, poderá o promitente comprador notificá-lo para vir receber, sob pena de consignação e depósito judicial das prestações.

4.5.5. RESILIÇÃO POR MÚTUO CONSENTIMENTO

Embora no contrato figure a cláusula de irrevogável e irretratável, podem as partes, por livre acordo, resilir o contrato avençado.

4.5.6. PLENA CAPACIDADE DAS PARTES

Uma vez firmado o compromisso de vender o imóvel de forma irrevogável e irretratável, é de se observar a plena capacidade das partes e a outorga do outro cônjuge, se casado for, a fim de não ocorrer a invalidade, pois, ato imediato é execução do compromisso com a escritura definitiva e o conseqüente registro no Cartório de Registro de Imóveis.

4.5.7. RECUSA DE ESCRITURA

Sendo o compromisso um contrato irrevogável e irretratável, ocorrendo a recusa do promitente vendedor em outorgar a escritura definitiva, o promitente comprador que integralizou o preço poderá se utilizar da adjudicação compulsória, que é o meio legal de ir à justiça e pedir o suprimento da parte que recusou.

4.5.8. EXECUÇÃO DO CONTRATO

Chegando a termo o contrato de promessa irrevogável e irretratável, haverá a escritura definitiva que é o título translativo da propriedade e que deverá ser levado a registro. Somente no caso de recusa deve o compromitente comprador promover a adjudicação compulsória que é a outra forma específica para fazer valer seus direitos, no caso de obrigação descumprida. Torna-se evidente, como já foi esclarecido antes, que havendo a recusa, deverá o promitente vendedor ser intimado para que outorgue a escritura. Somente com sua recusa, o juiz adjudicará por sentença o imóvel ao promitente comprador, expedindo-se a carta de adjudicação que servirá de título translativo.

4.5.9. QUEM PROMETE VENDER DEVE SER DONO COM TÍTULO REGISTRADO

É de real importância comprovar o promitente vendedor o seu domínio sobre o imóvel a ser prometido à venda, quando se tratar de irrevogável e irretratável, a fim de conferir direito à adjudicação compulsória, caso contrário, haverá para o promitente comprador, em caso de recusa da escritura definitiva, o direito a perdas e danos (art. 248, CC).

4.6. CLÁUSULA DE REVERSÃO OU RETORNO

4.6.1. CONCEITO

É a cláusula em que o doador pode estipular que os bens doados voltem ao seu patrimônio, se sobreviver ao donatário (art. 547 CC).

Esta cláusula deve ser expressa, constando do título da doação, e não se presume. É uma cláusula pessoal que não pode ser estabelecida a favor de terceiros que não o doador, nem mesmo dos herdeiros do doador. Isto não significa que com a morte do donatário os bens não passem a terceiros ou herdeiros; isso é possível. Neste caso surge a instituição de um fideicomisso e não haverá então a cláusula de reversão.

4.7. CLÁUSULA DE PREFERÊNCIA OU PREEMPÇÃO

4.7.1. CONCEITO

É a cláusula contratual em que o vendedor fica preferido como comprador quando a coisa for posta à venda pelo comprador, pagando em iguais condições com terceiros, o preço encontrado. Esta cláusula contratual impõe ao comprador a obrigação de oferecer ao vendedor a coisa que ele vai vender, ou dar em pagamento, para que este use de seu direito de prelação na compra, tanto, por tanto (art. 513, CC).

Com esta cláusula, a venda é perfeita e acabada; somente quando queira vender a coisa o comprador ou dá-la em pagamento é que surge a obrigação para o comprador de oferecê-la ao vendedor.

4.8. CLÁUSULA DE RETROVENDA (RESGATE OU RETRATO)

4.8.1. CONCEITO

Esta cláusula é uma condição resolutiva potestativa da parte do vendedor que poderá, se quiser, dentro de certo prazo, reaver a coisa vendida, nas condições que a lei estabelece.

Estabelece o art. 505 do Código Civil que:

"O vendedor da coisa imóvel pode reservar-se o direito de recobrá-la no prazo máximo de decadência de três anos, restituindo o preço recebido e reembolsado as despesas do comprador, inclusive as que, durante o período de resgate, se efetuaram com a sua autorização escrita, ou para a realização de benfeitorias necessárias."

A coisa vendida se opera com todos os efeitos de contrato puro e simples e se transmite ao comprador que paga o preço e fica com o direito de aliená-la ou onerá-la. O que subsiste é apenas a condição resolutiva, ínsita na cláusula de resgate.

Se o vendedor usar do direito que contém na cláusula de resgate, retoma a coisa sem pagar novos impostos de transmissão de propriedade.

4.8.2. EM CASO DE RECUSA

O vendedor tem o direito de reaver o imóvel na forma convencionada, dentro do prazo legal. Se, por parte do comprador, houver a recusa, poderá o vendedor requerer o depósito da quantia que deve entregar ao comprador para o resgate.

4.8.3. PRAZO PARA O RESGATE

Estabelece o Código Civil que o prazo para resgate ou retrato não passará de três (3) anos, sob pena de considerar-se não escrito; presumindo-se estipulado o máximo do tempo, quando as partes o não determinarem.

O prazo do resgate se contará do dia seguinte ao da compra; é improrrogável e peremptório.

Caso o vendedor venha a utilizar da cláusula de resgate, deverá fazê-lo de forma inequívoca, de tal forma que a oferta contenha o preço e acessórios. Essa oferta consiste no depósito do montante a ser pago pelo vendedor, não se reconhecendo a oferta verbal.

4.8.4. VENCIDO O PRAZO

Vencido o prazo, extingue-se o direito de retrato, e torna-se irretratável a venda. O proprietário, após vencido o prazo, torna-se proprietário definitivo. O prazo fixado pela lei é de três (3) anos e não comporta maior prazo, mesmo por convenção que tornará inócua, pois, de qualquer forma, ela fica reduzida ao prazo legal.

4.8.5. DIREITO DE RESGATE É TRANSMISSÍVEL

No caso de falecimento do vendedor, esse direito se transmite aos seus herdeiros que poderão utilizar, caso queiram, do resgate, nas condições estabelecidas.

Estabelece o art. 507 do Código Civil que:

"O direito de retrato, que é cessível e transmissível a herdeiros e legatários, poderá ser exercido contra o terceiro adquirente."

4.8.6. DA VENDA DO IMÓVEL A TERCEIROS

Pode o comprador, dentro do prazo de resgate, alienar o imóvel a terceiros ou onerá-lo. A venda com pacto de resgate produz todos os efeitos do contrato puro e simples, apenas fica sujeito ao fato incerto que decorre do exercício da faculdade que reservou. Na retrovenda, o vendedor conserva a sua ação contra os terceiros adquirentes da coisa retrovendida, ainda se eles não conhecessem a cláusula do retrato.

Vemos, portanto, que a venda originária fora condicional. Extinto o prazo, extingue-se a condição.

A ação que o vendedor tem para restituição é a reivindicatória e o fundamento da ação é o resgate. Deverá o autor provar apenas que vendeu sob condição resolutória e que a condição se verificou em tempo útil. Estabelece o art. 508 do Código Civil:

"Se a duas ou mais pessoas couber o direito de retrato sobre o mesmo imóvel, e só uma exercer, poderá o comprador intimar as outras para nele acordarem, prevalecendo o pacto em favor de quem haja efetuado o depósito, contanto que seja integral."

4.9. CLÁUSULA PENAL (OU CONVENCIONAL)

4.9.1. CONCEITO

Cláusula penal ou convencional é um pacto acessório, em que se estipulam penas ou multas contra aquele que deixar de cumprir o ato ou fato que se obrigou ou apenas retardar a sua execução.

4.9.2. FINALIDADE

A cláusula penal inserida num contrato tem a finalidade de garantir o cumprimento daquilo que foi estabelecido. É a cláusula que pressupõe um contrato ou obrigação principal. A cláusula penal deve ser expressa, tanto quanto ao seu objeto quanto ao seu valor. A finalidade da cláusula penal é estimular o devedor a cumprir a obrigação, mediante uma pena e de indenizar o credor da inexecução da obrigação principal, compensando pelas perdas e interesses.

4.9.3. A PENA É CRIMINAL OU ECONÔMICA?

A pena convencional é econômica, consistindo, exclusivamente, no pagamento de uma soma ou qualquer prestação pactuada. A cláusula penal pode ser aplicada à inexecução completa ou simplesmente à mora.

O art. 412 do Código Civil estabelece que o valor da cominação imposta na cláusula penal não pode exceder o da obrigação principal.

4.9.4. EXTENSÃO DA MULTA

Uma vez estipulada a multa para o caso de violação das suas cláusulas, a parte que viu seus direitos burlados pelo outro contratante só poderá exigir o pagamento da referida multa. Não pode exigir também outra indenização.

Estabelece o art. 413 do Código Civil:

"A penalidade deve ser reduzida eqüitativamente pelo juiz se a obrigação principal tiver sido cumprida em parte, ou se o montante da penalidade for manifestamente excessivo, tendo-se em vista a natureza e a finalidade do negócio."

Art. 412 do Código Civil:

"O valor da cominação imposta na cláusula penal não pode exceder o da obrigação principal."

Por este artigo podemos avaliar o montante de uma penalidade manifestamente excessiva. O Código Civil não estipulou um percentual para a cláusula penal, ficando ao arbítrio das partes a estipulação, cabendo ao juiz, com base no art. 413, reduzi-la eqüitativamente.

4.9.5. CLÁUSULA PENAL E ARRAS

Há, entre as duas, semelhanças e diferenças.

Semelhanças:

a) ambas garantem o cumprimento da obrigação;

b) ambas se destinam à indenização de danos;

c) ambas são pactos acessórios.

Alguns autores chegam a considerar as arras uma espécie de cláusula penal.

Diferenças:

a) as arras se pagam por antecipação, enquanto que a cláusula penal só se executa *a posteriori*, caso exista a inadimplência;

b) as arras constituem avanço de pagamento, a cláusula penal, descumprida a obrigação, não se imputa no preço.

A matéria encontra-se capitulada nos arts. 408 a 416 e 417 a 420 do Código Civil e por disposições várias como: Decreto-Lei nº 3.078/1941, arts. 3º e 8º; Decreto nº 22.626/1933, art. 9º; Decreto-Lei nº 58/1937, art. 11; Lei nº 209/1948, art. 17, parágrafo único; CLT, art. 628, § 1º, etc.

Capítulo V
Atos Translativos da Propriedade Imóvel

5.1. SUB-ROGAÇÃO DE BENS E DE VEÍCULO

5.1.1. Conceito

Entende-se por sub-rogação, numa relação de direito, a substituição de uma coisa por outra que passa a ter as mesmas qualidades da que se substituiu, tomando, assim, o lugar da coisa substituída.

Estabelece o art. 1.911 do Código Civil que a cláusula de inalienabilidade, imposta aos bens por ato de liberalidade, implica impenhorabilidade e incomunicabilidade.

Logo o parágrafo único estabelece que:

"No caso de desapropriação de bens clausulados, ou de sua alienação, por conveniência econômica do donatário ou do herdeiro, mediante autorização judicial, o produto da venda converter-se-á em outros bens, sobre os quais incidirão as restrições apostas aos primeiros."

Temos no presente caso uma das espécies de sub-rogação.

Como vimos, a sub-rogação é a substituição de uma coisa por outra e pode ser também de pessoa para pessoa. Exemplificando: um promitente comprador de um imóvel que faz cessão da promessa a outra pessoa. Dá-se, neste caso, sub-rogação em favor do cessionário que passa a substituí-lo na relação de direito, anteriormente existente, entre ela e o promitente comprador. Nesse caso a sub-rogação é pessoal, isto é, aquela em que uma pessoa é substituída por outra.

Quando se der a alienação de bens clausulados, o produto se converterá em outros bens que ficarão sub-rogados nas obrigações dos primeiros, temos a sub-rogação real.

Outro exemplo: uma pessoa ao morrer deixa ao seu herdeiro um imóvel gravado com a cláusula de inalienabilidade. Posteriormente, surge motivo imperioso para a alienação, como no caso de desapropriação ou no caso de estar o imóvel ameaçado de ruína. Neste caso, admitindo a lei a alienação, impõe-se a condição de ser convertido o produto em outros bens que ficam gravados com a cláusula de inalienabilidade, em substituição ao primeiro bem clausulado.

Como vimos nos artigos anteriores, a lei só permite a sub-rogação em casos excepcionais, como no caso do parágrafo único do art. 1.911 do Código Civil em que os bens doados com a cláusula de inalienabilidade são dispensados nos casos de expropriação por necessidade ou utilidade pública e por conveniência econômica do donatário ou do herdeiro, mediante autorização judicial, cujo produto deverá ser convertido em outros bens, com as mesmas condições impostas pelo testador ou doador.

O objetivo da lei é fazer respeitar a vontade do testador ou doador, garantindo uma estabilidade ao beneficiário no imóvel doado ou deixado por testamento. Mas há casos de real necessidade de sub-rogação, como no caso de um imóvel em ruínas e não ter o proprietário condições de efetuar os reparos ou ainda, no caso de herdeiro que possui um imóvel rural não ter condições de explorá-lo e nem ter quem o arrende.

Para se obter a sub-rogação de bens inalienáveis é necessário demonstrar razões de real conveniência e que os novos imóveis ou bens tenham valores equivalentes. Assim tem entendido a jurisprudência.

Assim, para operar a sub-rogação, somente os casos excepcionais são permitidos, e com a equivalência dos bens em substituição aos novos adquiridos.

5.1.2. Ligeiras Considerações sobre a Alienação

O termo alienar é, sem dúvida, uma forma genérica de transferência para outrem do domínio de um bem. Alienar quer dizer transmitir a outrem. E muitas são as formas pelas quais se alienam os bens imóveis, como: pela compra e venda, troca ou permuta, cessão, doação, etc.

A alienação pode dar-se a título oneroso, como no caso da troca ou compra e venda ou a título gratuito como no caso de doação pura e simples.

Capítulo VI
Direitos Reais, Além da Propriedade

6.1. ENFITEUSE

Para os casos em vigor, a enfiteuse continua regulada pelo Código Civil de 1916, Lei 3.071, de 1º de Janeiro de 1916.

O Código Civil, de 2002, assim dispõe:

"**Art. 2.038.** *Fica proibida a constituição de enfiteuses e subenfiteuses, subordinando-se as existentes, até sua extinção, às disposições do Código Civil, Lei nº 3.071, de 1º de janeiro de 1916, e leis posteriores.*

§ 1º. Nos aforamentos a que se refere este artigo é defeso:

I – cobrar laudêmio ou prestação análoga nas transmissões de bem aforado, sobre o valor das construções ou plantações;

II – constituir subenfiteuse.

§ 2º. A enfiteuse dos terrenos de marinha e acrescidos regula-se por lei especial."

6.1.1. Conceito

Dá-se a enfiteuse, aforamento ou emprazamento, quando por ato entre vivos, ou de última vontade, o proprietário atribui a outrem o domínio útil do imóvel, pagando a pessoa, que o adquire, e assim se constitui enfiteuta, ao senhorio direto uma pensão, ou foro anual, certo e invariável (art. 678 do CC – Lei nº 3.071, de 1º.1.1916).

A enfiteuse é o direito real limitado que confere a alguém, perpetuamente, os poderes inerentes ao domínio.

A enfiteuse se caracteriza por um elemento essencial que é a obrigação do foreiro de pagar a renda anual, denominada de foro ou pensão.

A enfiteuse apareceu no regime da grande propriedade, cuja finalidade era o aproveitamento das terras incultas.

Concediam-se a particulares terras incultas para que as cultivassem os lavradores sem terras, conferindo-lhes o direito à perpetuidade em troca de renda módica, desempenhando, assim, uma função social, pois naqueles tempos a terra pertencia a poucas pessoas. Aqueles que não a possuíam, viam-se estimulados a adquiri-la *desta* forma.

A enfiteuse era um instituto de rara aplicação e desinteressante, razão porque o novo Código Civil proibiu a sua constituição.

6.1.2. DO RESGATE PELO ANTIGO CÓDIGO (LEI Nº 3.071, DE 1º.1.1916)

A faculdade de resgate, que se defere ao enfiteuta, após o exercício do direito por certo tempo, faz do aforamento uma alienação virtual. O foreiro, querendo, adquirirá a propriedade plena do terreno aforado, mediante pagamento de certo número de anuidades. Todos os aforamentos, salvo acordo entre as partes, são resgatáveis 20 anos depois de constituídos, mediante 20 pagamentos anuais pelo foreiro.

O contrato de enfiteuse, como já foi dito, é perpétuo. A enfiteuse por tempo limitado considera-se arrendamento.

Só podem ser objeto de enfiteuse terras não cultivadas ou terrenos que se destinem a edificação (art. 680 do CC/1916).

6.1.3. DA TRANSMISSÃO AOS HERDEIROS

Os bens enfitêuticos transmitem-se por herança na mesma ordem estabelecida a respeito dos alodiais (propriedade imóvel livre de foros, pensões, vínculos), neste Código de 1916, arts. 1.603 a 1.619, mas não podem ser divididos em glebas sem consentimento do senhorio (art. 681, CC/1916).

Se o enfiteuta morre intestato, os bens enfitêuticos ficam compreendidos na herança e passam aos herdeiros legítimos.

6.1.4. IMPOSTOS SOBRE A ENFITEUSE

O enfiteuta é obrigado a satisfazer os impostos e ônus reais que gravarem o imóvel (art. 682, CC/1916).

Trata-se de uma medida justa e eqüitativa, pois, quem colhe os frutos, utiliza das rendas e goza de todas as utilidades, deve suportar os impostos e ônus que sobrecaem sobre a propriedade, embora possa o contrato estabelecer que o senhorio fica responsável por tais encargos.

6.1.5. DA VENDA DO DOMÍNIO ÚTIL

O foreiro tem o domínio útil sobre a propriedade e não pode vender nem dar em pagamento sem antes avisar o senhorio, que tem o direito de preferência.

Caso seja negado esse direito, poderá exercê-lo, havendo do adquirente o imóvel pelo preço da aquisição.

6.1.6. DA TRANSFERÊNCIA DO DOMÍNIO

Sempre que se realizar a transferência do domínio útil, por venda ou dação em pagamento, o senhorio direto, que não usar da opção, terá direito de receber do alienante o laudêmio que será dois e meio por cento sobre o preço da alienação, se outro não estiver fixado no título de aforamento (art. 686, CC/1916).

6.1.7. PENHORA NA ENFITEUSE

Ocorrendo a penhora sobre o prédio emprazado, será citado o senhorio que terá preferência no caso de arrematação, em iguais condições sobre os lançadores e de adjudicá-lo.

6.1.8. EXTINÇÃO DA ENFITEUSE

A enfiteuse extingue-se:

I – pela natural deterioração do prédio aforado quando chegue a não valer o capital correspondente ao foro e mais um quinto deste;

II – pelo comisso, deixando o foreiro de pagar as pensões devidas, por três anos consecutivos, caso em que o senhorio o indenizará das benfeitorias necessárias;

III – falecendo o enfiteuta, sem herdeiros, salvo o direito dos credores.

No caso do número I, a deterioração deve ser natural, nem toda deterioração produz conseqüências de extinguir a enfiteuse.

Incidindo em comisso, a perda deverá ser a judicial, provocada pelo senhorio em sentença judicial.

Pelo falecimento do enfiteuta, o seu direito não se transfere ao Estado, se não deixar herdeiros, como acontece na sucessão comum. Neste caso dá-se a caducidade da enfiteuse e opera-se a reversão em favor do senhorio.

6.1.9. AÇÕES RELATIVAS À ENFITEUSE

São as seguintes:

Compete ao senhorio:

Reais:

a) *reivindicação*, para haver o prazo, contra qualquer terceiro que, injustamente, o detenha;

b) *a confessória* – para fazer reconhecer as servidões ativas do prédio;

c) *a negatória* – para repelir a imposição de servidões passivas indevidas.

Pessoais:

a) pelo foro;

b) pelo laudêmio;

c) para fazer declarar o comisso.

Compete ao enfiteuta:

Reais:

a) *reivindicação* do prédio de que já tem tradição, contra o senhorio ou terceiro que, injustamente, o detenha;

b) a *confessória* para fazer reconhecer as servidões ativas;

c) a *negatória* para repelir a imposição de servidões passivas;

d) *os interditos* – os interditos possessórios para defender a posse do imóvel, contra esbulho ou turbação;

e) para resgatar o imóvel, nos termos do art. 693 do Código Civil, Lei nº 3.071, de 1º.1.1916.

6.2. SERVIDÕES

6.2.1. Conceito

A servidão consiste em restrição imposta à faculdade de uso e gozo do proprietário de um imóvel ou bem, em benefício de outrem. É o direito real sobre a coisa imóvel, que lhe impõe um ônus em proveito da outra, pertencente a diferente dono.

Na doutrina, o instituto da servidão é tido como direito real que vincula e legalmente submete ao poder absoluto de nossa vontade a coisa corpórea, nos seus acidentes, substâncias e acessórios.

Para se ter uma idéia sobre servidão, vejamos um exemplo simples e prático: entre dois proprietários vizinhos, cada proprietário é o dono exclusivo de um imóvel, exercendo os seus direitos sobre sua propriedade, mas não podendo exercer direito algum ou proveito sobre o prédio vizinho, não tem direito de passar sobre ele, salvo se houver uma convenção entre as partes, o qual, daí então, ficará gravado como servidão. Esse direito de passar sobre a outra propriedade é a servidão.

O prédio que tem a vantagem é denominado de *dominante*, enquanto que a propriedade que sofre o encargo ou desvantagem denomina-se de *serviente*.

A servidão só é possível sobre imóveis, não dando azo a servidão sobre móveis, pois estes estão sujeitos a alteração de local.

No art. 1.378 do Código Civil temos:

"A servidão proporciona utilidade para o prédio dominante, e grava o prédio serviente, que pertence a diverso dono, e constitui-se

mediante declaração expressa dos proprietários, ou por testamento, e subseqüente registro no Cartório de Registro de Imóveis."

A servidão está sempre em função de uma utilidade, podendo ser pecuniária ou até de mero conforto. A servidão pressupõe a existência de dois imóveis distintos e também de proprietários diversos, pois, não há servidão de único proprietário. O prédio dominante e o serviente não podem pertencer a um mesmo proprietário, pois este não pode instituir servidão a seu favor.

6.2.2. COMO SE CONSTITUEM AS SERVIDÕES

As servidões constituem-se fundamentalmente:

a) *por lei* – é a que advém de imposição legal, como a de passagem forçada;

b) *declaração da vontade* – é a convencional, exteriorizada pelos contratos, testamentos;

c) *por sentença judicial* – através de matéria levada à justiça ou juízo: como as ações de divisão e demarcação. Após a homologação, constituída está a servidão.

6.2.3. A SERVIDÃO NÃO SE PRESUME

A ninguém é lícito exercitar uma servidão, se não comprovar que a adquiriu de modo legal, prova essa contundente e inafastável.

O art. 1.379 do Código Civil determina que:

"O exercício incontestado e contínuo de uma servidão aparente, por dez anos, nos termos do art. 1.242, autoriza o interessado a registrá-la em seu nome no Registro de Imóveis, valendo como título a sentença que julgar consumada a usucapião."

6.2.4. REGISTRO DAS SERVIDÕES

A nova Lei dos Registros Públicos (Lei nº 6.015/1973), em seu art. 167, estabelece:

"No registro de imóveis, além com a matrícula, serão feitos:

I – o registro: (...)

6. das servidões em geral."

Desta feita, uma vez constituída a servidão, leva-se a registro o título que a constituiu. O registro é importante a qualquer espécie de servidão.

Dispõe o parágrafo único do art. 1.379, do CC:

"Se o possuidor não tiver título, o prazo da usucapião será de vinte anos."

6.2.5. REMOÇÃO DA SERVIDÃO

O art. 1.384 do Código Civil estabelece que:

"A servidão pode ser removida, de um local para outro, pelo dono do prédio serviente e à sua custa, se em nada diminuir as vantagens do prédio dominante, ou pelo dono deste e à sua custa, se houver considerável incremento da utilidade e não prejudicar o prédio serviente."

Estabelece o Código Civil que:

"Art. 1.385. Restringir-se-á o exercício da servidão às necessidades do prédio dominante, evitando-se, quanto possível, agravar o encargo ao prédio serviente.

§ 1º. Constituída para certo fim, a servidão não se pode ampliar a outro.

§ 2º. Nas servidões de trânsito, a de maior inclui a de menor ônus, e a menor exclui a mais onerosa.

§ 3º. Se as necessidades da cultura, ou da indústria, do prédio dominante impuserem à servidão maior largueza, o dono do serviente é obrigado a sofrê-la; mas tem direito a ser indenizado pelo excesso."

6.2.6. POR QUE MEIOS SE PROCEDE A MUDANÇA DA SERVIDÃO?

Para que se processe a mudança da servidão é necessário que o dono do prédio serviente peça autorização ao dono do prédio dominante, para que, amigavelmente, seja possível verificar a transferência da servidão. No caso de recusa do proprietário do prédio dominante, deverá o dono do prédio serviente recorrer à justiça.

6.2.7. SERÁ VÁLIDA CONVENÇÃO DE NÃO PEDIR A TRANSFERÊNCIA DA SERVIDÃO?

As partes podem convencionar que o prédio serviente se obriga a não pedir a transferência de servidão para outro local.

A convenção vale como lei entre as partes, mas se o acordo contrariar interesse geral ou lei de ordem pública, essa faculdade, portanto, não pode prevalecer.

6.2.8. ALGUMAS ESPÉCIES DE SERVIDÕES

São elas:

a) de passagem;

b) *iter* de trânsito sobre o fundo alheio, a pé ou a cavalo;

c) *actus* de condução de gado;

d) via – de trânsito de veículo;

e) *aquae ductus* de água – o direito de trazer através do prédio vizinho a água que pode utilizar;

f) de pastagens – consiste no direito de levar o gado a pastagem em terreno alheio;

g) de luz – é a que o dono do prédio tem direito de abrir janelas na parede comum com o vizinho;

h) *jus altius non tollendi* – direito de proibir o proprietário do prédio vizinho de edificar acima de determinada altura, etc.

Estabelece o art. 1.386 do Código Civil que:

"*As servidões prediais são indivisíveis, e subsistem, no caso de divisão dos imóveis, em benefício de cada uma das porções do prédio dominante, e continuam a gravar cada uma das do prédio serviente, salvo se, por natureza, ou destino só se aplicarem a certa parte de um ou de outro.*"

6.2.9. EXTINÇÃO DAS SERVIDÕES

Estabelece o Código Civil que:

"**Art. 1.387.** *Salvo nas desapropriações, a servidão, uma vez registrada, só se extingue, com respeito a terceiros, quando cancelada.*

Parágrafo único. *Se o prédio dominante estiver hipotecado, e a servidão se mencionar no título hipotecário, será também preciso, para cancelar, o consentimento do credor.*"

O cancelamento da servidão pode dar-se mediante iniciativa do interessado, dono do prédio serviente ou por sentença judicial.

O dono do prédio serviente tem direito, pelos meios judiciais, ao cancelamento da transcrição, embora o dono do prédio dominante lho impugne:

I – quando o titular houver renunciado a sua servidão;

II – quando a servidão for de passagem, que tenha cessado pela abertura de estrada pública, acessível do prédio dominante;

III – quando o dono do prédio serviente resgatar a servidão (art. 1.388 do CC).

Também se extingue a servidão, ficando ao dono do prédio serviente a faculdade de fazê-la cancelar, mediante a prova da extinção:

I – pela reunião dos dois prédios no domínio da mesma pessoa;

II – pela supressão das respectivas obras por efeito de contrato, ou de outro título expresso;

III – pelo não uso, durante dez anos contínuos (art. 1.389 do CC).

As servidões prediais extinguem-se:

Se o prédio dominante estiver hipotecado, e a servidão se mencionar no título hipotecário, será também preciso, para cancelar, o consentimento do credor (art. 1.387, parágrafo único CC).

Com o advento da nova Lei dos Registros Públicos nº 6.015/1973, ficou estabelecido que *o cancelamento da servidão, quando o prédio dominante estiver hipotecado, só poderá ser feito com a aquiescência do credor, expressamente manifestada.*

6.3. AÇÕES RELATIVAS ÀS SERVIDÕES

6.3.1. AÇÃO CONFESSÓRIA

Vindicatio ou *petio servitutis* – Ação equivalente à reivindicatória, relativamente à propriedade, tem por finalidade a retomada da coisa do poder de quem injustamente a detenha. A confessória existe para proteger a servidão. Definida como ação real, que assiste ao titular de uma servidão fazer cessar a lesão do seu exercício, tanto pleno ou parcial. Tem por finalidade afirmar a existência da servidão.

6.3.2. CONDIÇÕES DA AÇÃO

Duas são as condições da ação:

1. O direito de servidão em favor do autor, devidamente comprovado com o título ou com os requisitos da prescrição aquisitiva, previstas em lei;

2. a lesão que está sofrendo a servidão ou fato que atenta ou obstaculiza o seu exercício.

6.3.3. Defesa que Cabe ao Réu

Ao réu, em sua defesa, cabe alegar entre outros fatos:

— *a prescrição* – não uso dentro do prazo legal;

— *a confusão* – o que se opera pela compra do imóvel dominante, ou venda do prédio serviente, por um ou outro (art. 267, inciso X, do Código de Processo Civil);

— *remissão* – expressa ou tácita feita pelo autor da servidão;

— *inexistência de servidão* – isto é, quando a servidão inexiste, devidamente comprovada.

6.3.4. AÇÃO NEGATÓRIA

É a que tem por finalidade fazer cessar o exercício de um suposto direito de servidão, invocado por terceiro. É ação real que vindica a liberdade da coisa.

O objetivo é que se declare estar livre da lesão sofrida que impede o autor de exercer o domínio pleno.

O art. 1.228, *caput*, do CC assegura ao proprietário o direito de usar, gozar e dispor de seus bens, e de reavê-los de quem quer que injustamente os possua.

6.3.5. CONDIÇÕES DA AÇÃO NEGATÓRIA

Para propositura da ação, impõem-se as seguintes condições:

1. ter o autor a propriedade sobre a coisa a que se pretende impor a servidão;

2. encontrar-se o imóvel sendo gravado com uma servidão indevida, a qual turba o gozo da propriedade de forma pacífica ou mansa. O autor não precisa provar que seu prédio é livre, porque isto se presume.

6.3.6. DEFESA DO RÉU NA AÇÃO NEGATÓRIA

A defesa do réu está em provar que a sua servidão está legitimamente constituída. O autor provará, além do domínio da coisa, o fato da servidão indevida.

6.3.7. AÇÃO PUBLICIANA

Sua natureza confunde-se com a ação possessória.

3.8. FINALIDADE

Se ao autor for difícil provar o domínio sobre seu pedido, poderá socorrer-se da ação publiciana, ao invés de ação negatória, desde que tenha sobre o imóvel a posse acompanhada dos requisitos legais.

A sua aplicação se estende tanto ao prédio serviente como ao prédio dominante, substituindo, destarte, as ações negatória e confessória.

Serve para proteger a servidão e a liberdade da propriedade.

Aquele que não consegue ou não pode provar que tem o *jus servitutis* não pode promover a ação confessória. Neste caso cabe a ação publiciana que vem socorrer o autor, desde que revestido dos requisitos que levam à prescrição da mesma servidão.

De outro lado, aquele que não pode provar que tem a propriedade da coisa, não lhe cabe promover a ação negatória. Neste caso cabe a ação publiciana que se contenta com a prova da aquisição da posse, revestida dos requisitos que levam à prescrição da propriedade.

Esta ação funda-se na ficção consistente em se considerar antecipadamente como proprietário ou titular da servidão, quem está em via de adquirir por meio de prescrição, a propriedade ou a servidão. Não é necessário ao autor provar o domínio, mas somente que adquiriu a servidão ou propriedade de boa-fé.

O que determina o *jus postulandi* é a posse.

A ação pode ser considerada possessória. Baseando-se na posse o direito, converter-se-à a ação em possessória.

6.3.9. AÇÕES POSSESSÓRIAS

As ações mais comuns são a manutenção e a reintegração de posse.

Manutenção – é a ação contra aquele que perturba a posse.

Reintegração – é a ação que visa a recuperar a posse perdida ou esbulhada. (Vide art. 1.210 do CC).

Para ajuizar a ação cumpre ao autor comprovar:

1) a posse da servidão;

2) que o ato turbativo ou espoliativo date menos de ano e dia, para o fim de ser concedida medida liminar (ação de *força nova*). Neste caso, nenhum possuidor será manutenido ou reintegrado, senão contra os que não tiverem melhor posse. Caso contrário, sendo a posse após um ano e dia, a ação é de *força velha*, sem medida liminar e no procedimento ordinário.

Melhor posse é a fundada em justo título ou a que for mais antiga. Sendo os títulos iguais, prevalece a posse que vem sendo exercida sobre a serviço.

6.3.10. INTERDITO PROIBITÓRIO

É o remédio judicial voltado para a proteção possessória (vide arts. 1.210 do CC e 932 do CPC).

Esta ação visa a proteção preventiva da posse, na iminência ou sob ameaça de ser molestada. O seu objeto é a defesa preventiva e nisto se distingue da manutenção e reintegração. A finalidade é de obstar que a violação se verifique.

Para que o interdito possa ser proposto, exige-se os seguintes requisitos:

1) a posse;

2) ameaça de turbação ou esbulho;

3) justo receio.

O autor pedirá ao Juiz que o segure da violência iminente, mediante mandado proibitório contra o réu.

6.3.11. NUNCIAÇÃO DE OBRA NOVA

Ou embargo de obra, é uma ação especial de caráter preventivo e assim estabelece o Código de Processo Civil no seu art. 934 que compete esta ação:

I – ao proprietário ou possuidor, a fim de impedir que a edificação da obra nova em imóvel vizinho lhe prejudique o prédio, suas servidões ou fins a que é destinado.

É a ação que compete a quem se sente molestado por obra nociva ao seu domínio ou posse. A obra deve ser nova e que está sendo construída no imóvel ou prédio vizinho. O objetivo é evitar o prosseguimento ou ultimação da obra que vem trazer prejuízos ou lesar direitos.

A obra, para figurar como nova, deve estar sendo erguida ou construída, sofrendo reedificação, reforma ou ampliação. Uma vez concluída a obra, perde o efeito a ação.

A obra é considerada acabada e pronta, mesmo que faltem os arremates finais como pintura, acabamento interno, etc.

O art. 935 do Código de Processo Civil estabelece que se for urgente o caso, ao prejudicado é lícito fazer o embargo extrajudicial, notificando o embargado verbalmente, perante duas testemunhas ou em falta do embargado proprietário, o construtor deverá ser notificado para não continuar a obra.

Dentro de três dias, requererá o nunciante a ratificação em juízo, sob pena de cessar o efeito do embargo. O art. 936 do referido código estabelece que a petição será elaborada com observância do art. 282 do referido código.

Encara-se a construção de obra impeditiva do uso da servidão como ato atentatório à servidão.

6.4. USUFRUTO

6.4.1. CONCEITO

Constitui usufruto o direito de fruir as utilidades e frutos de uma coisa, enquanto temporariamente destacada da propriedade.

O usufruto é um dos institutos do Código Civil largamente utilizados na esfera imobiliária. A sua função econômica é assegurar a certos proprietários meios para sua subsistência quando se institui a alguém determinado imóvel.

O usufruto pode ser instituído por ato entre vivos, por última vontade, ou por disposição legal.

Estabelece o art. 1.390 do Código Civil que:

"*O usufruto pode recair em um ou mais bens, móveis ou imóveis, em um patrimônio inteiro, ou parte deste, abrangendo-lhe o todo ou em parte, os frutos e utilidades.*"

Salvo disposição em contrário, o usufruto estende-se aos acessórios da coisa e seus acrescidos.

6.4.2. USUFRUTUÁRIO

É aquele a quem foi concedido os direitos da coisa (*o jus utendi e o jus fruendi*), isto é, a posse, uso e gozo. É o titular do direito real de fruir as utilidades e frutos de um bem alheio, geralmente de propriedade imóvel.

O usufrutuário, também conhecido como usufruidor, tem muitos direitos; via de regra eles vêm expressos no ato constitutivo convencionado, mas na falta dessas convenções, prevalecem os direitos estabelecidos em Lei (arts. 1.394 a 1.399 do CC).

O usufrutuário tem a posse direta da propriedade, devendo, portanto, valer-se das ações possessórias para sua defesa.

6.4.3. PODE CEDER A PROPRIEDADE?

O usufrutuário pode utilizar-se da coisa pessoalmente, por meio de terceiros, como pode ceder o exercício de uso e gozo, tanto gratuitamente como onerosamente.

6.4.4. PODE MUDAR A DESTINAÇÃO?

Embora o usufrutuário tenha amplos direitos de uso e gozo, arrendando, cedendo, não pode mudar a sua destinação sem o consentimento do nu-proprietário. Exemplo: em uma fazenda de soja ou outra cultura, não poderá o usufrutuário mudar a sua destinação para criação de gado ou cavalo, etc. (art. 1.399 do CC).

6.4.5. DETERIORAÇÃO RESULTANTE DO USO

O usufrutuário não é obrigado a pagar as deteriorações resultantes do exercício regular do usufruto (art. 1.402 do CC).

O usufrutuário é obrigado a conservar a coisa dada em usufruto, mas não a entregá-la exatamente como a recebeu. Há o desgaste do uso normal, e nem fica o proprietário obrigado a indenizar as benfeitorias e melhoramentos feitos pelo usufrutuário. Não cabe indenização, mesmo que ocorra o perecimento da coisa. Neste caso não produz qualquer conseqüência jurídica capaz de gerar direitos.

6.4.6. EXTINÇÃO DO USUFRUTO

O usufruto extingue-se cancelando-se o registro no Cartório de Registro de Imóveis:

I - pela renúncia ou morte do usufrutuário;

II - pelo termo de sua duração;

III - pela extinção da pessoa jurídica em favor de quem o usufruto foi constituído, ou se ela perdurar, pelo decurso de trinta anos da data em que se começou a exercer;

IV - pela cessação do motivo de que se origina;

V - pela destruição da coisa, guardadas as disposições dos arts. 1.407, 1.408, 2ª parte, e 1.409;

VI - pela consolidação;

VII - por culpa do usufrutuário, quando aliena, deteriora, ou deixa arruinar os bens, não lhes acudindo com os reparos de conservação, ou quando, no usufruto de títulos de crédito, não dá às importâncias recebidas a aplicação prevista no parágrafo único do art. 1395;

VIII – pelo não uso, ou não fruição, da coisa em que o usufruto recai (arts. 1.390 e 1.399).

6.4.7. CONSEQÜÊNCIAS DA EXTINÇÃO DO USUFRUTO

Com a extinção do usufruto, o proprietário recupera a propriedade ou coisa. Se estiver em mãos de herdeiros tem contra eles ação pessoal. O proprietário, ao recuperar a coisa, não terá direito a indenização pelas deteriorações resultantes do uso normal.

6.5. DO USO

6.5.1. Conceito

Dispõe o Código Civil:

"Art. 1.412. O usuário usará da coisa e perceberá os seus frutos, quanto o exigirem as necessidades suas e de sua família.

§ 1º. Avaliar-se-ão as necessidades pessoais do usuário conforme a sua condição social e o lugar onde viver. (...)."

O uso é uma espécie de usufruto restrito que consiste na detenção temporária da coisa de outrem para dela tirar as utilidades, para si ou família. Pode recair em coisas móveis e imóveis.

O uso, embora traga uma semelhança com o usufruto, apresenta algumas diferenças:

a) difere na sua extensão e duração;

b) o uso é personalíssimo e não se cede.

As necessidades da família do usuário compreendem:

I – as de seu cônjuge;

II – as dos filhos solteiros, ainda que ilegítimos;

III – as das pessoas de seu serviço doméstico (art. 1.412, § 2º do CC).

O art. 1.413 do Código Civil estabelece que:

"São aplicáveis ao uso, no que não for contrário à sua natureza, as disposições relativas ao usufruto."

6.5.2. Extinção do Uso

O uso se extingue da mesma forma que o usufruto.

6.6. DA HABITAÇÃO

6.6.1. Conceito

"Quando o uso consistir no direito de habitar gratuitamente casa alheia, o titular deste direito não a pode alugar, nem emprestar, mas simplesmente ocupá-la com sua família." (art. 1.414 do CC).

A habitação é uma forma de uso e rege-se pelas disposições do usufruto. É direito real de uso que confere ao titular a faculdade de fruir a utilidade da coisa que grava temporariamente.

O uso na habitação é indivisível e incedível, há de ser exercido pessoalmente.

O uso e a habitação são institutos, atualmente, de pouca utilidade e emprego. É muito raro o emprego destes institutos que desempenham função econômica de pouca relevância.

6.6.2. COMO SE CONSTITUI

Da mesma forma que se estabelece o usufruto assim se constitui a habitação, com exceção de que, neste caso, não é legal.

6.6.3. DIREITOS DO USUÁRIO

São direitos do usuário:

a) fruir a utilidade da coisa;

b) perceber frutos que bastem às suas necessidades e de sua família;

c) administrar a coisa.

E tem as seguintes obrigações:

a) conservar a coisa;

b) não dificultar o exercício dos direitos do proprietário;

c) restituir a coisa.

Os direitos e obrigações do titular de habitação regem-se pelas normas do usufruto naquilo em que não contrariarem a natureza.

6.6.4. EXTINÇÃO

O uso e habitação acabam pelos mesmos modos com que se extingue o usufruto.

6.6.5. DIREITO DO PROMITENTE COMPRADOR

Estabelece o art. 1.417 do Código Civil que:

> "Mediante promessa de compra e venda, em que se não pactuou arrependimento, celebrada por instrumento público ou particular, e registrada no Cartório de Registro de Imóveis, adquire o promitente comprador direito real à aquisição do imóvel."

Temos no artigo acima uma limitação do usuário. Basta o promitente comprador, mediante contrato de Compromisso de Compra e Venda, por instrumento público ou particular, registrar no Cartório de Registro de Imóveis para adquirir o direito real à aquisição do imóvel.

O promitente comprador pode exigir do promitente vendedor ou de terceiros, a quem os direitos destes forem cedidos, a outorga da escritura definitiva da compra e venda, sob pena de ser-lhe adjudicado o imóvel.

A condição *sine qua non* para adquirir o direito à adjudicação é não ter sido pactuado arrependimento e ter sido o instrumento público ou particular registrado no Cartório de Registro de Imóveis.

6.7. CONCESSÃO DE USO DA SUPERFÍCIE

O art. 1.369 estabelece que:

"O proprietário pode conceder o direito de construir ou de plantar em seu terreno, por tempo determinado, mediante escritura pública devidamente registrada no Cartório de Registro de Imóveis."

Uma das determinações desse artigo é que a concessão seja feita por instrumento público e por tempo determinado.

O Decreto-Lei nº 271, de 28 de fevereiro de 1967, com a redação dada pela Lei nº 11.481, de 31.5.2007, dispõe:

"Art. 7º. É instituída a concessão de uso de terrenos públicos ou particulares remunerada ou gratuita, por tempo certo ou indeterminado, como direito real resolúvel, para fins específicos de regularização fundiária de interesse social, urbanização, industrialização, edificação, cultivo da terra, aproveitamento sustentável das várzeas, preservação das comunidades tradicionais e seus meios de subsistência ou outras modalidades de interesse social em áreas urbanas.

§ 1º. A concessão de uso poderá ser contratada, por instrumento público ou particular, ou por simples termo administrativo, e será inscrita e cancelada em livro especial.

§ 2º. Desde a inscrição da concessão de uso, o concessionário fruirá plenamente do terreno para os fins estabelecidos no contrato e responderá por todos os encargos civis, administrativos e tributários que venham a incidir sobre o imóvel e suas rendas.

§ 3º. Resolve-se a concessão antes de seu termo, desde que o concessionário dê ao imóvel destinação diversa da estabelecida

no contrato ou termo, ou descumpra cláusula resolutória do ajuste, perdendo, neste caso, as benfeitorias de qualquer natureza.

§ 4º. A concessão de uso, salvo disposição contratual em contrário, transfere-se por ato inter vivos, ou por sucessão legítima ou testamentária, como os demais direitos reais sobre coisas alheias, registrando-se a transferência.

§ 5º. Para efeito de aplicação do disposto no caput deste artigo, deverá ser observada a anuência prévia:

I – do Ministério da Defesa e dos Comandos da Marinha, do Exército ou da Aeronáutica, quando se tratar de imóveis que estejam sob sua administração; e

II – do Gabinete de Segurança Institucional da Presidência da República, observados os termos do inciso III do § 1º do art. 91 da Constituição Federal."

Pelo atual Código Civil (Lei nº 10.406, de 10 de janeiro de 2002) a concessão é por tempo certo e a contratação somente é concedida por instrumento público e não especifica os fins a que se destina e a concessão não autoriza obra no subsolo, salvo se for inerente ao objeto da concessão.

O art. 1.370 estabelece que:

"A concessão da superfície será gratuita ou onerosa; se onerosa estipularão as partes se o pagamento será feito de uma só vez, ou parceladamente."

O atual Código Civil estabeleceu uma nova locação *sui generis* ao estabelecer que o pagamento será feito de uma só vez, o que não acontece na legislação locatícia, com exceção da locação por temporada. Mas se a concessão for gratuita teremos uma nova forma de comodato.

Estabeleceu, também, de forma taxativa que o superficiário responderá pelos encargos e tributos que incidirem sobre o imóvel (art. 1.371).

Neste caso, se for omissa a contratação com referência aos encargos e tributos, é da responsabilidade daquele para quem foi concedido o uso da superfície.

A concessão de uso também estabeleceu que o direito de superfície pode transferir-se a terceiros e, por morte do superficiário, aos herdeiros. O que a lei proíbe é que não poderá ser estipulado pelo concedente, a qualquer título, pagamento pela transferência.

Vimos, porém, que fica permitida a transferência da concessão, mas fica proibida qualquer cobrança pela transferência. Isso vem afastar as luvas, largamente usadas no comércio locatício.

Em caso de alienação do imóvel ou do direito de superfície, o superficiário ou o proprietário tem direito de preferência, em igualdade de condições (art. 1.373).

Seguiu o novo Código Civil as regras da lei inquilinária, com relação ao direito de preferência. Durante muito tempo o direito de preferência só vingaria se fosse estipulado em cláusula contratual de obrigação convencional e norma privada, mas agora foi transformado em obrigação legal, tanto para o proprietário no caso de transferência da concessão de uso a terceiros, como ao superficiário no caso de venda do imóvel por parte do proprietário.

Como a lei não estabeleceu o *modos faciendi* – a notificação – conclui-se que o modo correto de levar ao conhecimento da outra parte da intenção do negócio seja a notificação, que deverá ser feita de modo a não restar dúvida quanto à intenção da parte desejosa de transferência ou alienação do imóvel, e isto deverá ser efetuado judicialmente ou através do Cartório de Títulos e Documentos ou correspondência direta com protocolo contendo o inteiro teor do documento. A carta com aviso de recebimento, pelo correio, é de caráter duvidoso, pois, não se prova o conteúdo do documento.

A lei estabelece, no caso de alienação, a preferência em igualdade de condições. Somente pela notificação ficará sabendo o interessado das condições, do preço e da forma de pagamento, etc.

Uma das causas que dá direito a rescisão contratual é a destinação diversa daquela para que foi concedida.

Isso significa que se o superficiário quiser dar outra destinação de sua concessão, haverá de ter por escrito do concedente autorização para fazê-lo e por escritura pública que é da essência do negócio.

Uma vez extinta a concessão, o proprietário passará a ter a propriedade plena sobre o terreno, construção ou plantação, independentemente de indenização, salvo se as partes houverem contratado ou estipulado o contrário.

Vimos, nesse caso, uma das formas de ter o proprietário a propriedade plena do imóvel, juntamente com as plantações e construções feitas pelo superficiário, desde que não tenha estipulado em contrário.

E no caso de desapropriação, cabe ao proprietário e ao superficiário o valor correspondente a cada um.

O direito de superfície, constituído por pessoa jurídica de direito público interno, rege-se por este Código, no que não for diversamente disciplinado em lei especial (art. 1.377).

CAPÍTULO VII
DIREITOS REAIS
DE GARANTIA

7.1. DEFINIÇÃO

São direitos reais de garantia o penhor, a hipoteca e a anticrese. Também denominados direitos pignoratícios.

Os direitos reais de garantia diferem dos direitos reais de gozo (enfiteuse, usufruto, uso, habitação e as servidões).

Os direitos reais de garantia traduzem-se no poder do titular de, por sua iniciativa, obter a satisfação da dívida garantida pela coisa, enquanto que os direitos reais de gozo traduzem-se no poder do titular de usar e fruir a coisa de que tem a posse direta. Uns e outros são direitos reais na coisa alheia.

Estabelece o Código Civil que:

"**Art. 1.420.** Só aquele que pode alienar poderá empenhar, hipotecar ou dar em anticrese; só os bens que se podem alienar poderão ser dados em penhor, anticrese ou hipoteca.

§ 1º. *A propriedade superveniente torna eficaz, desde o registro, as garantias reais estabelecidas por quem não era dono.*

§ 2º. *A coisa comum a dois ou mais proprietários não pode ser dada em garantia real, na sua totalidade, sem o consentimento de todos; mas cada um pode individualmente dar em garantia real a parte que tiver."*

7.2. PENHOR

7.2.1. CONCEITO

A conceituação de penhor reveste-se de variadas formas, não dando ensejo neste estudo a conceitos mais profundos. Em linhas gerais o penhor é o direito real que submete a coisa móvel ou mobilizável ao pagamento de uma dívida.

A relação jurídica do penhor constitui-se no pressuposto da existência de um direito de crédito. Podemos dizer que o penhor é uma limitação da propriedade, vinculando um determinado bem a prestar garantia ao pagamento de uma obrigação assumida ou por determinação legal.

De modo geral, o penhor é objeto de coisas móveis, cujo traço característico é a tradição efetiva do bem ao credor.

Há, portanto, espécies de penhor que podem não ser de coisas móveis, como no caso do penhor agrícola e pecuário em que o objeto continua em poder do devedor e pode recair em imóvel.

O objeto do penhor é de ordinário coisa móvel, recaindo excepcionalmente em imóvel.

7.2.2. PODEM SER OBJETO DE PENHOR

São os seguintes, os bens que podem ser objeto de penhor:

a) as coisas móveis;

b) *os imóveis por acessão*;

c) os direitos;

d) os títulos de crédito.

Estabelece o Código de Processo Civil que:

"*Art. 655. A penhora observará, preferencialmente, a seguinte ordem: (...)*

IV – bens imóveis; (...)."

Vimos acima os casos de penhor sobre imóveis, assunto de preferência em nosso estudo, por se tratar esta obra da propriedade imóvel.

Assim, no penhor agrícola e industrial, que são modalidades de penhor especial que pode recair em bens imóveis por acessão, não se exige a tradição da coisa, a qual fica em poder dos proprietários devedores, que ficam como depositários.

7.2.3. DO REGISTRO DO PENHOR

O penhor comum deverá ser registrado no Registro de Títulos e Documentos, art. 127, II, Lei nº 6.015/1973 c/c art. 1.433 do CC.

O penhor especial deve ser registrado no Registro de Imóveis, art. 167 da referida Lei.

Estabelece o art. 1.432 do Código Civil que:

"O instrumento do penhor deverá ser levado a registro, por qualquer dos contratantes; o do penhor comum será registrado no Cartório de Títulos e Documentos."

Estabelece ainda o Código Civil que:

*"**Art. 1.433**. O credor pignoratício tem direito:*

I – à posse da coisa empenhada;

II – à retenção dela, até que o indenizem das despesas devidamente justificadas, que tiver feito, não sendo ocasionadas por culpa sua;

III – ao ressarcimento do prejuízo que houver sofrido por vício da coisa empenhada;

IV – a promover a execução judicial, ou a venda amigável se lhe permitir expressamente o contrato, ou lhe autorizar o devedor mediante procuração;

V – a apropriar-se dos frutos da coisa empenhada que se encontra em seu poder;

VI – a promover a venda antecipada, mediante prévia autorização judicial, sempre que haja receio fundado de que a coisa empenhada se perca ou deteriore, devendo o preço ser depositado. O dono da coisa empenhada pode impedir a venda antecipada, substituindo-a, ou oferecendo outra garantia idônea."

Dispõe o art. 1.434 do Código Civil que:

"O credor não pode ser constrangido a devolver a coisa empenhada, ou uma parte dela, antes de ser integralmente pago, podendo o juiz, a requerimento do proprietário, determinar seja vendida apenas uma das coisas, ou parte da coisa empenhada, suficiente para o pagamento do credor."

7.2.4. OBRIGAÇÕES DO CREDOR

Estabelece o Código Civil que:

"Art. 1.435. O credor pignoratício é obrigado:

I – à custódia da coisa, como depositário, e a ressarcir ao dono a perda ou deterioração de que for culpado, podendo ser compensada na dívida, até a concorrente quantia, a importância da responsabilidade;

II – à defesa da posse da coisa empenhada e a dar ciência, ao dono dela, das circunstâncias que tornarem necessário o exercício da ação possessória;

III – a imputar o valor dos frutos, de que se apropriar (art. 1.433, inciso V) nas despesas de guarda e conservação, nos juros e no capital da obrigação garantida, sucessivamente;

IV – a restituí-la, com os respectivos frutos e acessões, uma vez paga a dívida;

V – a entregar o que sobeje do preço, quando a dívida for paga, no caso do inciso V do art. 1.433."

7.2.5. EXTINÇÃO DO PENHOR

O CC dispõe ainda que:

"Art. 1.436. Extingue-se o penhor:

I – extinguindo-se a obrigação;

II – perecendo a coisa;

III – renunciando o credor;

IV – confundindo-se na mesma pessoa as qualidades de credor e de dono da coisa;

V – dando-se a adjudicação judicial, a remissão ou a venda da coisa empenhada, feita pelo credor ou por ele autorizada.

§ 1º. Presume-se a renúncia do credor quando consentir na venda particular do penhor sem reserva de preço, quando restituir a sua posse ao devedor, ou quando anuir à sua substituição por outra garantia.

§ 2º. Operando-se a confusão tão-somente quanto a parte da dívida pignoratícia, subsistirá inteiro o penhor quanto ao resto."

Estabelece o art. 1.437 do Código Civil que:

"*Produz efeitos a extinção do penhor depois de averbado o cancelamento do registro, à vista da respectiva prova.*"

A Lei nº 8.009, de 29.3.1990, que dispõe sobre a impenhorabilidade do bem de família, reza:

"*Art. 1º. O imóvel residencial próprio do casal, ou da entidade familiar, é impenhorável e não responderá por qualquer tipo de dívida civil, comercial, fiscal, previdenciária ou de outra natureza, contraída pelos cônjuges ou pelos pais, os filhos que sejam seus proprietários e nele residam, salvo nas hipóteses previstas nesta Lei.*"

7.3. ANTICRESE

7.3.1. CONCEITO

A anticrese, em conceito mais simples, é o direito real de perceber os frutos sobre imóvel alheio. O devedor, entregando-lhe o imóvel, cede-lhe o direito de perceber os frutos e rendimentos para compensar a dívida ou débito. É uma forma de garantir o pagamento de uma dívida.

7.3.2. DISTINÇÃO ENTRE PENHOR E ANTICRESE

A anticrese distingue-se do penhor comum porque aquela recai em bem imóvel, enquanto que o penhor recai em bem móvel. Na anticrese, ao credor é permitido perceber os rendimentos e frutos até que a dívida seja paga. No penhor, assiste ao credor o direito de alienação do bem para satisfazer o débito, enquanto que na anticrese apenas cabe ao credor o direito de retenção. Na anticrese há, por sua natureza, a entrega do imóvel ao credor como condição substancial. Somente os bens imóveis podem ser objeto de garantia anticrética. O credor anticrético pode fruir de forma direta ou indireta sobre o imóvel dado, como locando-o para perceber os aluguéis. É lícita a estipulação de que o credor deve fruir as vantagens diretamente.

Estabelece o art. 1.506 do Código Civil:

"*Pode o devedor ou outrem por ele, com a entrega do imóvel ao credor, ceder-lhe o direito de perceber, em compensação da dívida, os frutos e rendimentos.*"

7.3.3. Forma de Estipulação da Anticrese

A anticrese é celebrada, necessariamente, mediante escritura pública que exige a forma solene e deve ser, obrigatoriamente, registrada no Cartório de Registro de Imóveis.

"Art. 1.506. Pode o devedor ou outrem por ele, com a entrega do imóvel ao credor, ceder-lhe o direito de perceber, em compensação da dívida, os frutos e rendimentos.

§ 1º. É permitido estipular que os frutos e rendimentos do imóvel sejam percebidos pelo credor à conta de juros, mas se o seu valor ultrapassar a taxa máxima permitida em lei para as operações financeiras, o remanescente será imputado ao capital.

§ 2º. Quando a anticrese recair sobre bem imóvel, este poderá ser hipotecado pelo devedor ao credor anticrético, ou a terceiros, assim como o imóvel hipotecado poderá ser dado em anticrese."

7.3.4. Direitos e Obrigações do Credor Anticrético

Direitos:

a) de possuir o bem dado em garantia;

b) perceber os frutos e rendimentos;

c) retê-lo em seu poder até que a dívida seja saldada;

d) vindicar seus direitos contra terceiro que adquira o imóvel;

e) vindicá-los contra os credores quirografários e hipotecários, após o registro, etc.

Obrigações:

a) guardar a coisa como se dono fosse;

b) responder pelos estragos e deteriorações no imóvel, por sua culpa;

c) responder pelos frutos que deixar de colher, por sua culpa e negligência;

d) prestar contas ao proprietário da coisa.

7.3.5. Extinção

A anticrese se extingue com o real pagamento da dívida. E também pelo perecimento da coisa dada em garantia, como no caso de incêndio, desmoronamentos, etc. Havendo indenização do bem, não se sub-roga o direito do credor.

A desapropriação também determina extinção da anticrese.

7.3.6. AÇÕES DA ANTICRESE

O contrato anticrético pode dar azo às seguintes ações:

a) ação anticrética que compete ao credor:

1) contra o credor anticrético ou seus herdeiros para que entreguem o imóvel, caso haja a recusa se a anticrese tiver sido constituída;

2) contra o adquirente do imóvel, para o fim de reivindicar o imóvel em nome do dono deste, seja o próprio devedor anticrético, seja qualquer terceiro que tenha dado a referida garantia;

3) contra os credores quirografários e os hipotecários posteriores ao registro da anticrese, a fim de ser pago, com preferência, pelos bens de sua garantia.

b) ação de remissão anticrética – ação pessoal, que compete ao dono do imóvel dado em anticrese, contra o credor anticrético ou seus herdeiros, estando paga a dívida, para que o entreguem e assim no caso de não haver pacto em contrário, para que lhe entreguem os lucros produzidos pelo imóvel.

c) ação de prestação de contas – que cabe ao devedor contra o credor, a fim de obrigá-lo a prestar contas da administração do imóvel dado em anticrese.

d) ações possessórias – para a defesa da posse.

e) ação de reivindicação – que pode ser intentada pelo devedor, seus herdeiros, contra terceiro que detenha o imóvel indevidamente.

7.4. HIPOTECA

7.4.1. CONCEITO

Hipoteca é o direito real de garantia que o devedor confere ao credor sobre um bem imóvel de sua propriedade para que o mesmo responda em caráter preferencial ao credor, pelo resgate de dívida. Para o credor é direito de seqüela e preferência. Para o devedor, ônus real. A hipoteca é o direito real recaindo sobre um imóvel e não entregue ao credor, assegura o cumprimento da obrigação. Assim, não paga a dívida, cabe ao credor o direito de executar o imóvel dado em garantia, para com o produto apurado pagar-se, preferentemente e com exclusão dos demais credores que só terão direito às sobras, se houver.

Quem dá o bem em garantia do pagamento da dívida denomina-se devedor hipotecante, enquanto que quem recebe em garantia o imóvel é denominado de credor hipotecário.

O devedor que tenha pago parte da dívida ou amortizado não obtém redução proporcional da garantia hipotecária; isso significa que a hipoteca é indivisível.

7.4.2. Princípios que Regem a Hipoteca

O regime hipotecário é regido por dois grandes princípios:

1º) o da especialização;

2º) o da publicidade.

A especialização consiste na determinação precisa e pormenorizada dos bens dados em garantia, com suas características e caracterizações, bem como o montante da dívida, prazo, taxas de juros, etc. (art. 1.424, do CC), para o fim específico de ficar bem caracterizado o vínculo jurídico estabelecido entre as partes, e para que terceiros interessados possam avaliar o ônus que pesa sobre o imóvel hipotecado. A falta de especialização em relação a terceiros invalida o negócio.

A publicidade se faz por meio do registro no Cartório de Imóveis (art. 167, I, nº 2, da Lei nº 6.015/1973). O registro dá ciência a todos os interessados que o imóvel está sujeito ao ônus hipotecário.

O eventual adquirente ou credor de uma segunda hipoteca, com o registro, sabe que adquiriu ou recebeu em garantia um imóvel que era objeto de hipoteca anterior.

7.4.3. Pluralidade da Hipoteca

A lei permite ao dono do imóvel constituir sobre ele, mediante novo título, uma ou mais hipotecas sucessivas, tanto em favor do mesmo ou de outro credor (art. 1.476 do CC).

7.4.4. OBJETO DA HIPOTECA

O art. 1.473 do Código Civil dá o elenco das coisas que podem ser objeto da hipoteca como, imóveis, os acessórios dos imóveis conjuntamente com eles e demais coisas, etc.

7.4.5. A LEI QUE REGULA A HIPOTECA

A lei da hipoteca é a civil e civil é a sua jurisdição, ainda que a dívida seja comercial e comerciantes as partes.

7.4.6. ESPÉCIES DE HIPOTECA

1ª) Convencional – É a que se constitui mediante acordo de vontades e é a mais comum. Exige a lei para sua constituição o preenchimento dos seguintes requisitos: intrínsecos e extrínsecos.

Para constituir hipoteca convencional reclama-se não só a capacidade ordinária, mas a de alienar. Como se trata de ônus real que recai sobre imóvel, é necessário o consentimento da mulher ou do marido, conforme o caso. O requisito extrínseco é o instrumento público.

2ª) Legal – É a que resulta imediatamente da lei, independente das vontades. Tem finalidade acautelatória. A hipoteca legal para valer contra terceiros precisa estar registrada (inscrita) e especializada (vide art. 1.489 do CC).

3ª) Judicial – (que não deixa de ser legal) A hipoteca judicial advém de uma sentença. É o vínculo real que a lei faz nascer da sentença condenatória sobre os bens do executado. A hipoteca judicial é uma espécie da hipoteca legal.

7.4.7. CONDIÇÃO ESPECIAL DE VALIDADE DA HIPOTECA

A condição essencial à validade da hipoteca é a de que o devedor seja proprietário do imóvel dado em garantia. Exceção ao enfiteuta, para os casos constituídos até 11 de janeiro de 2003, quando entrou em vigor o novo Código Civil, que tem o direito de hipotecar o chamado domínio útil. *A enfiteuse estava regida pelo Código Civil antigo, Lei nº 3.071, de 1º de janeiro de 1916.*

E o novo Código Civil dispõe:

"*Art. 2.038. Fica proibida a constituição de enfiteuses e subenfiteuses, subordinando-se as existentes, até sua extinção, às disposições do Código Civil anterior, Lei nº 3.071, de 1º de janeiro de 1916, e leis posteriores.*

§ 1º. Nos aforamentos a que se refere este artigo é defeso:

I – cobrar laudêmio ou prestação análoga nas transmissões de bem aforado, sobre o valor das construções ou plantações;

II – constituir subenfiteuse.

§ 2º. A enfiteuse dos terrenos de marinha e acrescidos regula-se por lei especial."

7.4.8. Prazo

Estabelece o art. 1.485 do Código Civil que:

"Mediante simples averbação, requerida por ambas as partes, poderá prorrogar-se a hipoteca, até perfazer vinte anos, da data do contrato. Desde que perfaça esse prazo, só poderá subsistir o contrato de hipoteca, reconstituindo-se por novo título e novo registro; e, nesse caso, lhe será mantida a precedência, que então lhe competir."

A hipoteca convencional constitui-se por tempo determinado.

Não pode ser superior a 20 anos. Decorrido esse prazo, perime. Caso queiram as partes continuar a hipoteca assumida, serão obrigadas por novo título de comum acordo e novo registro (inscrição).

7.4.9. Direitos Preferenciais

Como vimos, é permitida a pluralidade de hipotecas, mas a vantagem é do primeiro credor. Os demais credores só exercerão o direito de preferência após ter o primeiro recebido a dívida. Pago o primeiro credor, o segundo sucede na ordem de preferência e assim sucessivamente com os demais credores existentes.

7.4.10. Direito de Remição

Remir é resgatar o bem por efeito de pagamento da dívida. O direito de remir confere ao devedor e excepcionalmente a outras pessoas como ao adquirente do imóvel hipotecado; ao credor subhipotecário.

7.4.11. REMISSÃO

É a liberação graciosa da dívida. É a renúncia que faz o credor de seus direitos creditórios. Significa perdão. E pode ser expressa ou tácita. É tácita quando resulta da entrega voluntária do título ao devedor.

7.4.12. EXTINÇÃO DA HIPOTECA

A hipoteca extingue-se:

I – pela extinção da obrigação principal;

II – pelo perecimento da coisa;

III – pela resolução da propriedade;

IV – pela renúncia do credor;

V – pela remição;

VI – pela arrematação ou adjudicação (art. 1.499 do CC).

Extingue-se ainda a hipoteca com a averbação, no Registro de Imóveis, do cancelamento do registro, à vista da respectiva prova (art. 1.500 do CC).

Não extinguirá a hipoteca, devidamente registrada, a arrematação ou adjudicação, sem que tenham sido notificados judicialmente os respectivos credores hipotecários, que não forem de qualquer modo partes na execução (art. 1.501 do CC).

Capítulo VIII
Inexecução de Obrigações nas Transações Imobiliárias e suas Conseqüências

8.1. DA MORA NAS TRANSAÇÕES IMOBILIÁRIAS

8.1.1. Conceito de Mora

Considera-se em mora o devedor que não efetuar o pagamento, e o credor que o não quiser receber no tempo, lugar e forma convencionados (art. 394 do CC).

Como vimos acima, o nosso Código Civil nos dá um conceito de mora. Num sentido mais comum, mora é atraso, retardamento. É o retardamento no cumprimento de uma obrigação que pode dar-se tanto por parte do devedor que não satisfaz a obrigação no seu tempo devido, como por parte do credor que não a aceita.

8.1.2. Mora do Devedor (Mora Solvendi)

Quando o devedor não cumpre, culposamente, no devido lugar, tempo e forma, dá-se a mora do devedor. É da essência da mora que o retardamento seja imputável ao devedor; mesmo que ele se torne insolvente ou de outra forma não consiga o dinheiro, não libera o devedor da mora. A falta de meios para o pagamento não é escusa legítima para o inadimplemento, pois o devedor deveria providenciar as garantias necessárias para o cumprimento da obrigação assumida. Assim, a mora do devedor é a inexecução culposa da obrigação, no tempo, lugar e forma devidos.

Conforme o novo Código Civil:

"*Art. 396*. *Não havendo fato ou omissão imputável ao devedor, não incorre este em mora.*

Art. 397. *O inadimplemento da obrigação, positiva e líquida, no seu termo, constitui de pleno direito em mora o devedor.*

Parágrafo único. *Não havendo termo, a mora se constitui mediante interpelação judicial ou extrajudicial.*"

Muitas são as obrigações do devedor que não têm prazo estipulado para o devido pagamento. Não havendo prazo ou termo certo, haverá o credor de interpelar o devedor para o devido pagamento. O não atendimento constitui o devedor em mora, podendo, assim, ser cobrada judicialmente.

8.1.3. REQUISITOS DA MORA DO DEVEDOR

São os seguintes:

a) existência de dívida positiva e líquida;

b) vencimento da mesma;

c) inexecução total ou parcial;

d) culpa do devedor;

e) interpelação judicial ou extrajudicial.

Inexistindo a culpa não há que se falar em *mora debitoris*, senão um mero retardamento.

8.1.4. CONSEQÜÊNCIAS DA MORA

Uma das conseqüências fundamentais que pode acarretar a mora é o prejuízo e por ele responde o devedor (art. 395 do CC). Daí resultam três elementos importantes:

1°) mora; 2°) prejuízo; e, 3°) nexo de causalidade.

8.1.5. SE A PRESTAÇÃO SE TORNA INÚTIL AO CREDOR?

Se, em conseqüência da mora, a prestação se tornar inútil ao credor, este poderá rejeitá-la, e exigir a satisfação das perdas e danos. O devedor em mora responde pela impossibilidade da prestação, mesmo que resulte de caso fortuito ou força maior, se estes ocorrerem durante o atraso; salvo se provar isenção de culpa, ou que o dano sobreviria, ainda quando a obrigação fosse oportunamente desempenhada.

8.1.6. MORA DO CREDOR *(MORA CREDENDI)*

Os requisitos da mora do credor são quatro:

1º) existência da dívida positiva e líquida;

2º) estar o devedor apercebido para executar a obrigação;

3º) oferecimento efetivo do devedor;

4º) recusa do credor.

A mora do credor subtrai o devedor isento de dolo à responsabilidade pela conservação da coisa, obriga o credor a ressarcir as despesas empregadas em conservá-la, e sujeita-o a recebê-la pela sua mais alta estimação, se o seu valor oscilar entre o tempo do contrato e do pagamento (art. 400 do CC).

8.1.7. OUTROS EFEITOS DA MORA DO CREDOR

O Código Civil não enumerou outros efeitos da mora do credor que são de real importância e que, totalmente, são motivos de discussões judiciais. Entre eles estão:

a) o devedor libera-se da pena convencional estipulada para o caso do não adimplemento;

b) o devedor não paga os juros moratórios, visto que quem se encontra em mora é o credor, mas para isso deve o devedor depositar judicialmente o valor devido para isentá-lo dos juros de forma indubitável. Do contrário, poderão surgir dúvidas.

Na forma dos arts. 401 e seguintes do Código Civil, pode o devedor consignar o pagamento, para desobrigar-se.

Tratando-se da purgação da mora, necessário se faz os devidos esclarecimentos sobre as notificações e interpelações que prestam relevantes interesses nos casos de purgação de mora, quando necessários seus efeitos. Em diversos casos, imperioso se faz o uso da notificação para constituir em mora o devedor ou credor.

8.1.8. NOTIFICAÇÃO

A notificação é a forma de manifestar ou de participar a alguém, diretamente ou por intermédio de alguém ou judicialmente, alguma resolução. Muito são os atos que obrigam a efetiva notificação para sua plena validade.

A notificação consiste em levar a alguém uma intenção do notificando, de modo que o notificado conheça seu conteúdo. Não é a notificação uma declaração puramente, mas uma notícia para que o notificado pratique ou deixe de praticar tal ato. A notificação refere-se ao futuro da atividade de quem foi notificado. Consiste num processo meramente conservativo de direito. Os fatos consistentes da notificação, essencialmente, são de futuro.

8.1.9. ESPÉCIES DE NOTIFICAÇÕES

Várias são as espécies de notificações, as mais conhecidas e usadas são as seguintes:

a) a autonotificação que se leva a efeito pela própria pessoa que faz a notificação;

b) a heteronotificação que é a praticada por pessoa diversa da que faz a notificação;

c) judicial é a procedida por intermédio da justiça, através de despacho do juiz, com expedição de mandado que será cumprido por oficial de justiça (vide art. 867, do Código de Processo Civil);

d) por Cartório – é a notificação feita através do Sr. Oficial do Cartório de Registro de Imóveis, a requerimento do credor, mediante contrafé assinada pelo devedor;

e) pelo Correio – é a notificação feita através de Carta Registrada (AR) com a devolução do recibo de que a carta foi entregue em tal data. Neste tipo de notificação, difícil é provar o conteúdo da carta. O notificado recebe a carta e alega que não continha a referida notificação. Portanto, esta forma de notificação é duvidosa.

Há casos em que a lei permite que se faça a notificação por outra forma, que não a judicial. Para isso deve estar atento o notificante.

Nos negócios de boa-fé, qualquer notificação extrajudicial é suficiente, salvo quando a lei exigir que seja feita em juízo ou de outra forma. Para melhor segurança dos negócios, aconselhamos fazer, quando há dúvida, a notificação judicialmente.

A notificação ou interpelação é usada não só para constituir o devedor em mora, para que faça ou deixe de fazer determinado ato, mas também quando não há prazo fixado para pagamento e o prazo começa a correr.

A sentença judicial, passada em julgado, é outro meio que tem o credor de constituição em mora do devedor (cf. STF, RF 97/379).

8.1.10. O PROTESTO

O protesto, que é a declaração feita em juízo por alguém, de que quer ressalvar um direito, também é uma forma de se constituir em mora. O protesto não dá e nem tira direitos; visa, sobretudo, positivar o fato da exigência do pagamento, para que produza seus efeitos em tempo oportuno.

Após as considerações sobre notificação, interpelação e protesto, passamos a tratar da purgação da mora.

8.2. PURGAÇÃO DA MORA

8.2.1. O QUE CONSTITUI

Constitui-se a purgação da mora no ato ou efeito de o devedor pagar a prestação vencida, acrescida de todos os encargos dela resultantes, a fim de manter seus direitos contratuais ou evitar a aplicação de determinada pena imposta pelo contrato ou pela lei. Como exemplo, muito comum, temos as locações de imóveis.

O inquilino atrasa os pagamentos dos aluguéis e o locador propõe a ação de despejo por falta de pagamento. O inquilino para evitar a rescisão do contrato e o despejo, requer ao juiz, no prazo da contestação, a purgação da mora, isto é, o pagamento do débito com os encargos devidos, como custas judiciais, honorários de advogado, fixados de plano pelo juiz.

8.2.2. PURGAÇÃO

O Código Civil estabelece a forma de purgação da mora.

"Art. 401. Purga-se a mora:

I – por parte do devedor, oferecendo este a prestação, mais a importância dos prejuízos decorrentes até o dia da oferta;

II – por parte do credor, oferecendo-se este a receber o pagamento e sujeitando-se aos efeitos da mora até a mesma data."

O Código Civil estabelece no item I que a oferta da prestação seja por parte do devedor para purgação da mora, oferecendo este a prestação, mais a importância dos prejuízos decorrentes, até o dia da oferta.

8.2.3. O PAGAMENTO POR TERCEIROS É VÁLIDO?

O Código Civil no art. 304 e seu parágrafo único deixa claro, e outra interpretação não é mais viável, de que terceiros podem purgar a mora, embora não interessados.

O essencial para purgação da mora é a satisfação plena do débito, e que a oferta abranja toda a prestação realmente devida, incluindo-se todos os prejuízos anteriores à mora.

A mora pode acarretar sérias conseqüências além das mencionadas, como levar à perdas e danos, multas moratórias, prisão civil, admitida em dois casos como: depositário infiel e a do insolvente de obrigação alimentar.

Atualmente, a Lei do Inquilinato – nº 8.245/1991, art. 62, II – estabelece que o locatário poderá evitar a rescisão da locação requerendo, no prazo da contestação, autorização para pagamento do débito atualizado, independente de cálculo e mediante depósito judicial, incluídos:

   a) os aluguéis e acessórios da locação que vencerem até a sua efetivação;

   b) as multas ou penalidades contratuais, quando exigíveis;

c) os juros de mora;

d) as custas e honorários do advogado do locador, fixados em dez por cento sobre o montante devido, se do contrato não constar disposição diversa.

Autorizada a emenda da mora e efetuado o depósito judicial até 15 dias após a intimação do deferimento, se o locador alegar que a oferta não é integral, justificando a diferença, o locatário poderá complementar o depósito no prazo de 10 dias, contados da ciência dessa manifestação.

Não sendo completado o depósito, o pedido de rescisão prosseguirá pela diferença, podendo o locador levantar a quantia depositada.

Fica, ainda, esclarecido que poderá qualquer parte interessada, como filhos dos locatários, fiadores ou sublocatários, purgar a mora. No caso de sublocação, mesmo o sublocatário não consentido poderá purgar a mora (vide arts. 304 e 305 do CC).

8.2.4. DÍVIDA PORTÁVEL E RECLAMÁVEL (PORTABLES E QUÉRABLES)

As expressões *portables* e *quérables* são muito usadas em nosso direito. Essas expressões são de origem francesa e significam que o pagamento deve ser feito no domicílio do credor ou devedor. Assim, no exame que se fizer da mora, impõe-se conhecer a natureza da dívida, sem o que não se pode saber quem está em retardo culposo.

Portável ou portable – é a dívida estabelecida em que o devedor deve pagar a dívida no domicílio ou residência do credor, no seu vencimento.

Reclamável ou quérable, ou ainda quesível – é a dívida estabelecida com a condição de que o credor deverá cobrar a dívida no domicílio ou residência do devedor, não estando, portanto, este na obrigação de procurar aquele para efeito de efetuar o pagamento. O credor deverá ir ao domicílio ou residência do devedor ou lugar convencionado para receber a prestação, sob pena de, não o fazendo, incorrer em mora.

8.2.5. LUGAR DO PAGAMENTO POR FORÇA DE LEI

O Código Civil formula as regras com respeito ao lugar do pagamento, ao estabelecer no seu art. 327 que:

"Art. 327. Efetuar-se-á o pagamento no domicílio do devedor, salvo se as partes convencionarem diversamente, ou se o contrário resultar da lei, da natureza da obrigação ou das circunstâncias. Parágrafo único. Designados dois ou mais lugares, cabe ao credor escolher entre eles."

Embora o Código Civil estabeleça o lugar do pagamento, abre mão para as partes convencionarem diversamente, ou se o contrário dispuserem as circunstâncias, natureza da obrigação ou a lei.

O lugar do pagamento apresenta real importância na execução do contrato e nos demais negócios.

8.2.6. SE O PAGAMENTO FOR DE ENTREGA DE IMÓVEL?

O Código Civil estabelece que se o pagamento consistir na tradição de um imóvel, ou em prestações relativas a imóvel, far-se-á no lugar onde se situa o bem (art. 328 do CC).

Pelo que vimos, a tradição de um imóvel se opera no lugar da situação ou das prestações relativas ao imóvel.

A lei não faz distinção das prestações de imóveis, assim entendemos que qualquer prestação referente ao imóvel deve ser feita no lugar onde situa o bem.

O Código fala em prestações relativas a imóvel. Quanto às rendas, como aluguel, arrendamento, etc., a melhor orientação é o pagamento no domicílio ou residência do credor, salvo se houver convenção entre as partes para pagamento em lugar diferente. Essa interpretação é conforme o art. 327 do referido Código Civil.

Capítulo IX
Tutela
do Patrimônio Imobiliário

9.1. TUTELA PENAL E CÍVEL DO PATRIMÔNIO IMOBILIÁRIO

9.1.1. Tutela Cível

Antes de entrarmos no campo da tutela penal do patrimônio imobiliário, iremos abordar uma forma de tutela autorizada pelo Código Civil, denominada de *desforço privado*, isto é, a defesa do patrimônio pelo próprio possuidor que faz a justiça pelas próprias mãos, numa autodefesa, autojustiça.

O nosso Código Civil, em seu art. 1.210, autoriza ao indivíduo defender a sua posse e seus bens, se injustamente agredidos e se não há tempo de recorrer e invocar socorro da autoridade pública. É o que se denomina de desforço privado. Ato pelo qual alguém, cuja posse foi ameaçada ou esbulhada, defende-se ou recupera pela força, a qual deve ser proporcional ao fim que se visa. É a justiça feita pelas próprias mãos. Nesse caso, caracteriza a autodefesa, autojustiça, o que lhe é lícito, desde que faça logo. Os atos de defesa ou desforço não podem ir além do indispensável à manutenção ou restituição da posse, sem exagero da parte de quem desforça.

É um direito pessoal, mas não exclui, na execução, que haja auxílio de estranhos, visando assegurar o melhor êxito.

Um dos requisitos essenciais do desforço privado é que se faça logo, ato contínuo, imediato.

9.1.2. TUTELA PENAL

O nosso Código Penal reservou alguns dispositivos à defesa do patrimônio imobiliário. O bem imóvel pode ser objeto de muitos delitos previstos na legislação penal.

É bom lembrar que o imóvel não tem, no âmbito criminal, a mesma significação da lei civil, isto é, não acolhe certas ficções. Assim, serão móveis e não imóveis as máquinas instaladas nas indústrias, os lustres de uma casa, considerados imóveis por acessão intelectual. Quando subtraídos, embora sejam imóveis por acessão, serão tidos, para efeito penal, como móveis e passíveis de furtos, roubos, danos, etc. Desse modo, toda coisa que possa ser transportada é considerada móvel, mesmo que se lhe dê o caráter de imóvel.

Os crimes contra o patrimônio imobiliário são mais escassos, dada a sua natureza que proporciona autodefesa. O bem imóvel não pode ser removido, por isso está isento de furto, roubo, mas pode ser objeto de outros delitos que são próprios dos imóveis, como usurpação, esbulho, estelionatos, etc.

9.1.3. LEIS ESPARSAS

Com o surgimento de novos sistemas para aquisição da propriedade imóvel, como loteamentos, incorporações, condomínios; como defesa do consumidor temos a Lei nº 8.078/1990, etc., novos tipos criminais foram implantados, visando a punição dos transgressores.

A referida Lei nº 8.078, de 11.9.1990 e que entrou em vigor em 11.3.1991 – *Dispõe sobre a proteção do consumidor e dá outras providências* – em seu art. 3º, § 1º, equipara o imóvel a produto e assim fica o imóvel passível de ser objeto de delitos e contravenções, como produto cujos contraventores serão punidos na forma desta lei.

Portanto, as infrações penais no campo imobiliário, principalmente na incorporação, loteamento, corretagem de imóveis, são vastas, dando oportunidade a muitas lides forenses.

Capítulo X
AFETAÇÃO

10.1. CONCEITO

Afetação é o ato ou fato mediante o qual se dá um móvel ou imóvel à produção efetiva de utilidade pública. Afetar é destinar, consagrar, aparelhar, carismar ou batizar algo que está fora do mundo jurídico para que ele entre preparado, apto a povoar o mundo do direito, idôneo para produzir os efeitos esperados. A afetação pode decorrer de ato administrativo, de prática permitida pela Administração, no sentido de manifestar a intenção de consagração do bem público, ou ainda pode resultar de mero fato. A afetação é operação típica do direito administrativo e agora na Lei nº 10.931/2004 vemos sua mais recente aplicação e regulamentação da matéria: Dispõe sobre o patrimônio de afetação de incorporações imobiliárias, Letra de Crédito Imobiliário, Cédula de Crédito Imobiliário, Cédula de Crédito Bancário, altera o Decreto-Lei nº 911, de 1º de outubro de 1969, as Leis nº 4.591, de 16 de dezembro de 1964, nº 4.728, de 14 de julho de 1965, e nº 10.406, de 10 de janeiro de 2002, e dá outras providências.

Conforme ensina o Mestre Francisco Maia Neto, no ano de 2004, o Presidente da República sancionou um conjunto de medidas intituladas "pacote da construção", cujo objetivo é o incentivo ao mercado imobiliário.

Na verdade, o que a Lei nº 10.931/2004 fez não foi instituir o patrimônio de afetação, mas regulamentá-lo, pois sua previsão veio com a Medida Provisória nº 2.221, de setembro de 2004, embora de forma imprecisa, que não surtiu os efeitos desejados.

A figura do patrimônio de afetação na lei acima é de uso facultativo. O patrimônio de afetação consiste na adoção de um patrimônio próprio para cada empreendimento, que passará a ter a sua própria contabilidade, separada das operações da incorporada/construtora, o que confere segurança aos adquirentes quanto à destinação dos recursos aplicados na obra.

O que se vê nesta Lei é que as dívidas, de natureza tributária, trabalhista e junto às instituições financeiras, ficam restritas ao empreendimento em construção, não tendo qualquer relação com outros compromissos e dívidas assumidas pela empresa.

Em conseqüência, na hipótese de ocorrer falência da empresa construtora/incorporadora, os compradores poderão dar continuidade à obra, contratando outra empresa no lugar da falida, configurando o objetivo de garantir ao consumidor a entrega de imóvel comprado na planta.

Melhim Namem Chalhub, professor e advogado, diz que: *"o regime de afetação preenche importante lacuna da Lei das Incorporações, pois, apesar de essa lei conter mecanismos de proteção contratual, não contemplava meios de proteção patrimonial, circunstância que poderia deixar expostos a risco os adquirentes e demais credores do empreendimento, em caso de frustração do empreendimento, inclusive em razão de falência do incorporador".*

Trata-se de importante mecanismo de resolução extrajudicial de problemas decorrentes do desequilíbrio econômico-financeiro da incorporação, na medida em que, independente de intervenção judicial, possibilita aos adquirentes substituir o incorporador na administração do negócio e prosseguir a obra.

Essa nova lei atende às atuais necessidades do mercado e da sociedade; de uma parte, acrescenta à atividade da incorporação novos elementos, que poderão revitalizar a credibilidade do negócio perante a clientela; de outra parte, do ponto de vista jurídico-empresarial, ajusta-se à atual tendência da teoria contratual, assentada nos princípios da boa-fé e da eqüidade, ao dar maior nitidez ao negócio, com mecanismos de controle mais eficazes e novos elementos de equilíbrio do contrato.

A afetação é, de fato, como registra Caio Mário da Silva Pereira, engenhosa concepção pela qual determinados bens passam a vincular-se a um fim determinado, são gravados com um encargo ou são sujeitos a uma restrição, de modo que, *"separados do patrimônio e afetados a um fim, são tratados como bens independentes do patrimônio geral do indivíduo".*

A atividade de incorporação imobiliária é naturalmente vocacionada para a afetação, seja em razão da relativa autonomia do empreendimento, considerado de per si, seja porque o custeio da obra é, em parte, suportado pelos próprios adquirentes, com os recursos provenientes das prestações pagas durante a obra, ou por financiamento, com recursos oriundos do Sistema Financeiro da Habitação – SFH.

A afetação se efetiva mediante "termo de afetação", que deverá ser averbado no Registro de Imóveis. A incorporação poderá ser afetada a qualquer momento, mesmo depois de iniciadas as vendas, e nesse caso, o "termo" deverá ser firmado pelo incorporador e pelos adquirentes.

Uma vez afetado, o patrimônio da incorporação é considerado incomunicável em relação aos demais bens, direitos e obrigações do patrimônio geral da empresa incorporadora, bem como em relação aos demais patrimônios de afetação que ela tiver constituído. Em conseqüência, cada incorporação-patrimônio-de-afetação só responde pelas dívidas e obrigações a ela vinculadas.

A afetação não atinge o direito subjetivo do incorporador, que, sendo titular do terreno e das acessões, continua investido dos poderes de livre disponibilidade dos bens integrantes da incorporação. A afetação, sendo um encargo que vincula esses bens a uma determinada destinação (conclusão da obra e entrega das unidades aos adquirentes), apenas condiciona o exercício dos poderes do titular da incorporação, impedindo que ele perpetre atos de desvio de destinação. Por isso mesmo, os §§ 3º ao 8º do art. 31 autorizam o incorporador a constituir garantias reais sobre os bens e direitos da incorporação, bem como a ceder os créditos oriundos da comercialização, seja em termos plenos ou fiduciários. Mas, coerentemente com o regime de vinculação de receitas visando a consecução da incorporação, esses dispositivos deixam claro que a constituição de garantias reais só é admitida em operação de crédito cujo produto seja integralmente destinado à realização da incorporação, o produto da cessão de créditos, plena ou fiduciária, passa a integrar o patrimônio de afetação. Pode o incorporador, entretanto, apropriar-se "dos recursos financeiros que excederem a importância necessária à conclusão da obra (art. 44), considerando-se os valores a receber até sua conclusão e, bem assim, os recursos necessários à quitação de financiamento para a construção, se houver" (§ 8º do art. 31-A).

10.2. REGISTRO DE IMÓVEIS E NOTÁRIOS

A Lei nº 10.931/2004 altera várias Leis relativas às atividades notariais e registrais.

A ANOREG-SP chama a atenção dos notários e registradores do Estado de São Paulo sobre a importância da nova Lei federal nº 10.931, de 2 de agosto de 2004, que dispõe sobre o patrimônio de afetação de incorporações imobiliárias, letra de crédito imobiliário, cédula de crédito imobiliário e cédula de crédito bancário.

A Lei nº 10.931/2004 altera várias leis relativas aos registros públicos e introduz importante inovação, o procedimento consensual de retificação de registros de imóveis. As retificações de registro serão feitas pelo próprio oficial do Registro de Imóveis, ficando para o Judiciário os casos em que não houver acordo entre as partes, ou houver lesão ao direito de propriedade de algum confrontante.

A edição da Lei nº 10.931/2004 é tão importante para os registros públicos que o eminente desembargador Júlio César Viseu Júnior, presidente, em exercício, da Comissão de Jurisprudência e Biblioteca, publicou o Comunicado nº 11/2004, no *Diário Oficial do Estado de São Paulo,* de 12.8.2004, "considerando a relevância da matéria".

Por esse motivo, a ANOREG-SP insiste em que os notários e registradores paulistas participem da audiência pública que a ANOREG-SP e IRIB coordenam neste boletim eletrônico, enviando seus comentários, estudos e contribuições. O objetivo é que possamos debater a nova lei no âmbito das nossas entidades de classe primeiro e, a seguir, ampliar a discussão para os demais operadores do Direito.

Capítulo XI
ARBITRAGEM
NO DIREITO BRASILEIRO

11.1. ARBITRAGEM

Arbitragem nada mais é do que uma decisão por terceira pessoa que põe fim ao litígio, por acordo entre as partes.

É a jurisdição de que se investem pessoas escolhidas pelas partes ou designadas por lei ou juiz, para dirimirem questões entre elas suscitadas. Pode ser judicial ou extrajudicial.

A arbitragem está embasada na Lei nº 9.307/1996, sendo, portanto, um processo legal, mas não judicial. Na arbitragem, as partes escolhem para a intermediação do negócio ou questão um profissional do ramo, geralmente um perito com grande conhecimento do assunto e que será nomeado perito para a solução da questão.

A lei de arbitragem confere poderes ao árbitro para emitir uma sentença arbitral que terá o mesmo valor de sentença judicial.

A arbitragem sempre esteve presente no ordenamento jurídico, mas de pouca utilização e era denominada de juízo arbitral.

11.2. O QUE SE RESOLVE PELA ARBITRAGEM?

A lei faz restrição para controvérsia. Assim, nem todo conflito ou desentendimento poderá ser resolvido pela arbitragem. Está fora do âmbito de aplicação da arbitragem as questões sobre as quais as partes não podem efetuar transações. A lei coloca questões que estão fora da livre disposição das pessoas, devendo estas questões serem, obrigatoriamente, resolvidas pelo Poder Judiciário, como por exemplo: delitos criminais, estado civil das pessoas, etc.

11.3. DA UTILIZAÇÃO DA ARBITRAGEM

A utilização da arbitragem deve vir consignado em contrato escrito. Assim, em determinado contrato as partes devem inserir uma cláusula contratual, denominada cláusula compromissória, que preveja que os futuros conflitos deverão ser resolvidos por arbitragem. Mesmo que não haja cláusula compromissória prevista no contrato, ela poderá ser utilizada, bastando, para tanto, as partes assinarem um acordo, na presença de duas testemunhas, por instrumento público ou particular, denominado compromisso arbitral.

11.4. ARBITRAGEM *AD HOC*

Investido na função, para determinado ato.

Neste caso as partes não seguiram as regras da instituição arbitral, mas sim as disposições fixadas pelas partes, ou na ausência destas, por procedimento determinado pelo árbitro.

11.5. DO PROCEDIMENTO ARBITRAL

Na arbitragem, em qualquer de suas formas, deverão ser observados todos os princípios jurídicos estabelecidos, determinando que as partes terão tratamento igual, direito de se manifestarem e se defenderem, devendo o árbitro ser imparcial e fundamentar a sua decisão.

11.6. ARBITRAGEM POR EQÜIDADE

Arbitragem por eqüidade é aquela em que o árbitro decide a questão ou controvérsia de acordo com seu entendimento e saber, isto é, fora das regras de direito. Para isso o árbitro deve estar expressamente autorizado.

11.7. O QUE É CONCILIAÇÃO?

A conciliação é um acordo promovido pelo juiz ou pelo árbitro em que as partes resolvem o acordo da questão suscitada. O juiz ou árbitro apenas auxilia, fazendo suas sugestões ou apresentando o lado justo da questão. A mediação é semelhante à conciliação. Nesta o mediador aproxima as partes, não fará sugestões, mas sim identifica os pontos controvertidos para o fim de facilitar o acordo.

11.8. A ARBITRAGEM É FACULTATIVA OU COMPULSÓRIA?

A arbitragem é facultativa. As partes estabelecem num contrato a arbitragem se quiserem. Uma vez estabelecida a arbitragem estarão obrigados a cumprir o estabelecido, não podendo, assim, propor ação judicial.

11.9. EXISTE VANTAGEM PELO PROCEDIMENTO DA ARBITRAGEM?

Sim, pela rapidez, pois as partes fixarão um prazo para solucionar a questão, mas se nada houver estabelecido no contrato, a lei prevê um prazo de seis meses. As partes e o perito deverão guardar o sigilo; o árbitro deverá ser especializado na matéria, dispensando, desse modo, a perícia. Na arbitragem, as partes poderão estabelecer que as custas serão rateadas ou que sejam decididas pelo árbitro.

11.10. EFEITOS DA SENTENÇA ARBITRAL

A sentença uma vez promulgada não fica sujeita a homologação, podendo ser executada judicialmente se a parte vencida não cumprir o estabelecido. A sentença arbitral se compara à sentença judicial. Tem a mesma força.

11.11. DOS RECURSOS

Lei nº 9.307, de 23.9.1996:

"Art. 29. Proferida a sentença arbitral, dá-se por finda a arbitragem, devendo o árbitro, ou o presidente do tribunal arbitral, enviar

cópia da decisão às partes, por via postal ou por outro meio qualquer de comunicação, mediante comprovação de recebimento, ou, ainda, entregando-a diretamente às partes, mediante recibo.

Art. 30. No prazo de cinco dias, a contar do recebimento da notificação ou da ciência pessoal da sentença arbitral, a parte interessada, mediante comunicação à outra parte, poderá solicitar ao árbitro ou ao tribunal arbitral que:

I – corrija qualquer erro material da sentença arbitral;

II – esclareça alguma obscuridade, dúvida ou contradição da sentença arbitral, ou se pronuncie sobre ponto omitido a respeito do qual devia manifestar-se a decisão.

Parágrafo único. O árbitro ou o tribunal arbitral decidirá, no prazo de dez dias, aditando a sentença arbitral e notificando as partes na forma do art. 29.

Art. 31. A sentença arbitral produz, entre as partes e seus sucessores, os mesmos efeitos da sentença proferida pelos órgãos do Poder Judiciário e, sendo condenatória, constitui título executivo."

11.12. CLÁUSULA COMPROMISSÓRIA

Também conhecida por Cláusula Arbitral, é a convenção através da qual as partes se comprometem, em contrato por escrito, submeterem à arbitragem o litígio oriundo de um contrato já estabelecido. Constitui-se por um pacto adjeto. Cláusula essa autônoma em relação ao contrato.

11.13. PACTO ADJETO

Também conhecido por pacto acessório, é uma convenção acessória diretamente subordinada a um contrato principal. Sua finalidade é a de garantir seu adimplemento ou modificar seus efeitos em determinadas circunstâncias.

A cláusula compromissória ou *pactum de compromitendo* é um pacto adjeto dotado de autonomia, conforme dispõem os arts. 8º da Lei nº 9.307/1996 e 853 do CC.

O art. 4º da Lei de Arbitragem define a cláusula compromissória como sendo "a convenção através da qual as partes em um contrato comprometem-se a submeter à arbitragem os litígios que possam vir a surgir, relativamente a tal contrato".

A cláusula compromissória não é um contrato perfeito e acabado, e sim preliminar, futuro e incerto, ou ainda, uma medida preventiva, em que as partes simplesmente prometem efetuar um contrato de compromisso, se surgir desentendimento a ser resolvido. Já o compromisso tem força vinculativa e faz com que as partes se comprometam a submeter certa pendência à decisão de árbitros regularmente louvados.

Alguns autores mencionam que as principais diferenças entre os dois institutos são que a cláusula diz respeito a litígio futuro e incerto e o compromisso a litígio atual e específico.

Capítulo XII
BEM DE FAMÍLIA E BENS DA MEAÇÃO

12.1. BEM DE FAMÍLIA (Arts. 1.711 a 1.722 do CC)

12.1.1. CONCEITO

Constitui o bem de família como um meio de garantir um asilo à família tornando o imóvel onde ela se instala como domicílio impenhorável e inalienável, enquanto forem vivos os cônjuges até quando os filhos se tornarem maiores de dezoito anos. O bem de família pode ser um imóvel urbano ou rural, mediante escritura pública ou testamento, estabelecendo a impenhorabilidade e inalienabilidade.

12.1.2. PESSOAS QUE PODEM INSTITUIR O BEM DE FAMÍLIA

O bem de família pode ser feito pelos cônjuges, companheiros, chefes de família monoparental ou terceiros através de instrumentos públicos ou testamentos. Se o imóvel pertencer a ambos os cônjuges devem consistir em sua instituição, visto que não mais existe chefia da sociedade conjugal. A instituição do bem de família não importa em alienação do imóvel.

12.1.3. FAMÍLIA MONOPARENTAL

Diz-se família monoparental a constituída em torno só da mãe ou só do pai, separados, com ou sem novo cônjuge.

12.1.4. NO QUE CONSISTE O BEM DE FAMÍLIA

O bem de família consistirá em prédio residencial urbano ou rural, com suas pertenças e acessórios e poderá abranger valores mobiliários, cuja renda poderá ser aplicada na conservação do imóvel e no sustento da família.

Não exige o Código que o imóvel seja habitado ou explorado pela família antes de dar a sua destinação como bem de família. Após a sua destinação, a família deverá habitar o prédio, juntamente com suas pertenças e acessórios.

12.1.5. FIXAÇÃO DOS VALORES A SEREM INSTITUÍDOS

Os valores mobiliários destinados ao bem de família não poderão exceder o valor do prédio à época de sua instituição. Este é o parâmetro instituído, como sendo o valor do prédio instituído, transformando, assim, em bem de família. Não podendo este valor ser ultrapassado.

Os §§ 1º e 2º do art. 1.713 do Código Civil estabelecem a necessidade de individualização desses valores no instrumento que instituir o bem de família, cujo objetivo é a sua publicidade. O instituidor pode escolher a instituição financeira que deverá efetuar as rendas dos beneficiários

12.1.6. EFEITOS DO BEM DE FAMÍLIA QUANTO À IMPENHORABILIDADE E À INALIENABILIDADE

O efeito fundamental do bem de família, desde que perfeitamente instituída e válida, é tornar o prédio isento de execução por débitos do instituidor, posterior a esse ato de instituição, ressalvados os tributos relativos ao prédio ou despesas de condomínios.

Se o instituidor possuir débitos anteriores, responderá o seu patrimônio. A impenhorabilidade que protege o prédio da família persistirá até a extinção do bem de família. O efeito fundamental do bem de família é o de isentar o imóvel de penhoras. Os credores não terão no bem de família nenhum direito de penhora, salvo as exceções acima estabelecidas.

No caso de execução pelas dívidas acima referidas, o saldo existente será aplicado em outro prédio, como bem de família, ou em títulos da dívida pública, para sustento familiar, salvo se motivos relevantes aconselharem outra solução, à critério do juiz.

A exceção acima se refere apenas a tributos relativos ao prédio ou a despesas de condomínio.

12.1.7. DISSOLUÇÃO DA SOCIEDADE CONJUGAL

A dissolução da sociedade conjugal não extingue o bem de família. Se dissolvida pela morte de um dos cônjuges, o sobrevivente poderá pedir a extinção do bem de família, se for o único bem do casal.

A dissolução da sociedade conjugal, como vimos, não extingue o bem de família, pois continuam presentes os motivos que a instituíram, mas com a morte de um dos cônjuges, o cônjuge sobrevivente poderá pedir a sua extinção, desde que seja o único bem do casal. Se o juiz verificar a possibilidade de prejuízo aos filhos menores, poderá indeferir a extinção.

A normal legal que trata da extinção do bem de família é pela morte de ambos os cônjuges e a maioridade dos filhos, desde que não sujeitos a curatela.

12.1.8. CURATELA

A curatela, regulamentada pelos arts. 1.767 a 1.783 do Código Civil, é uma espécie de proteção às pessoas que não podem, por si próprias, praticar atos da vida civil, seja por enfermidades, deficiências mentais, embriaguez habitual, vícios em tóxicos, prodigabilidades, etc. A curatela ou curadoria é um cargo conferido por lei a alguém para reger a pessoa e seus bens, nos casos acima referidos. A curatela só poderá ser instituída através de processo de interdição no qual verificará o juiz da sua necessidade.

12.2. BENS DA MEAÇÃO

12.2.1. CONCEITO

O termo meação constitui-se por aquilo que é a metade e pode advir de um condomínio ou parte que cabe a cada um dos cônjuges no patrimônio do casal, sob o regime da comunhão universal de bens.

No direito sucessório, a meação do cônjuge sobrevivente é a metade do patrimônio comum, sob o regime da comunhão universal.

12.2.2. NO DIREITO SUCESSÓRIO, MEAÇÃO INDISPONÍVEL

É a parcela correspondente à metade da herança, reservada aos herdeiros necessários (legítima), isto ocorre no direito sucessório.

Estabelece o art. 1.789 do Código Civil que: *"Havendo herdeiros necessários, o testador só poderá dispor da metade da herança"*. Isto significa que a outra metade pertencerá, de pleno direito, aos descendentes e, na falta deles, aos ascendentes e ao cônjuge, dos quais constitui a legítima.

O art. 1.845 do Código Civil estabelece que são herdeiros necessários os descendentes, os ascendentes e o cônjuge e inova com relação ao art. 1.721 do Código de 1916 que considerava herdeiros necessários somente os descendentes e ascendentes e em relação ao art. 1.846 dispõe que pertence aos herdeiros necessários, de pleno direito, a metade dos bens da herança, constituindo, assim, a legítima.

12.2.3. MEAÇÃO RESGUARDADA

O Estatuto da Mulher Casada – Lei nº 4.121/1962 dispõe sobre a situação jurídica da mulher casada. Em seu art. 3º determina que pelos títulos de dívida de qualquer natureza, firmado por um só dos cônjuges, ainda que casados pelo regime da comunhão universal, somente responderão os bens particulares do signatário e os comuns, até o limite de sua meação.

Fica entendido que na execução movida a um dos cônjuges, por título de dívida que só este firmou, em princípio, ficam excluídos da execução os bens do outro cônjuge.

12.2.4. PENHORA EM BENS DA MEAÇÃO

O advento da Lei nº 8.009/1990 – Impenhorabilidade do Bem de Família – veio assegurar a impenhorabilidade do imóvel residencial do casal, com algumas restrições. Um fato de real importância é saber distinguir, na constância do casamento, quais os bens que respondem ou são atingidos por dívida do casal.

Na constância da sociedade conjugal, a propriedade dos bens é comum e somente com a dissolução do casamento é que cada cônjuge recebe sua meação, ou em caso de morte.

12.2.5. DEFESA PELA MULHER DE SUA MEAÇÃO

A mulher, para defesa de sua meação, sendo executado o marido, deve servir-se da Ação de Embargos de Terceiros. O caso vale tanto para mulher como para o marido. A intimação da penhora não se equivale ao ato citatório, com capacidade de tornar o cônjuge que não se obrigou pela dívida do executado.

12.2.6. CABE MANDADO DE SEGURANÇA

Se a mulher casada apresentar prova insofismável de que a penhora caiu em sua meação por dívida de responsabilidade exclusiva do marido, poderá utilizar o mandado de segurança. E a autoridade impetrada será do juiz que determinou a penhora.

12.2.7. AVAL DADO PELO MARIDO

No caso de aval prestado pelo marido, devemos distinguir se o aval foi de caráter de favor ou não. A meação da mulher deverá ser preservada e para sua defesa deve fazer prova de dois requisitos: *1)* que a dívida não beneficiou o casal; *2)* que a penhora atingiu a meação.

12.2.8. FIANÇA SEM OUTORGA UXÓRIA

Estabelece o art. 1.647 do Código Civil que:

"Art. 1.647. Ressalvado o disposto no art. 1.648, nenhum dos cônjuges pode, sem autorização do outro, exceto no regime da separação absoluta:

I – alienar ou gravar de ônus os bens imóveis;

II – pleitear, como autor ou réu, acerca desses bens ou direitos;

III – prestar fiança ou aval;

IV – fazer doação, não sendo remuneratória, de bens comuns, ou dos que possam integrar futura meação.

***Parágrafo único.** São válidas as doações nupciais feitas aos filhos quando casarem ou estabelecerem economia separada."*

A finalidade precípua do artigo acima é a de preservar o patrimônio familiar, de forma que, em casamentos celebrados sob regime que não seja o da separação absoluta de bens, torna-se necessária a anuência conjugal na alienação ou gravame de ônus real sobre bens imóveis no pleito, como autor e réu, no que se refere a estes bens ou direitos, na prestação de fiança ou aval.

A lei impõe limitações, restringindo o poder do marido na administração dos bens do casal, exigindo, para a prática de certos atos, a outorga uxória, como alienar, hipotecar ou gravar de ônus real os bens imóveis. A mulher casada pode anular as fianças e doações feitas pelo marido, com infração do dispositivo acima. A mulher tem legitimidade para anular as fianças não remuneratórias feitas pelo marido. Não só à mulher cabe esse direito, mas também aos seus herdeiros.

O art. 226, § 5º, da Constituição Federal, estabelece que os direitos e deveres referentes à sociedade conjugal são exercidos igualmente pela mulher.

Capítulo XIII
Parte Prática

13.1. TRANSAÇÕES IMOBILIÁRIAS

13.1.1. Cautelas Preliminares

Em todos os tempos, a propriedade imóvel foi objeto de transações imobiliárias das mais variadas espécies e a que mais deu origem a sérias ações judiciais pela falta de cautelas ou inobservação dos preceitos legais em suas transações.

Face ao progresso e à complexidade da vida civilizada, ao variado estilo de negócios, cresceu a possibilidade de erros, vícios e fraudes nas operações com imóveis. Quase toda pessoa, hoje em dia, deseja possuir uma propriedade imóvel, seja uma casa, apartamento, sítio, lote e, para isso, muitas vezes, essa pessoa pouca noção tem dos negócios imobiliários.

No mundo dos negócios imobiliários, várias conseqüências poderão advir de um negócio malfeito ou mal entabulado, principalmente se as partes possuem pouco conhecimento do negócio que estão realizando.

Na compra de uma propriedade imóvel, não basta ir a um Cartório e passar a escritura, mesmo que as partes sejam plenamente conhecidas. Deve, principalmente, o comprador tomar sérias cautelas para não correr o risco de ver o seu negócio frustrado ou desfeito com prejuízos, muitas vezes, irreparáveis.

É muito comum, hoje em dia, a compra de propriedade imóvel através de imobiliárias, corretores ou particulares por meio de documentos como: sinal de negócio, compromissos ou outros documentos, feitos por qualquer pessoa, sem assistência de um profissional do ramo, o que virá, na certa, a proporcionar dificuldades em concluí-la com a obtenção da escritura definitiva e o seu respectivo registro no Cartório do Registro de Imóveis.

Um bom negócio, para ser bem iniciado e ser bem concluído, evitando desentendimentos futuros, deve obedecer a exigências legais e regras sobre seus documentos, a fim de dar toda segurança, e isso somente poderá ser feito por profissionais do ramo e advogados.

Não basta a autenticidade dos documentos, é necessária a escolha de um bom cartório e estar assessorado por pessoa honesta e correta. Na feitura de um bom contrato, com perfeita e completa redação, é necessário, sobretudo, conhecer a vida dos documentos, analisá-los perante a lei e descobrir as conseqüências que poderão advir. Como exemplo temos: na compra de um imóvel de uma sociedade comercial, é imprescindível que quem a represente deva ser designado em seus estatutos, conforme arquivo na Junta Comercial, a fim de não viciar a operação, sob risco de tornar o ato anulável. Outro cuidado que deve ter quem adquire de comerciante, é verificar se ele está falido ou tem sua falência decretada. O adquirente, neste caso, fica sujeito aos efeitos falimentares.

A exigência de uma segura análise de todos os documentos é condição essencial à segurança, existência, validade e eficácia das transações imobiliárias.

Antes de iniciar ou concretizar qualquer negócio imobiliário, as partes devem tomar algumas precauções, a fim de evitar que a operação seja desfeita após árdua negociação, por qualquer erro.

Adquirir uma propriedade imóvel, hoje em dia, é investir um bom capital. Por isso toda cautela será necessária antes de dar qualquer sinal ou adiantamento.

13.1.2. IDENTIFICAÇÃO

Ao iniciar uma operação imobiliária devem as partes, mesmo sendo conhecidas, e, sem qualquer constrangimento, identificarem-se, exibindo os documentos pessoais necessários a toda operação imobiliária, como: RG, CPF, etc., a fim de resguardarem-se de certos enganos, como principiar um negócio com um menor, o que será passível de anulação ou de ser nulo de pleno direito. O vendedor, declararando ser solteiro, viúvo, separado ou divorciado, deverá apresentar documento probatório do seu estado. Caso contrário, se casado for, obrigatória será a outorga uxória, sob pena de nulidade. Se o vendedor for pessoa jurídica, deverá a firma apresentar certidões atualizadas dos estatutos, fornecidas pela Junta Comercial; ou, se a sociedade for civil, apresentar a Certidão do Cartório de Títulos e Documentos.

13.1.3. TITULARIDADE

O comprador deverá conferir se o nome do vendedor é o mesmo que consta dos documentos apresentados, como: escrituras, Certidões do Cartório de Registro referentes ao imóvel, formal, adjudicação, etc. Se o nome está conforme a identidade apresentada. Se o título da propriedade estiver em nome de terceiros que não o vendedor, procurar por este a fim de colher o seu consentimento ou providenciar a transferência para o nome do vendedor.

13.1.4. PROCURADORES

Se o vendedor for representado por procurador, imobiliária, corretor, deverá o comprador verificar documentos, como: procuração, opção, autorização de venda, e se tais documentos estão em plena vigência, se tem poderes de venda diretamente, se tem poderes de receber sinal ou princípio de pagamento, assinar recibos, dar quitação, assinar escritura, etc. Da mesma forma, conferir a identidade de tais pessoas, a fim de não cair em erro ou fraude. No caso de procuração, tirar uma certidão no cartório onde foi elaborada, a fim de saber se ainda está em plena validade.

13.1.5. CONHECER A PROPRIEDADE IMÓVEL

Visitar o imóvel antes de qualquer negociação. Não é suficiente conhecer o imóvel através de mapas, plantas ou fotos. A visita ao local faz com que o comprador veja todas as circunstâncias que envolvem o imóvel, como: se está situado em local baixo e alagadiço; se está encostado a barrancos ou morros sujeitos a desmoronamentos; se está situado em rua sem calçamento, sem esgoto, água, luz, telefone; se está situado próximo a oficinas barulhentas ou poluidoras; se o imóvel se apresenta em bom estado de conservação; se não tem rachaduras, verificando o estado da pintura, portas, janelas, forros, vasos sanitários, fiação, pisos, azulejos, encanamentos; verificar quais os melhoramentos que o bairro possui, como: comércio, escolas, igrejas, clubes, indústrias, etc. Enfim, analisar toda uma gama de fatores que possam influir na negociação.

13.1.6. TERRENOS OU LOTES

Se se tratar de compra de um terreno ou lote, conferir suas medidas e de preferência pedir demarcação, pois sua falta pode acarretar incertezas de localização ou ainda apresentar erros de vizinhos em suas demarcações.

13.1.7. RESTRIÇÕES URBANÍSTICAS

Verificar na Prefeitura as restrições para as construções, como: recuo, área máxima para construção, de quantos pisos, altura dos prédios, se não está sujeito a desapropriação, se é zona residencial, mista ou industrial, etc.

13.1.8. APARTAMENTOS

Se se tratar de compra de apartamento, o exame deverá ser minucioso. Examinar toda documentação no Cartório de Registro de Imóveis, a convenção de condomínios, os estatutos, o funcionamento das vagas em garagens, despesas de condomínio, número de elevadores e seu funcionamento, etc.

13.1.9. PREÇO

Antes de dar qualquer sinal ou quantia para o início do negócio, discutir o preço, despesas de contrato, escritura, fazendo um levantamento nos Cartórios de Notas e Registros de suas despesas.

13.1.10. CARTÓRIO DE REGISTRO

Verificar no Cartório de Registro se o imóvel está matriculado ou em condições de ser matriculado, satisfazendo as exigências da Lei dos Registros Públicos, Lei nº 6.015/1973 e posteriores.

13.1.11. INQUILINOS

Se se tratar de imóvel residencial, verificar se tem inquilino, pois a ele deve ser oferecido o imóvel preferencialmente por direito – Lei nº 8.245/1991 – art. 27. Caso o inquilino não se interessar pelo imóvel, deve assinar termo de desistência (veja modelo).

13.1.12. RETOMADA

Na existência de inquilino no imóvel, a sua retomada poderá acarretar longo tempo, mesmo que seja para uso próprio. A Lei nº 8.245/1991, art. 8º, autoriza ao Juiz fixar o prazo de 3 meses para desocupação, salvo se a locação for por tempo determinado e o contrato contiver cláusula de vigência em caso de alienação e estiver averbado junto à matrícula do imóvel.

Idêntico direito terá o promissário comprador e o promissário cessionário, em caráter irrevogável, com imissão na posse do imóvel e título registrado junto à matrícula do mesmo.

A denúncia deverá ser exercitada no prazo de 90 (noventa) dias contados do registro da venda ou do compromisso, presumindo-se, após esse prazo, a concordância na manutenção da locação.

Mesmo nas negociações preliminares, como sinal e princípio de pagamento, assinatura de compromisso de compra e venda, cessão de direitos, etc., é imprescindível a outorga uxória, qualquer que seja o regime de casamento.

Se a operação for feita através de imobiliárias, corretores ou particulares, o documento que autoriza a venda, como: opções, autorização de venda, etc., deve estar assinado pelos cônjuges.

No caso de a venda ser feita através de procurador, verificar se a procuração está em plena validade, tirando certidão no cartório onde foi lavrada. A venda feita através de procurador é perigosa. Pode acontecer de o procurador efetuar a venda do imóvel e o dono também vender a outra pessoa o mesmo imóvel, surgindo assim um conflito, pois o que comprou por último poderá registrar primeiro.

Não se esgotam aqui as cautelas preliminares ou primárias e advertências, pois outras poderão surgir, conforme a natureza do negócio.

Passamos agora ao exame do conjunto de documentos de real importância nas transações imobiliárias.

13.2. DOCUMENTAÇÃO IMOBILIÁRIA

13.2.1. FORMALIDADES

Para as transações imobiliárias a lei prevê formalidades essenciais, cuja inobservância pode acarretar a nulidade ou anulação do ato. Os fatos imobiliários que criam, modificam ou extinguem direitos sobre imóveis se materializam através de documentos, em sua maioria, obrigatórios por lei. É muito importante chamar a atenção para as operações imobiliárias tidas da mais alta relevância com relação às operações sobre móveis em que o ato se consuma com a simples tradição, que é a entrega do móvel ao adquirente.

Para que as transações imobiliárias possam trazer certa segurança e tranqüilidade aos que adquirem uma propriedade imóvel, é fundamental uma exigência rigorosa sobre a documentação, indispensável a uma boa operação com imóvel.

Documentos mal redigidos, com cláusulas mal formuladas, inobservância de pormenores, falta de atenção e cuidado, omissão de certas certidões essenciais ao negócio, são causas de um mau negócio, que culmina em litígios judiciais.

Grande parte dos negócios imobiliários é feita às pressas, às vezes por economia de tempo ou dinheiro, sem se perceber que resultados danosos poderão acarretar às partes, principalmente, para o comprador que por falta de paciência e cuidado, ao arrepio das normas mais elementares de Direito, põe em risco um grande capital ou soma de dinheiro.

Uma transação imobiliária exige um exame meticuloso da documentação para ultimá-la satisfatoriamente.

13.2.2. DOCUMENTO E INSTRUMENTO

Antes de iniciar os exames da documentação imobiliária é importante conhecer o significado dos termos *documento* e *instrumento*, e qual a diferença.

Distingue-se o documento do instrumento porque aquele é a forma escrita dotada apenas de relativa força probante, contribuindo para verificação dos fatos; e este é forma especial dotada de força orgânica para realizar ou tornar exigível um ato jurídico.

O documento pode abranger qualquer espécie de reprodução escrita, como uma certidão, traslado, uma carta, um recibo, uma duplicata. Já o instrumento tem sentido mais restrito e é uma das espécies de documento. É uma forma especial de documento, pelo qual duas ou mais pessoas estabelecem uma relação jurídica, mediante forma escrita, como exemplo uma procuração, um contrato, etc.

13.2.3. DOCUMENTO PARTICULAR

É aquele em que não se exige solenidade especial e pode ser elaborado pela própria pessoa que o escreveu e pelas partes, sem a intervenção do oficial público. Conforme art. 221 do Código Civil, o instrumento particular feito e assinado, ou somente assinado por quem esteja na disposição e administração livre de seus bens, prova as obrigações convencionais de qualquer valor.

Para plena validade do documento ou instrumento particular é importante o reconhecimento das assinaturas das partes, anuentes e testemunhas. O Código Civil não exige absolutamente o reconhecimento da firma para o valor probante do instrumento. Somente por segurança, caracterização ou fixação das datas, convém que as assinaturas sejam reconhecidas e, se possível, na presença do tabelião.

Para o documento particular valer contra terceiros, é necessário o seu registro no Cartório de Títulos e Documentos.

Os arts. 370 a 375 do Código de Processo Civil fixam algumas normas com relação aos documentos particulares.

Algumas advertências:

a) verificar se o documento está datado, pois a falta de data poderá acarretar, no futuro, sérias conseqüências;

b) verificar se o documento está antedatado ou pós-datado o que também poderá ser motivo de sérias conseqüências;

c) verificar se o documento não apresenta borrões, entrelinhas, cancelamento, etc. Em tais casos, é imprescindível a ressalva para plena validade;

d) não assinar documentos em branco, principalmente notas promissórias, contratos, etc., pois estes poderão ser preenchidos abusivamente e com sérios prejuízos para aqueles que assinaram em branco.

O telegrama, o radiograma ou qualquer outro meio de transmissão tem a mesma força probante do documento particular, desde que o original constante da fonte expedidora seja assinado pelo remetente.

13.2.4. DOCUMENTO PÚBLICO

Documentos públicos são aqueles elaborados por serventuários públicos, como notários, tabeliães, oficiais públicos, etc., e segundo certas formalidades legais exigidas para sua autenticidade e legalidade. É ato solene e tem presunção total, fé pública e deverá ser inscrito em livros próprios que serão conservados e guardados *ad perpetuam*.

Quase todos os atos translativos de direitos reais sobre imóveis exigem escritura pública, tais como cessão de direitos hereditários, doação, permuta, usufruto, hipoteca, etc.

O formalismo, a solenidade, a publicidade, a legalidade são elementos intimamente ligados aos atos públicos e à grande parte dos negócios imobiliários.

Os atos praticados por tabeliães, sob fé pública, fazem prova plena para todos os efeitos legais, tendo a mesma validade que os documentos originais, segundo estipula o Código Civil em seus arts. 216, 217 e 218.

É importante saber que é indiferente a situação territorial dos bens que se transacionam, os quais podem pertencer a qualquer circunscrição imobiliária do País. Assim, poderá ser feita uma escritura em qualquer parte do País, em qualquer cartório. Mas o registro haverá de ser na circunscrição ou localidade onde se encontra o imóvel.

No preparo dos documentos imobiliários, o Código de Processo Civil oferece verdadeira advertência de como se deve proceder em relação aos documentos. Por exemplo, o art. 366 é incisivo: *"Quando a lei exigir, como substância do ato, o instrumento público, nenhuma outra prova, por mais especial que seja, pode suprir-lhe a falta"*. O art. 367 estabelece que o documento, feito por oficial público incompetente, ou sem a observância das formalidades legais, sendo subscrito pelas partes, tem a mesma eficácia probatória do documento particular.

13.2.5. FALSIDADE DE DOCUMENTO

As entrelinhas, emendas, borrões ou cancelamento, conforme já foi dito, deverão ter ressalva, sob pena de invalidade. Sua validade será posta em apreciação pelo Juiz, com a maior liberdade.

O documento perderá sua fé, seja público ou particular, e sua falsidade será declarada judicialmente em duas hipóteses: *a)* se lhe for contestada a assinatura e enquanto não se lhe comprovar a verdade; *b)* se assinado em branco, for abusivamente preenchido. O ônus da prova, neste caso, cabe à parte que argüir.

13.3. DOCUMENTOS NECESSÁRIOS NAS TRANSAÇÕES IMOBILIÁRIAS

Os documentos em seguida apresentados não têm caráter absoluto, apenas dão maior tranqüilidade e segurança ao comprador.

13.3.1. DOCUMENTOS PESSOAIS

Verificar a identidade pessoal e legal de quem vai alienar ou praticar outra operação, com a apresentação da Carteira de Identidade (RG) ou outra identificação e na falta, a filiação ao Cadastro de Pessoa Física (CPF). Se é brasileiro nato, ou naturalizado. Se é casado, viúvo, solteiro, separado judicialmente (desquitado) ou divorciado. Se for estrangeiro exigir a Carteira de Identidade modelo 19.(*) Se for sociedade comercial, exigir o Cadastro Nacional de Pessoa Jurídica (CNPJ), certidão atualizada dos estatutos da sua constituição social, fornecida pela Junta Comercial. Se for sociedade civil de responsabilidade limitada, certidão atualizada do estatuto ou contrato da constituição social, fornecido pelo Cartório de Títulos e Documentos. As pessoas jurídicas são representadas ativa e passivamente, nos atos judiciais e extrajudiciais, por quem os respectivos estatutos designarem ou, não o designando, pelos seus diretores. Se o vendedor for casado, apresentar a identidade e o CIC do cônjuge, bem como a certidão de casamento.

Se o vendedor for representado por procurador, apresentar certidão atualizada do cartório que a lavrou, declarando que a mesma está em pleno vigor. Analisar a procuração, verificando os poderes outorgados como: vender, alienar, assinar escritura, receber quantias, dar recibos e quitação, etc. Se o vendedor for separado judicialmente (desquitado) ou divorciado, apresentar a partilha dos bens, constando que o imóvel, objeto de venda, lhe foi atribuído, com a devida averbação no Cartório de Registro de Imóveis, onde se encontra matriculado.

(*) Decreto nº 499/1969, alterado pela Lei nº 6.735/1979, que renova a validade e Lei nº 6.815/1990, *Novo Estatuto do Estrangeiro.*

13.3.2. PROVA DA CAPACIDADE PARA VENDER

Não é bastante verificar somente a identidade, mas também, se a pessoa que está vendendo ou praticando outros atos como permuta, doação, etc., tem capacidade jurídica para tais atos. Se a pessoa não é interditada; se não é menor de idade; se não está proibida de vender, ou sendo menor de 18 e maior de 16 anos, não está emancipada legalmente (art. 5º do Código Civil).

13.3.3. CERTIDÕES

13.3.3.1. Pessoais

Requerer Certidões dos Distribuidores Cíveis do vendedor ou vendedores, dos Feitos Contenciosos e Administrativos, abrangendo o prazo de 10 anos, do foro da situação do imóvel e do foro domiciliar, caso seja outro, dos vendedores.

Finalidade: atestar a inexistência de ação reivindicatória, possessória, desapropriação, adjudicações, execuções em geral ou qualquer outra ação que possa interferir na transação.

Requerer também Certidão Negativa da Justiça Federal, cuja finalidade é mostrar que o proprietário vendedor está em dia com o Imposto de Renda. Requerer, também Certidão na Justiça do Trabalho, referente a ações trabalhistas, abrangendo o período de dois anos.

13.3.3.2. Certidões dos Cartórios de Protestos

Requerer certidões dos Cartórios de Protestos do foro da situação do imóvel e do foro domiciliar dos vendedores, abrangendo o período de cinco anos.

Finalidade: atestar a inexistência de protestos de títulos como Nota Promissória, Letra de Câmbio, Duplicata e outros títulos de dívida que possam prejudicar a transação. Se houver protestos, pedir Certidão com esclarecimentos e respectivos comprovantes de quitação.

13.3.3.3. Certidão Negativa Municipal

Requerer Certidão Negativa da Prefeitura local, comprovando que os proprietários estão em dia com o Imposto Predial e Territorial Urbano (IPTU).

13.3.3.4. Outras Certidões

Requerer certidões nos departamentos de água, luz, esgotos, condomínio, etc.
Finalidade: verificar se os proprietários estão em dia com pagamentos.

13.3.3.5. Loteamentos

Se o vendedor dedicar-se a atividades imobiliárias provenientes de loteamentos, pedir Certidões de Registro do loteamento no Cartório de Registro de Imóveis, bem como pedir certidões de regularidade perante a Previdência Social.

13.3.3.6. Imóvel Rural

Tratando-se de imóvel rural, verificar se o vendedor está cadastrado no FUNRURAL, pedindo certidão negativa, atualmente expedida pelo Instituto de Administração Financeira da Previdência e Assistência Social (IAPAS).

13.3.3.7. Prédios

Verificar se a construção é anterior a 21 de novembro de 1966. Se posterior a essa data e for a primeira transação, exigir do vendedor Certidão Negativa da Previdência Social, comprovando os recolhimentos das contribuições devidas pela construção.

13.4. TÍTULOS DE PROPRIEDADE DO IMÓVEL

13.4.1. TÍTULO DE PROPRIEDADE

Como já foi demonstrado, várias são as formas de aquisição do imóvel. O vendedor, pretendendo alienar o imóvel, deverá apresentar a sua titulação sobre o imóvel, devidamente registrada no Cartório de Registro de Imóveis.

Não importa a forma como foi adquirido o imóvel, se por escritura de compra e venda – permuta – divisão – doação – usucapião, etc. Uma vez devidamente matriculado e registrado, atribui o direito real de propriedade, podendo o titular vender ou aliená-lo por estar legalmente habilitado pelo registro. Atualmente, com a Lei dos Registros Públicos (6.015/1973), é importante que o imóvel já se encontre matriculado, a fim de que, no futuro, não encontre dificuldades no novo registro. Os registros anteriores à referida Lei geralmente necessitam de retificação judicial para o seu perfeito enquadramento. Antes de passar a escritura, é importante analisar o registro para não haver surpresa no ato da matrícula.

13.4.2. CERTIDÃO ATUALIZADA

Exigir do proprietário certidão atualizada do Registro de Imóveis a que pertence o imóvel, com suas observações, declarando a inexistência de ônus sobre o imóvel. É medida de cautela e de toda conveniência, requerer certidão quinzenária do imóvel, registrando neste período todos os proprietários. Uma vez verificados todos os atos a que esteve o imóvel submetido, no período de 15 (anos) – sujeito a prescrição aquisitiva – confere ao comprador segurança na aquisição.

Finalidade: analisar todo o histórico do imóvel, com seus ônus, encargos, averbações, etc. Esta certidão consigna o nome de todos que foram proprietários neste período. Após 15 anos, as ações que possam incidir sobre o imóvel já estarão prescritas, dando real segurança ao comprador.

13.4.3. CERTIDÕES GERAIS

O comprador deve exigir do vendedor as certidões de impostos, taxas, recibos, etc. Requerer na Prefeitura Municipal Certidão Negativa de Ônus, constando que o imóvel está livre de débitos fiscais.

Se o alienante for firma, solicitar o Certificado de Quitação junto ao INSS ou FUNRURAL.

Se se tratar de compra de apartamento em condomínio, deverá solicitar do síndico certidão de inexistência de débitos, pois o adquirente responde por dívida deixada pelo alienante.

Importante, ainda, requerer junto ao Departamento de Urbanismo da Prefeitura ou órgão semelhante, certidão que diz respeito às obrigações e posturas municipais. Se o imóvel for rural, o departamento será do INCRA.

13.4.4. IMÓVEL COM INQUILINO

Se o imóvel estiver alugado, o inquilino tem preferência na aquisição. Se não for do seu interesse a compra do imóvel, pedir por escrito, do inquilino, declaração manifestando sua desistência no prazo de 30 dias.

Não se esgota aqui a relação dos documentos necessários e exigidos para uma boa transação imobiliária. Outros poderão surgir como de real necessidade, embora uma transação imobiliária possa ser feita dispensando grande parte da documentação recomendada, pois, se a transação se efetua entre pessoas conhecidas, honradas, nenhuma conseqüência poderá advir. Grande parte dos negócios imobiliários ainda são feitos de boa-fé.

Voltamos a consignar que muitos são os litígios judiciais referentes às transações imobiliárias. Recomendamos aos compradores de imóveis que procurem um bom profissional do ramo para consultar e assistir à transação que está efetuando. Uma transação imobiliária envolve grande soma de dinheiro e um negócio malfeito poderá acarretar sérias conseqüências, até com perdas totais.

13.5. TÍTULOS DE AQUISIÇÃO DA PROPRIEDADE IMÓVEL

Várias são as formas de documentos para a aquisição da propriedade imóvel e todas devem revestir-se das formalidades exigidas por lei.

Na aquisição da propriedade imóvel, por qualquer que seja o documento, é necessário, após lavrado, o registro no Cartório de Registro de Imóveis. Uma vez registrado o documento que deu origem à aquisição, o registro atribui direito real de propriedade (domínio e posse).

Para a feitura de tais documentos é necessário que as partes estejam plenamente munidas dos documentos exigidos, tais como Carteira de Identidade (RG), Cadastro de Pessoas Físicas (CPF) ou CIC e os demais, já fartamente demonstrados.

Após o registro no Cartório de Registro de Imóveis, cadastrar o imóvel na Prefeitura local em nome do adquirente para os pagamentos de impostos (IPTU), etc.

Exemplos de alguns dos tipos de documentos geralmente utilizados na aquisição da propriedade imóvel:

13.5.1. COMPRA E VENDA

É o de maior circulação nos negócios imobiliários. Seu fim específico é a alienação de um bem. Pelo contrato de compra e venda, uma das partes se obriga a transferir à outra a propriedade, recebendo em troca o valor correspondente em dinheiro ou valor fiduciário equivalente. É um contrato bilateral por excelência. As obrigações são recíprocas: ao vendedor cabe a obrigação de entregar a coisa com *animus* de transferência, enquanto que ao comprador cabe a obrigação de pagar o preço pela forma convencionada.

Pelo acordo de vontades e o preço, o contrato de compra e venda configura-se simplesmente consensual, tornando-se perfeito e acabado, dispensando desta forma a entrega do bem ou coisa para perfeição.

As partes, no contrato de compra e venda, têm sempre em mira uma vantagem patrimonial, tornando-o um contrato oneroso e podendo-se dizer também comutativo, isto é, as obrigações e prestações convencionadas pelas partes são recíprocas e equivalentes.

13.5.2. PERMUTA (TROCA – ESCAMBO – BARGANHA)

A permuta é um contrato semelhante à compra e venda. Na permuta, duas ou mais pessoas se obrigam a dar, reciprocamente, uma coisa por outra. Não cabe nesta espécie de transação, para qualquer das partes, o uso de dinheiro porque essa transação se converteria em venda. Opera-se como duas verdadeiras vendas, servindo as coisas trocadas como preço e compensação recíproca. Não é da essência da troca que as coisas tenham valores iguais. Em caso de valores desiguais, para completar o preço é necessário que o valor em dinheiro seja menor que o bem que se pretende trocar ou permutar. O dinheiro serve apenas como complemento, não como base do negócio. Assim também, não há troca quando um dos contratantes presta ou executa um serviço por um objeto ou imóvel. Aplicam-se à permuta ou troca as mesmas regras da Compra e Venda, *i.e.*, seguem o mesmo regime legal. A permuta, para valer contra terceiros, está sujeita ao registro.

13.5.3. DIVISÃO

É o meio pelo qual se põe fim ao condomínio ou à comunhão de bens. Se ao imóvel cabe divisão cômoda e não convindo às partes permanecer nesse estado de comunhão, podem promover a divisão por meio de escritura de forma amigável. Caso contrário, havendo resistência de uma das partes, poderá ser promovida ação judicial pela parte interessada que deseja pôr fim ao condomínio e promover a divisão (art. 946, II do CPC).

13.5.4. PARTILHA AMIGÁVEL

Partilha amigável é a divisão que se faz dos bens da herança, entre os sucessores do *de cujus*, e pode ser feita por meio de instrumento público como escritura e reduzida a termo nos autos de inventário ou, ainda, por meio de escrito particular homologado pelo Juiz, quando todos os herdeiros forem plenamente capazes e convierem em fazê-la por essa forma.

13.5.5. DOAÇÃO

Quando uma pessoa, por sua liberalidade, transfere bens do seu patrimônio para o de outra, dá-se a doação. É um contrato unilateral porque somente o doador contrai obrigações.

Assenta a doação na espontaneidade com que a pessoa ofertante que se denomina doador, transfere ou se desfaz de um bem em benefício de outrem, desfalcando o seu patrimônio. A pessoa que aceita ou recebe o bem denomina-se donatário ou aceitante. Para a validade do ato da doação é necessária a aceitação do donatário, pois sem o seu consentimento, inexiste o contrato, ele não se aperfeiçoou. É da substância do ato a escritura pública ou particular (CC, art. 541).

13.5.6. DOCUMENTOS ORIUNDOS DO PODER JUDICIÁRIO, POR CERTIDÕES OU CARTAS

13.5.6.1. Formal de Partilha

Formal de Partilha é o documento hábil ao registro da transferência dos bens imóveis e também à comprovação da propriedade dos bens móveis e semoventes deixados pelo *de cujus* aos seus herdeiros e legatários.

É o título extraído dos autos de inventário, mediante o qual se promove a realização da partilha, onde se menciona o quinhão do herdeiro.

O formal de partilha atribuindo a cada herdeiro o seu quinhão é o título que se leva ao Cartório de Registro de Imóveis a fim de proceder ao registro e à matrícula em nome do novo titular.

É muito importante a perfeita descrição do imóvel, por ocasião da partilha, dando suas características e confrontações e sua exata descrição, a fim de possibilitar o seu registro.

O Formal de Partilha pode ser substituído por certidão de pagamento de quinhão hereditário, quando este não exceder a cinco vezes o salário mínimo vigente na sede do Juízo.

13.5.6.2. Usucapião

A usucapião se processa através de sentença judicial depois de transitada em julgado. É então expedido um mandado ao Cartório de Registro de Imóveis para o devido registro da propriedade adquirida pela usucapião.

13.5.6.3. Arrematação

É a venda judicial de um bem penhorado. É uma forma coativa de transferência da propriedade a outrem e é feita a venda em hasta pública a quem oferecer o maior lance, em local, dia e hora previamente anunciados, através de editais. A arrematação constará de auto que será lavrado vinte e quatro horas depois de realizada a praça ou leilão.

A arrematação considera-se perfeita, acabada e irretratável após a assinatura do auto pelo Juiz, escrivão, arrematante, e o leiloeiro ou porteiro.

Arrematante é aquele que compra em hasta pública ou leilão. É o lançador da melhor oferta ou licitante de maior lance.

Através da arrematação se dá a transferência coativa do bem penhorado ao arrematante. É uma das formas judiciais de adquirir a propriedade. Carta de arrematação é o título expedido pelo Juiz e que tem por fim certificar e garantir a propriedade dos bens arrematados, a favor do arrematante. Uma vez de posse da Carta de Arrematação, mister se faz levá-la ao registro no Cartório de Registro de Imóveis a que pertence o imóvel.

13.5.7. ADJUDICAÇÃO

Adjudicação é um ato processual executório de índole coativa, por meio do qual o Estado, usando de sua função jurisdicional, transfere ao exeqüente ou outro credor, para extinção e satisfação de seu crédito, bens do executado.

Na adjudicação nem sempre é necessária a efetividade do leilão ou da hasta pública, ao contrário da arrematação.

Vários são os casos de adjudicação, eis alguns exemplos:

13.5.7.1. Na Sucessão

Pode ocorrer nos seguintes casos:

a) no caso de venda em hasta pública ou leilão dos bens necessários para pagamento dos impostos e custas, se no monte não houver importância suficiente;

b) separados os bens dos credores habilitados, o Juiz mandará aliená-los em praça ou leilão;

c) quando não forem os bens suscetíveis de divisão cômoda.

13.5.7.2. Em Vendas de Terrenos a Prestações

O Decreto-Lei nº 58, de 10.12.1937, que dispõe sobre loteamento e venda de terrenos em prestações, estabelece que, ultimado o pagamento integral do preço e demais obrigações, havendo recusa por parte do compromitente vendedor, o compromissário comprador poderá propor adjudicação compulsória do lote adquirido. Outros casos há de vendas de terrenos a prestações, com cláusula de irrevogabilidade e irretratabilidade que dá direito à adjudicação compulsória.

A adjudicação compulsória é promovida judicialmente. Transitada em julgado a sentença favorável, o imóvel será adjudicado ao compromissário comprador valendo a adjudicação como título para o registro em Cartório de Registro de Imóveis.

13.6. REGISTRO DE IMÓVEIS

13.6.1. REGISTRO

O termo registro, do latim *regestum*, possui várias acepções e é empregado em vários sentidos:

a) inscrição ou transcrição feita em livro próprio de certos atos, fatos ou títulos;
b) livros em que são feitos esses registros;
c) cartório ou repartição pública onde se registram fatos ou atos especiais.

13.6.2. DO REGISTRO DE IMÓVEIS

É um Cartório para onde convergem todos os documentos referentes à propriedade imobiliária e lá são registrados e arquivados em livros próprios. Constitui repositório e centro desses registros. Também denominado registro predial, cadastro imobiliário, registro da propriedade, etc.

Sua função é registrar, anotar e publicar atos da aquisição e transmissão da propriedade imóvel, bem como os ônus reais incidentes.

Com a atribuição do registro da propriedade imóvel, o Cartório assegura ao titular o direito de propriedade, os direitos reais que sobre ele incidem. Tudo isso através dos registros em livros próprios. É pelo registro que se determina a transmissão do domínio, estabelecendo sua continuidade.

O registro dá publicidade aos atos de oneração de bens, como arrestos, seqüestros, etc., que determina a extinção do direito real, de ônus; que dá a prova da existência do domínio, etc.

O Registro de Imóveis acompanha a vida dos direitos reais sobre bens de raiz. O Registro de Imóveis, podemos dizer, é a tutela da propriedade imóvel.

13.6.3. SEGURANÇA DO REGISTRO

O Registro não apresenta segurança total, isto é, prova absoluta do domínio sobre o imóvel. Admite-se prova em contrário, *juris tantum,* sobre o registro. Pode acontecer de dois registros serem efetuados por pessoas diferentes, *i.e.*, que um imóvel seja vendido duas vezes. Havendo conflito entre dois registros, prevalece o registro baseado em título válido. O meio adequado para se provar a validade do segundo título registrado é através de ação anulatória do primeiro registro e efetuar o cancelamento dele.

13.6.4. Função do Registro de Imóveis

Uma das principais funções do Registro de Imóveis, além de registrar e cadastrar o imóvel, é dar publicidade dos fatos que envolvem os imóveis registrados. Qualquer pessoa, independente do titular, pode requerer certidão ou consultas sobre qualquer imóvel, independente de qualquer justificativa ou informar o interesse do pedido. O acesso ao registro do imóvel é público (Lei nº 6.015/1973, art. 17).

13.6.5. Da Responsabilidade do Oficial do Registro

O Oficial do Registro de Imóveis responde civil e criminalmente pelos prejuízos em conseqüência de informações não corretas, como exemplo: fornecer certidão informando que não pesa ônus sobre tal imóvel ou que se encontra livre e desembaraçado, etc.

13.6.6. Inovações da Lei nº 6.015/1973

Com a entrada da Lei nº 6.015/1973, muitas foram as inovações trazidas com referência ao registro imobiliário. Uma das inovações fundamentais foi a criação da matrícula até então desconhecida pela lei anterior. Pela nova lei, nenhum Registro poderá ser feito sem que o imóvel esteja matriculado (art. 236 da Lei nº 6.015/1973).

Outra importante alteração desta Lei é a unificação das designações *transcrição* e *inscrição* que passaram a ser englobadas na expressão *registro* (art. 168 da Lei nº 6.015/1973).

A modificação da Lei que mais tem trazido preocupação às pessoas que levam o imóvel a registro é com referência ao art. 225 que faz exigências de se identificar o imóvel com precisão, dando os característicos, as confrontações e as localizações dos imóveis, mencionando os nomes dos confrontantes, e ainda, quando se tratar de terreno, se este fica do lado par ou do lado ímpar do logradouro, em que quadra, e a que distância mais próxima de outra edificação ou da esquina.

13.7. ATOS PRINCIPAIS DO REGISTRO DE IMÓVEIS

13.7.1. MATRÍCULA

Podemos dizer que matrícula é a qualificação formal do imóvel. É o ato pelo qual o imóvel se enquadra no Registro Imobiliário através de seu primeiro registro, mediante os elementos constantes do título apresentado, contendo, resumidamente, o número de ordem, a data, a identificação do imóvel (características e confrontações, localização, área e denominação), nome, CPF ou CNPJ, RG, domicílio, naturalidade, profissão do proprietário e o número do registro anterior.

Se o registro anterior houver sido efetuado em outra circunscrição imobiliária, a matrícula será aberta com os elementos constantes do título apresentado e certidão atualizada daquele registro (Lei nº 6.015/1973, art. 229).

Para cada imóvel será aberta uma matrícula no livro 2 (dois) (Registro Geral). Cada imóvel será matriculado uma só vez. Na matrícula serão feitos os registros e as averbações dos atos a eles relativos.

Os requisitos da matrícula estão enumerados no art. 176, item II da Lei nº 6.015/1973.

O cancelamento da matrícula será feito:

a) por decisão judicial;

b) em casos de alienações parciais, for o imóvel inteiramente transferido a outros proprietários;

c) pela fusão de matrícula;

d) pelo desdobramento em novas matrículas.

13.7.2. REGISTRO

Registro é o lançamento que se faz sob a matrícula do imóvel dos atos geradores da transmissão do domínio, de atos que impõem ônus ou estabelecem direitos reais e de atos que não digam diretamente respeito a determinado imóvel.

Como já dissemos, na designação genérica de registro, consideram-se englobadas a transcrição e a inscrição a que se referem as leis civis.

O art. 167, I, da Lei nº 6.015/1973, enumera os principais atos sujeitos a registro.

Enquanto não for registrado o título de transmissão, o alienante continua a ser havido como dono do imóvel e a responder por seus encargos.

13.7.3. AVERBAÇÃO

Averbação é a anotação pela qual se efetua a matrícula ou registro de fatos ou atos que, de qualquer modo, alteram, modificam ou ampliam o conteúdo dos mesmos, tanto em relação ao imóvel quanto às pessoas nele existentes.

A averbação pode atribuir, extinguir ou modificar um direito.

O art. 167, II da Lei nº 6.015/1973 enumera os casos de averbação.

13.7.4. PRENOTAÇÃO

É o ato da anotação efetuada no livro Protocolo, sob rigoroso número de ordem dos títulos apresentados a registro. A finalidade primordial da prenotação é dar prioridade do título e a preferência dos direitos reais, pelo prazo de 30 (trinta) dias. Como vimos, a prioridade dos direitos é estabelecida pela prenotação dos títulos.

Protocolizado o título, proceder-se-á ao registro dentro do prazo de trinta dias (art. 188 da Lei nº 6.015/1973).

O registro e a averbação deverão ser provocados pelas pessoas interessadas, por ordem judicial ou a requerimento do Ministério Público, quando a lei autorizar (arts. 13 e 217 da Lei nº 6.015/1973).

13.7.5. NEGAÇÃO DO REGISTRO

Muitas vezes um documento apresentado para registro é recusado pelo Cartório de Imóveis sob a alegação de dúvida quanto ao aspecto formal, apresentando defeitos ou deficiências.

Havendo exigência a ser satisfeita, o oficial indicá-la-á por escrito.

Não se conformando o apresentante com a exigência do oficial, ou não a podendo satisfazer, será o título, a seu requerimento e com a declaração de dúvida, remetido ao juízo competente para dirimi-la (art. 198 da Lei nº 6.015/1973).

Geralmente as deficiências dos títulos são reclamadas diretamente ao apresentante para que seja feita a correção ou sanado o defeito, evitando-se, assim, o procedimento judicial que é demorado e oneroso.

O Cartório de Registro de Imóveis não pode negar lançamento no Protocolo do título apresentado a registro, por defeitos ou dúvidas quanto à validade ou legalidade, se a parte a requerer.

O número de ordem no Protocolo determina a prioridade do título e esta confirma a preferência dos direitos reais, seja qual for a quantidade de títulos apresentados, simultaneamente, pela mesma pessoa.

Os títulos apresentados para exame e cálculo dos respectivos emolumentos não estão sujeitos ao apontamento no Protocolo.

13.8. DA RETIFICAÇÃO DO REGISTRO

13.8.1. SE O TEOR DO REGISTRO NÃO EXPRIMIR A VERDADE

O art. 212 da nova Lei dos Registros Públicos, Lei nº 6.015/1973, determina que se o teor do registro não exprimir a verdade, poderá o prejudicado reclamar sua retificação, por meio de processo próprio, que é a via administrativa, visando evitar o processo contencioso, que é mais oneroso e demorado.

Se, para retificar, resultar alteração das divisas ou área, deverá o interessado promover levantamento perimétrico do imóvel, através de perito habilitado, dando a perfeita descrição do imóvel com ângulos, rumos, graus, área, divisas e confrontações, etc., com memorial descritivo, a fim de serem citados os confrontantes atuais e alienantes, para se manifestarem no prazo de dez (10) dias, podendo, caso queiram, produzir provas destinadas a demonstrar suas alegações, sendo livre ao juiz investigar os fatos e ordenar de ofício a realização de quaisquer provas. Se não houver a citação dos confrontantes e interessados, o pedido de retificação é nulo (art. 1.105 do CPC).

Da sentença de retificação caberá apelação (art. 1.110 do CPC).

13.8.2. ERRO EVIDENTE

É o erro que está claro, que não oferece dúvida e não traz qualquer prejuízo em sua retificação e esta poderá ser feita, desde logo, pelo oficial, com as devidas cautelas, como no caso de um erro de datilografia. Somente o erro evidente poderá ser corrigido pelo oficial, os demais o serão judicialmente.

13.9. REGISTRO TORRENS

13.9.1. DEFINIÇÃO

O Registro Torrens é um sistema de registro imobiliário idealizado pelo irlandês Sir Robert Richard Torrens para registro da propriedade imobiliária rural ou urbana. Os títulos de domínio que recaem sobre o imóvel que se deseja matricular são previamente submetidos a um processo expurgatório, mediante rigoroso exame e prática de uma série de formalidades e providências, que visam acautelar também direitos de terceiros.

13.9.2. CARACTERÍSTICAS

O Registro Torrens apresenta as seguintes características, a que se dá um valor fora do comum, como:

a) tipifica um processo expurgativo da propriedade. Esse processo expurgativo constitui justamente a ação do Registro Torrens;

b) a publicidade é real e não pessoal. Isto significa que o livro atende mais ao imóvel em si do que ao seu proprietário;

c) princípio da legalidade. Matriculada a propriedade no livro Matriz, está consolidado o domínio em nome da pessoa contemplada pelo registro;

d) caracteriza-se por uma unicidade do título. Isto significa que, uma vez matriculado no Registro Torrens, todos os títulos que deram origem àquele domínio são substituídos por um título único;

e) mobilidade da propriedade imóvel. A lei do Registro Torrens dispensa a lavratura de escritura pública com intervenção do notário. Há no Ofício do Registro fórmulas impressas contendo cláusulas usuais nesses contratos;

f) facilidade do crédito. Pelo Registro Torrens, o crédito poderá ser mais fácil. Basta que o proprietário caucione por simples depósito, ou fique penhorado ao credor;

g) fundo de garantia.

Deve preceder à matrícula o pagamento de uma taxa denominada seguro ou fundo de garantia que visa a asseguração, por parte do poder público, de quaisquer contestações futuras a respeito da referida propriedade destinada ao registro.

13.9.3. SUA FEITURA

O Registro Torrens será feito por inscrição na matrícula do imóvel. O processo tem seu curso pelo Cartório do Registro de Imóveis, sendo submetido à apreciação do oficial para prévia verificação dos termos a serem despachados. Se constatar irregularidade, o oficial poderá conceder o prazo de 30 dias para sua pronta regularização. Se não concordar o Requerente, este suscitará dúvida.

Estando a documentação em ordem, o oficial a encaminhará com o pedido a uma vara do juiz competente para distribuição a um dos Cartórios Judiciais.

O imóvel submetido ao Registro Torrens confere domínio pleno e segurança absoluta, afasta demandas e demais litígios, protege a propriedade contra ação reivindicatória ou outras ações que visem abalar o domínio do proprietário.

O Registro Torrens encontra-se regulamentado na nova Lei dos Registros Públicos – Lei nº 6.015/1973, em 12 artigos de nºs 277 a 288 – Capítulo XI.

13.10. LIVROS DO CARTÓRIO DE REGISTRO DE IMÓVEIS

A lei dos Registros Públicos, Lei nº 6.015/1973, reduziu para 5 (cinco) os livros, a saber:

1. Protocolo
2. Registro Geral
3. Registro Auxiliar

4. Indicador Real

5. Indicador Pessoal

A expressão livro é empregada para indicar suporte físico do registro, visto que a escrituração poderá ser feita por outros meios como fichas, folhas soltas. Com exceção do livro 1 (um) – Protocolo – o sistema de fichas é autorizado para todos os livros (art. 173 da Lei nº 6.015/1973.

13.10.1. PROTOCOLO

Destinado ao apontamento de todos os títulos apresentados ao Cartório diariamente, com exceção dos títulos apresentados apenas para exames. É um livro de função relevante, pois, é o que determina a prioridade dos *direitos reais*, resolvendo a favor do primeiro o problema de eventual lançamento de direitos contraditórios. A cada título se confere um número de ordem que leva a seqüência rigorosa da apresentação.

13.10.2. REGISTRO GERAL

É o livro fundamental. Destinado à matrícula dos imóveis e ao registro ou averbação dos atos relativos ou relacionados no art. 167 da Lei nº 6.015/1973 e não atribuídos ao livro nº 3.

O lançamento cadastral intitulado *matrícula* será feito neste livro, no qual cada imóvel receberá um número individual e privativo.

Não se admite que mais de um imóvel conste numa única matrícula (art. 176, § 1º). Cada imóvel terá matrícula própria que será aberta por ocasião do primeiro registro a ser feito.

Além da matrícula, serão lançados todos os atos relativos a imóveis.

A matrícula é um ato cadastral pelo qual se caracteriza e individualiza o imóvel e se lhe atribui número de ordem. Após matriculado o imóvel, seguem os demais atos como registros e averbações. Note-se que o registro hoje substitui a transcrição e a inscrição.

13.10.3. REGISTRO AUXILIAR

Neste livro são lançados todos os atos que a lei manda arquivar nas serventias. É destinado a atos que não digam respeito diretamente ao imóvel matriculado, existindo uma catalogação de atribuições no art. 178 da Lei nº 6.015/1973, como exemplo: convenções de condomínio; emissão de debêntures; cédulas de crédito rural; convenções antenupciais, etc.

O art. 1.657 do Código Civil estabelece que as convenções antenupciais não terão efeito para com terceiros, senão depois de transcritas (hoje registradas) em livro especial, pelo Oficial do Registro de Imóveis do domicílio dos cônjuges. O art. 244 da Lei nº 6.015/1973 estabelece que as convenções antenupciais serão registradas no livro 3 – Registro Auxiliar – do Cartório do domicílio conjugal, sem prejuízo de sua averbação obrigatória no lugar da situação dos imóveis de propriedade do casal ou dos que forem sendo adquiridos e sujeitos ao regime de bens diversos do comum, com a declaração das respectivas cláusulas, para ciência de terceiros.

Podem, ainda, ser registrados no livro 3 – Registro Auxiliar – de forma facultativa, e a requerimento do interessado, os títulos que são obrigatoriamente registrados no livro de Registro Geral, nº 2.

No livro 3, os registros serão integralmente transcritos (registrados), copiados. Terá efeito de conservação de documentos, não suprindo o registro no livro 2.

13.10.4. INDICADOR REAL

É o repositório de todos os imóveis que figurem nos demais livros, devendo conter sua identificação, referência aos números de ordem dos outros livros e anotações necessárias (art. 179 da Lei nº 6.015/1973).

13.10.5. INDICADOR PESSOAL

Dividido alfabeticamente, será o repositório dos nomes de todas as pessoas, individual ou coletiva, ativa ou passiva, direta ou indiretamente, que figurem nos demais livros, fazendo-se referências aos respectivos números de ordem.

Com exceção do livro Protocolo, os demais livros podem ser substituídos por fichas, para facilidade e rapidez dos serviços, desde que obedecendo os modelos aprovados pelas autoridades competentes.

Capítulo XIV
Modelos das Ações mais Usadas no Direito Imobiliário

14.1. ADJUDICAÇÃO A PEDIDO DO COMPRADOR

EXMO. SR. DR. JUIZ DE DIREITO DA (...) VARA DA COMARCA DE (...)

(deixar 10 espaços)

G.J.P., brasileiro, casado, advogado, RG nº (...), CPF nº (...), residente e domiciliado nesta cidade de (...), na rua (...), nº (...), por seu advogado adiante assinado (doc. anexo), vem, respeitosamente, perante V. Exa. propor ação de ADJUDICAÇÃO COMPULSÓRIA, com procedimento sumário contra A.B.C, brasileiro, casado, loteador, RG nº (...), CPF nº (...), residente e domiciliado nesta cidade de (...), na rua (...), nº (...), expondo e requerendo o quanto segue:

1. O Requerente adquiriu do Requerido, por contrato particular de Compromisso de Compra e Venda, em data de (...) de (...) de (...), um lote de terreno localizado no loteamento denominado (...), constituído pelo lote nº (...) da Quadra (...), conforme se comprova pelo incluso instrumento devidamente registrado no Cartório de Registro de Imóveis.

2. Conforme o estabelecido no contrato, o Requerente satisfez integralmente os pagamentos das prestações nos seus respectivos vencimentos, conforme se comprova pelos inclusos recibos das prestações, cuja última foi paga no dia (...) de (...) de (...), portanto há mais de seis meses.

3. Com o pagamento final, procurou o Requerente o Requerido para que lhe desse a escritura definitiva, o que não logrou êxito, recebendo desculpas injustificáveis, protelatórias e recusa da referida escritura.

4. O fato foi devidamente testemunhado pelos senhores (...) e (...), inclusive tem o Requerente um bilhete do Requerido, pedindo desculpas por não poder satisfazer o seu pedido, alegando outros compromissos mais importantes.

Pelo exposto, com base no Decreto-Lei nº 58/1937, art. 16, requer de V. Exa. a ADJUDICAÇÃO COMPULSÓRIA do imóvel referido, pedindo a citação do Requerido no endereço acima para que compareça à audiência que for designada por V. Exa. de instrução e julgamento, nos termos do art. 278 do Código de Processo Civil, para contestar, se quiser, a presente ação, sob pena de revelia.

Pede, finalmente, seja julgada procedente a ação pleiteada, para adjudicar o imóvel objeto do contrato particular de Compromisso de Compra e Venda, condenando o Requerido nas custas processuais, honorários advocatícios e demais cominações de direito.

Arrola as testemunhas abaixo que comparecerão independente de intimação (ou pedir a intimação), na audiência designada por V. Exa.

Dá-se à causa o valor de R$ (...).

P. deferimento.

Local e data

....

Advogado – OAB nº (...)

ROL DE TESTEMUNHAS
1ª (...) (nome, endereço e qualificação)
2ª (...) (nome, endereço e qualificação)
3ª (...) (nome, endereço e qualificação)

14.2. ADJUDICAÇÃO A PEDIDO DO VENDEDOR

EXMO. SR. DR. JUIZ DE DIREITO DA (...) VARA DA COMARCA DE (...)

(deixar 10 espaços)

A.B.C, brasileiro, casado, loteador, RG nº (...), CPF nº (...), residente e domiciliado nesta cidade de (...) na rua (...), nº (...) vem respeitosamente, perante V. Exa. propor ação de ADJUDICAÇÃO COMPULSÓRIA, com procedimento sumário contra G.J.P, brasileiro, casado, advogado, RG nº (...), CPF nº (...), residente e domiciliado nesta cidade de (...), na rua (...), nº (...), expondo e requerendo o seguinte:

1. O Requerente vendeu ao Requerido, por contrato particular de Compromisso de Compra e Venda, um lote de terreno localizado no loteamento denominado (...), constituído pelo lote nº (...), da quadra (...), em data de (...) de (...) de (...), conforme se comprova pelo incluso documento, devidamente registrado no Cartório de Registro de Imóveis.

2. O Requerido satisfez integralmente os pagamentos das prestações, sendo a última liquidada em (...) de (...) de (...), conforme se vê pelo incluso documento.

3. A partir da data do último pagamento do contrato acima referido, vem o Requerente desenvolvendo gestões junto ao comprador, ora Requerido, para que este recebesse a respectiva escritura definitiva, o que não logrou êxito pelas escusas do Requerido, conforme se comprova pela resposta dada a uma das últimas notificações extrajudiciais que o Requerente promoveu, documento anexo.

Pelo exposto, nos termos do art. 17 do Decreto-Lei nº 58/1937 e demais legislação vigente, requer-se de V. Exa. a intimação judicial do Requerido, no endereço retro, para que no prazo de trinta (30) dias, receba a escritura definitiva do referido lote compromissado, sob pena de ser depositado o imóvel por conta e risco do Requerido, que responderá pelas despesas judiciais e custas do depósito.

Dá-se à causa o valor de R$ (...).

P. Deferimento.

Local e data

....

Advogado – OAB nº (...)

14.3. ALIENAÇÃO DE BENS DE INCAPAZES

EXMO. SR. DR. JUIZ DE DIREITO DA (...) VARA DA COMARCA DE (...)

(deixar 10 espaços)

L.C.B.A., menor impúbere, representado por seu pai, J.S., brasileiro, casado, funileiro, RG n° (...), CPF n° (...), residente e domiciliado nesta cidade de (...), na rua (...), n° (...) vem, respeitosamente, perante V. Exa. expor e requerer o quanto segue:

1. O Requerente é proprietário de um lote de terreno, situado no loteamento denominado Manto Azul, desta cidade, constituído pelo lote n° 32 da Quadra F, com as seguintes medidas e confrontações: (descrever as medidas e confrontações do imóvel), cujo valor aproximado é de R$ (...), imóvel esse adquirido por doação de (...), e que está devidamente matriculado no Cartório de Registro de Imóveis desta cidade, conforme documento anexo, sem quaisquer ônus ou vínculos.

2. Acontece, porém, que sobre o referido imóvel pesa alto imposto e está em vias de ser asfaltado e não tem o peticionário condições de arcar com os encargos e, ainda, por se tratar de lote que nenhuma renda produz.

3. À vista do exposto, é de toda conveniência e necessidade que se proceda a venda do referido imóvel, a fim de que se fuja das despesas que o mesmo acarreta.

Assim sendo, requer de V. Exa. autorização, mediante alvará, para a venda do referido imóvel, procedendo-se a devida avaliação, cujo produto da venda deverá ser depositado em conta a ser aberta por ordem desse juízo, com juros e correção monetária, até ulterior aplicação em outros bens quando convenientes e devidamente autorizado por V. Exa.

Requer, ainda, a oitiva do representante do Ministério Público, para que acompanhe o processado.

Termos em que, dando-se a esta o valor de R$ (...).

P. deferimento.

Local e data

....

Advogado – OAB n° (...)

14.4. ALVARÁ INDEPENDENTE PARA OUTORGA DE ESCRITURA, QUANDO NÃO HÁ BENS A INVENTARIAR

EXMO. SR. DR. JUIZ DE DIREITO DA (...) VARA DA COMARCA DE (...)

(deixar 10 espaços)

M.B., brasileira, viúva, do lar, RG nº (...), CPF nº (...), residente e domiciliada nesta cidade de (...) na rua (...), nº (...), por seu advogado adiante assinado, vem, respeitosamente, expor e requerer de V. Exa. o quanto segue:

1. Que faleceu nesta cidade de (...) aos (...) de (...), do corrente ano, onde residia, com o qual era casada e com ele teve os seguintes; filhos: A.B. e J.L., brasileiros, solteiros, maiores, o primeiro engenheiro, RG nº (...), CPF nº (...), e o segundo professor RG nº (...), CPF nº (...), residentes e domiciliados nesta cidade na rua (...), nº (...), seu marido de nome (...) (certidão de óbito anexo).

2. Que em meados do ano de 1996 a Requerente e seu marido venderam a L.P., brasileiro, casado, construtor, RG nº (...), CPF nº (...), residente e domiciliado nesta cidade, na rua (...), nº (...), um terreno, constituído pelo lote nº (...) da Quadra (...), do loteamento denominado (...) através de compromisso de Compra e Venda, devidamente quitado neste mês passado, conforme recibo anexo e seu respectivo contrato, compromisso saldado ainda quando estava em vida seu marido.

3. Embora quitado o imóvel em vida do promitente vendedor Sr. (...) e sua mulher, não recebeu a escritura definitiva, o que deseja receber nesta oportunidade.

Pelo exposto, requer de V. Exa. se digne autorizar a outorga da escritura, em seu nome e de seu marido falecido, em favor do Compromissário Comprador ou a quem for por ele indicado, conforme autoriza o contrato, expedindo-se o competente alvará, pelo que estão de acordo os filhos do casal, acima qualificados, conforme autorização anexa.

Termos em que, com os inclusos documentos, e dando-se à causa o valor de R$ (...).

P. deferimento.

Local e data

....

Advogado – OAB nº (...)

14.5. ALTERAÇÃO CONTRATUAL PARA MAJORAÇÃO DO ALUGUEL OU OUTRA CLÁUSULA

EXMO. SR. DR. JUIZ DE DIREITO DA (...) VARA DA COMARCA DE (...)

(deixar 10 espaços)

A.B., brasileiro, casado, mecânico, RG nº (...), CPF nº (...), residente e domiciliado nesta cidade de (...), na rua (...), nº (...) na qualidade de LOCADOR do imóvel da rua (...), nº (...), da cidade de (...) e, de outro lado, B.F., brasileiro, casado, vendedor, RG nº (...), CPF nº (...), residente e domiciliado na cidade de (...), na rua (...), nº (...), na qualidade de LOCATÁRIO, usando das prerrogativas do art. 18 da Lei nº 8.245/1991 – Lei do Inquilinato – resolveram, de comum acordo, alterar o aluguel do prédio acima, na seguinte forma:

1. O LOCADOR e LOCATÁRIO, de comum acordo, vem, expressamente, majorar o referido aluguel do imóvel da rua (...), nº (...), a partir de (...) de (...) (...) para R$ (...) mensal.

2. Ratificam as demais cláusulas e condições do contrato anterior que continuam em pleno vigor, sem qualquer alteração, não atingidas pela presente alteração.

E, assim, por estarem plenamente contratadas, na forma acima, assinam o presente documento em duas vias de igual teor, na presença de duas testemunhas, abaixo assinadas, pedindo a V.Exa. homologar o presente acordo.

Local e data

....

Locador

....

Locatário

TESTEMUNHAS
1ª (...) (nome, endereço e qualificação)
2ª (...) (nome, endereço e qualificação)

14.6. AÇÃO ANULATÓRIA DE VENDA DO IMÓVEL

EXMO. SR. DR. JUIZ DE DIREITO DA (...) VARA DA COMARCA DE (...)

(deixar 10 espaços)

C.B.S. e sua mulher M.R.S., brasileiros, casados, ele, militar, RG nº (...), CPF nº (...), ela, do lar, RG nº (...), CPF nº (...), residentes e domiciliados nesta cidade de (...), por seu advogado adiante assinado, vêm, respeitosamente, perante V. Exa. expor e requerer o quanto segue:

1. Os Requerentes são legítimos proprietários do imóvel da rua (...), nº (...), constituído pelo lote nº (...), da quadra (...), do loteamento denominado (...), havido dos loteadores Srs. (...) por escritura de compra e venda, devidamente registrada no Cartório de Registro de Imóveis desta cidade, conforme se comprova pela inclusa certidão, cuja matrícula é de nº (...) fls. (...).

2. Que em data de (...) os Srs. (...), loteadores, por descontrole de seus negócios ou de má-fé tornaram a vender o referido lote acima a P.B e sua mulher F.G., brasileiros, casados, ele, garçom, RG nº (...), CPF nº (...), ela, do lar, RG nº (...), CPF nº (...), residentes e domiciliados nesta cidade de (...) na rua (...), nº (...), através de compra e venda, conforme se comprova pela juntada do título.

3. Os Requerentes tentaram resolver a questão de forma amigável, procurando os Srs. (...) loteadores e os compradores P.B. e sua mulher F.G., para o fim de tornar nulo o ato praticado pelo Srs. (...) loteadores, sem que obtivessem êxito em seus propósitos, havendo alegação por parte dos Srs. (...), loteadores que estavam seguros do que estavam fazendo.

À vista do exposto, não têm os Requerentes outro caminho a não ser recorrer à ação judicial para fazer valer seus direitos, com a competente ação anulatória contra os Srs. (...), loteadores (qualificar a firma loteadora), pedindo a citação dos mesmos para contestarem a ação, se quiserem, sob pena de revelia, citando, ainda, os compradores P.B. e sua mulher F.G., para integrar a lide, dentro do prazo legal, sob pena de revelia.

Outrossim, requerem seja julgada procedente a ação, anulando a referida escritura, condenando os réus nas custas processuais, honorários advocatícios e demais cominações de direito.

Protestam provar o alegado por todos os meios em direito permitidos.

Termos em que, dando-se a esta o valor de R$ (...).

P. deferimento.

Local e data

....

Advogado – OAB nº (...)

14.7. PETIÇÃO DE COBRANÇA DE MULTA POR NÃO TER O LOCADOR USADO O PRÉDIO PARA O FIM DECLARADO

EXMO. SR. DR. JUIZ DE DIREITO DA (...) VARA DA COMARCA DE (...)

(deixar 10 espaços)

D.I., brasileiro, casado, balconista, RG nº (...), CPF nº (...), residente e domiciliado nesta cidade, na rua (...), nº (...), por seu advogado adiante assinado, vem, respeitosamente, perante V. Exa. nos autos da ação de despejo que para uso próprio lhe moveu A.Z., expor e requerer o quanto segue:

1. Que, por sentença de (...) de (...) de (...), o Suplicante foi despejado do imóvel da rua (...), nº (...), do qual era locatário de A.Z.

2. Que a decisão do respeitável Juiz reconheceu o pedido de retomada para uso próprio do locador e cominou uma multa de (...) vezes o aluguel para a hipótese de o locador não dar ao prédio o destino invocado.

3. Estabelece o art. 44 e parágrafo único da Lei nº 8.245/1991 que o retomante ficará sujeito a pagar ao locatário multa de 12 a 24 meses se não usar o prédio para o fim declarado, dentro do prazo de 180 dias ou nele não permanecer durante um ano.

4. Acontece que o locador fez vista grossa da sentença, transgrediu a lei e incorreu na sanção cominada na sentença; ao invés de ocupar o prédio, como pedido, alugou a terceiros, decorridos cerca de dois meses da retomada.

5. Incorreu o locador na multa instituída por V. Exa., nos termos legais, e nos moldes do parágrafo único do art. 44. A cobrança da multa e honorários far-se-á nos próprios autos da ação de despejo.

Assim sendo, requer de V. Exa. se digne mandar citar o Suplicado A.Z., brasileiro, casado, comerciante, RG nº (...), CPF nº (...), residente e domiciliado nesta cidade, na rua (...), nº (...), para responder nos termos da presente, sob pena de revelia.

Requer, ainda, a condenação do Suplicado a pagar a multa estabelecida na sentença, custas processuais, porventura existentes, honorários advocatícios e demais cominações de direito.

Protesta-se por todos os meios de provas admitidas em direito, especialmente pelo depoimento pessoal do Suplicado, que desde já requer.

Termos em que j. esta aos referidos autos.

P. deferimento.

Local e data

....

Advogado – OAB nº (...)

14.8. AÇÃO COMINATÓRIA – DIREITO DE VIZINHANÇA

EXMO. SR. DR. JUIZ DE DIREITO DA (...) VARA DA COMARCA DE (...)

(deixar 10 espaços)

A.B.D.O., brasileiro, casado, comerciante, RG nº (...), CPF nº (...), residente e domiciliado nesta cidade, na rua (...), nº (...), por seu advogado adiante assinado, vem, respeitosamente, perante V. Exa. propor a presente ação cominatória, pelo rito sumário na forma do art. 275, e seguintes do CPC, contra A.T.L., brasileiro, solteiro, químico industrial, RG nº (...), CPF nº (...), residente e domiciliado nesta cidade, na rua (...), nº (...), expondo e requerendo o quanto segue:

1. O Requerido é seu vizinho pelo lado direito, onde locou uma casa e instalou um laboratório de análise e pesquisa de produtos químicos, em desobediência às posturas municipais.

2. Com o início de suas atividades, resultou a exalação de gases e fumaça, nocivos à saúde dos moradores vizinhos.

3. A instalação desse laboratório infringiu, portanto, as posturas municipais que proíbem a exploração de tais atividades em zona residencial e no perímetro urbano (doc. anexo).

Pelo exposto, requer a citação do Requerido para que tome conhecimento da presente ação e faça cessar o uso nocivo da propriedade que locou, abstendo-se de explorar atividade que resulta dano à saúde dos seus vizinhos, sob pena de, não o fazendo, responder por uma multa de R$ (...), sem prejuízo das cominações legais. Requer, ainda, o comparecimento à audiência de instrução e julgamento que for designada por V. Exa., sob pena de revelia.

Requer mais, preliminarmente, uma ordem de suspensão provisória da atividade, por se tratar de imperativo de ordem pública.

Protesta provar o alegado por todos os meios permitidos em direito, especialmente pela produção de vistorias, que, desde já se requer testemunhas, cujo rol segue abaixo, documentos e demais provas necessárias.

Requer, finalmente, seja a ação julgada procedente para os efeitos declarados de fazer cessar a atividade nociva, condenando o Requerido nas custas processuais, honorários advocatícios e demais cominações de direito e a aplicação da pena requerida acima pela transgressão do preceito cominatório.

Dá-se à causa o valor de R$ (...).
P. deferimento.

Local e data

....

Advogado – OAB nº (...)

ROL DE TESTEMUNHAS:
1ª (...) – 2ª (...) – 3ª (...) – (nome, endereço e qualificação)

14.9. CONSIGNAÇÃO DE ALUGUÉIS EM PAGAMENTO

EXMO. SR. DR. JUIZ DE DIREITO DA (...) VARA DA COMARCA DE (...)

(deixar 10 espaços)

M.S., brasileiro, casado, balconista, RG nº (...), CPF nº (...), residente e domiciliado nesta cidade de (...), na rua (...), nº (...), vem, respeitosamente, perante V. Exa., por seu procurador adiante assinado, propor ação de CONSIGNAÇÃO EM PAGAMENTO, contra J.C., brasileiro, casado, empresário, RG nº (...), CPF nº (...), residente e domiciliado na rua (...), nº (...), nesta cidade de (...), expondo e requerendo o quanto segue:

1. O Requerente é inquilino do Requerido, no imóvel da rua (...), nº (...), desta cidade, conforme se comprova pelo incluso contrato de locação.

2. O referido contrato teve início em (...), com o aluguel avençado em R$ (...), reajustado legalmente, sendo o último reajuste em (...) do corrente ano, quando o Requerente passou a pagar o aluguel de R$ (...).

3. O Requerido, embora devidamente atualizados os aluguéis, se nega a recebê-los, sem qualquer justificativa, escusando qualquer apelo do Requerente.

4. O Requerente informa a V. Exa. que a consignação é requerida no dia imediato ao vencimento, ocasião em que ocorreu a recusa do Requerido em receber o aluguel.

5. O Requerente não tem outra alternativa senão a de consignar judicialmente o aluguel, nos termos do art. 67 da Lei nº 8.245/1991, c/c com o art. 890 do CPC, referente ao mês de:

Dezembro de 1996

Aluguel	R$ 800,00
Multa	0,00
Encargos: IPTU	R$ 120,00
Total	R$ 920,00

e para tanto requer de V. Exa. a citação do Requerido para contestar a ação, se quiser e após a citação e intimação de V. Exa. será a importância total de R$ 920,00, depositadas em juízo, nos termos do art. 67 da Lei do Inquilinato, inciso II.

Não contestada a ação ou se o locador, ora Requerido, receber os valores depositados, pede-se pelo acolhimento do pedido, declarando quitadas as obrigações e condenando o Requerido ao pagamento das custas processuais e honorários advocatícios no percentual de 20% (vinte por cento) do valor dos depósitos.

Requer, finalmente, o depoimento pessoal do Requerido, sob pena de confesso, e oitiva das testemunhas abaixo arroladas e protesta-se por demais provas em direito permitidas se necessário.

Dá-se à causa o valor de R$ 920,00 (novecentos e vinte reais), termos em que

P. deferimento.

Local e data

....

Advogado – OAB nº (...)

ROL DE TESTEMUNHAS

1ª (...) (nome, endereço e qualificação)
2ª (...) (nome, endereço e qualificação)
3ª (...) (nome, endereço e qualificação)

NOTA:

De acordo com a nova Lei nº 8.245/1991, o autor deverá ser intimado a, no prazo de 24 h, efetuar o depósito judicial da importância indicada na petição inicial, sob pena de ser extinto o processo.

Além de contestar, o réu poderá em reconvenção pedir o despejo e a cobrança dos valores objeto da consignatória ou da diferença do depósito inicial, na hipótese de ter sido alegado não ser o mesmo integral (art. 67 da Lei nº 8.245/1991, item VI).

Tratando-se de obrigação em dinheiro, poderá o devedor ou terceiro optar pelo depósito da quantia devida em estabelecimento bancário, conforme § 1º do art. 890 do CPC.

14.10. PETIÇÃO DE DANO INFECTO

EXMO. SR. DR. JUIZ DE DIREITO DA (...) VARA DA COMARCA DE (...)

(deixar 10 espaços)

J.O.A., brasileiro, casado, engenheiro militar, RG nº (...), CPF nº (...), residente e domiciliado nesta cidade na rua (...), nº 81 e S.R., brasileiro, casado, engenheiro-militar, RG nº (...), CPF nº (...), residente e domiciliado nesta cidade na rua (...), nº (...), por seu advogado adiante assinado (doc. incluso), vêm, respeitosamente, perante V. Exa. propor a presente ação COMINATÓRIA DE DANO INFECTO, pelo rito sumário contra J.A.M., brasileiro, casado, comerciante, RG nº (...), CPF nº (...), e sua mulher D.M., brasileira, casada, funcionária pública, residentes e domiciliados nesta cidade de (...), na rua (...), nº (...), expondo e requerendo o seguinte:

1. Os Requerentes são legítimos proprietários dos prédios localizados na rua (...), nºs 81 e 93, respectivamente, conforme se comprova pelos documentos inseridos no processo de interpelação (doc. anexo).

2. Vizinho aos imóveis dos Requerentes, na parte dos fundos, rua (...), nº 63, existe o prédio onde moram os Requeridos que se dizem proprietários legítimos do referido imóvel.

3. Acontece que, a partir da construção do referido prédio vizinho, o Sr. J.A.M. e sua mulher D.M. vêm fazendo mau uso de sua propriedade pois que, com a aposição do aterro nos fundos do terreno, por sobre o solo impermeável de argila pré-adensada e, sem que se construísse um sistema de drenagem para as águas pluviais ou de regagem que, fatalmente, percolariam nesse solo de aterro, para, acumulando-se junto ao muro de arrimo, aí infiltrar para as propriedades dos Requerentes, através de fissuras ou de falhas na impermeabilização do referido muro, ocasionando vazamentos de água e causando umidade nas ditas propriedades dos Requerentes.

4. Em decorrência desse mau uso da propriedade vizinha, os Requerentes e seus familiares passam a ter prejudicadas a sua saúde e segurança.

5. Para tentar uma solução amigável, desenvolveram os Requerentes gestões junto aos Requeridos, expondo-lhes o dano infecto a que se sujeitavam os Requerentes e seus familiares, limitando-se os Requeridos a respostas evasivas, sem solução alguma.

6. Interpelados, judicialmente, os Requeridos, conforme documento anexo, para que se confirmasse ou não a pretensão de corrigir tal irregularidade, houve, por parte dos Requeridos, contra-interpelação com novas escusas e evasivas, alegando que, dificilmente, as ditas infiltrações estariam ocorrendo por culpa dos réus, conforme se vê às fls. 2 da Contra-Interpelação, parte final, item 1.

7. As alegações acima são meramente procrastinatórias e sem fundamento, uma vez que é o único imóvel confrontante com os Requerentes, principalmente o de número 81, em sua totalidade, na parte dos fundos.

8. Os fatos alegados podem ser facilmente comprovados, principalmente, nas ocasiões de regagem abundante do jardim dos Requeridos que está na divisa dos Requerentes, visíveis de água.

9. Assim sendo, e nos termos do art. 275 do Código de Processo Civil, vêm os Requerentes propor contra J.A.M. e sua mulher D.M., já qualificados, a presente ação de DANO INFECTO, a fim de compeli-los a sanar tal irregularidade.

Pedem, portanto, a citação dos Requeridos para comparecerem e se defenderem na audiência de instrução e julgamento que for designada por V. Exa., sob pena de revelia, cominando-lhes uma multa diária de R$ (...), por desobediência à ordem emanada desse Juízo, até final saneamento de tal irregularidade.

Protestam por todas as provas em direito permitidas e que forem necessárias, requerendo, desde já, perícia no local, bem como depoimento pessoal dos Requeridos, sob pena de confesso, como juntada de documentos e inquirição de testemunhas, abaixo arroladas.

Dando-se à causa o valor de R$ (...), para fins de alçada e esperando seja a ação julgada procedente, pedem, ainda, a condenação dos Requeridos nas custas processuais, honorários advocatícios, custas periciais, e demais cominações de direito.

P. deferimento.

Local e data

....

Advogado – OAB nº (...)

ROL DE TESTEMUNHAS
1ª (...) (nome, endereço e qualificação)
2ª (...) (nome, endereço e qualificação)
3ª (...) (nome, endereço e qualificação)

14.11. AÇÃO DE DEMARCAÇÃO

EXMO. SR. DR. JUIZ DE DIREITO DA (...) VARA DA COMARCA DE (...)

(deixar 10 espaços)

C.R.P. e sua mulher E.B.F., brasileiros, casados no regime de comunhão universal de bens, ele, agricultor, RG nº (...), CPF nº (...), ela, do lar, RG nº (...), CPF nº (...), residentes e domiciliados nesta cidade de (...), no Sítio das Pedrinhas, por seu advogado adiante assinado, vêm, respeitosamente, perante V. Exa. expor e requerer o quanto segue:

1. Que são senhores e legítimos possuidores de um pequeno sítio denominado Pedrinhas, nesse município de (...), com a área de (...) ha, que adquiriram de (...), há mais de 20 anos, cuja escritura de compra e venda, foi devidamente registrada, conforme se comprova pela inclusa Certidão do Cartório do Registro de Imóveis desta cidade de (...).

2. Que a propriedade dos Suplicantes faz divisa com os sítios de A.B. e L.S. e nos fundos com a E.F.C.B. (Estrada de Ferro Central do Brasil).

3. Que do lado onde confronta com A.B., a divisa encontra-se perfeitamente assinalada e com cerca de arame farpado. Mas do lado que confronta com L.S, a divisa está imprecisa e confusa principalmente pelo desaparecimento das estacas demarcatórias que, nos últimos anos, devido ao terreno ser baixo e pelo excesso de chuvas, cujas águas inundavam o terreno, carregando, assim, os marcos primitivos e demarcatórios.

4. Com a normalização das chuvas, pretenderam os Suplicantes restaurar os limites no traçado que consideram o correto, com o que não concordaram L.S. e sua mulher.

5. Diante da recusa de L.S. e sua mulher, os Peticionários não têm outro remédio senão recorrer às vias judiciais para fazer valer seus direitos, pela competente ação demarcatória prevista nos termos dos arts. 1.297 do Código Civil e 946, I e seguintes do Código de Processo Civil, a fim de dirimirem o litígio e obterem o completo e definitivo levantamento e assinalação da linha limítrofe das duas propriedades.

6. Os Peticionários para fazer comprovar que o traçado pretendido está correto, mandaram fazer um levantamento pelo engenheiro Sr. (...), cuja planta e memorial seguem anexo, e que corresponde exatamente ao título de domínio, linha que pretendem demarcar.

Assim sendo, requerem a citação de L.S. e sua mulher, brasileiros, casados, ele, agricultor, RG nº (...), CPF nº (...), ela, do lar, RG nº (...), CPF nº (...), residentes e domiciliados no Sítio da Cruz, neste município, Bairro do Monte da Pedra, para oferecerem sua contestação no prazo legal, sob pena de revelia, acompanhar o feito até final sentença de assinalação da linha limítrofe entre os imóveis, nos termos dos arts. 950 a 966 do Código de Processo Civil, pedindo a condenação dos Suplicados nas custas e honorários advocatícios, caso contestem o pedido, e o rateio das despesas dos trabalhos técnicos de levantamento e assinalação dos limites demarcados.

Protesta por todos os meios em direito admitidos, principalmente pela prova pericial que, desde já, requer, oitiva das testemunhas abaixo arroladas e demais que necessárias forem.

Dando-se à causa o valor de R$ (...).

P. deferimento.

Local e data

....

Advogado – OAB nº (...)

ROL DE TESTEMUNHAS

1ª (...) (nome, endereço e qualificação)

2ª (...) (nome, endereço e qualificação)

3ª (...) (nome, endereço e qualificação)

14.12. AÇÃO DE DEMARCAÇÃO E ESBULHO

EXMO. SR. DR. JUIZ DE DIREITO DA (...) VARA DA COMARCA DE (...)

(deixar 10 espaços)

CRASSO DE OLIVEIRA, e sua mulher BROCARDINA DE OLIVEIRA, brasileiros, casados, ele, motorista, RG nº (...), CPF nº (...), ela, do lar, RG nº (...), CPF nº (...), residentes e domiciliados nesta cidade de (...), na rua (...), nº (...), vêm, respeitosamente, perante V. Exa. propor contra BONAVIDE PEREIRA e sua mulher, brasileiros, casados, ele, vendedor ambulante, RG nº (...), CPF nº (...), ela, cozinheira, RG nº (...), CPF nº (...), residentes e domiciliados nesta cidade de (...), na rua (...), nº (...) a presente ação de DEMARCAÇÃO E ESBULHO, através do advogado que adiante assina, expondo e requerendo o quanto segue:

1. Os Suplicantes são senhores e legítimos possuidores de um lote de terreno, situado nesta cidade de (...), constituído pelo lote nº (...), da quadra (...), do loteamento denominado (...), conforme se faz prova pela Certidão do Cartório de Registro de Imóveis, documento anexo.

2. O referido lote confronta nos fundos com os Requeridos, numa extensão de 10,40 metros e confronta do lado direito com o lote nº 5 do referido loteamento, numa extensão de 25,00 metros, possuindo segmento de reta numa extensão de 2,00 metros onde confronta com o lote nº 9.

3. As estacas do referido loteamento desapareceram com o tempo e crescida de matos e excesso de chuvas. Por esses motivos, os Requeridos, unilateralmente levantaram uma cerca de arame farpado, não obedecendo ao traçado do loteamento, gerando divisa confusa e imprecisa, alterando os ângulos e linhas de curva do loteamento.

4. Com a demarcação feita pelos Requeridos, o lote dos Requerentes deixou de fazer confrontação com o lote nº 9, ficando prejudicado naquela extensão de área, conforme escritura, o que, deste modo, caracteriza esbulho, conforme se vê pelo incluso levantamento perimétrico feito pelo engenheiro, Sr. (...) (doc. anexo).

5. Os Requerentes tentaram de forma amigável a demarcação com os Requeridos, sem lograr êxito e nem se dispõem a restituir a área esbulhada, conforme demonstrado no croqui feito pelo Sr. (...).

6. Assim sendo, não tendo os Suplicantes outro remédio senão recorrer às vias judiciais para fazer valer seus direitos, requerem de V. Exa. a citação dos Requeridos no endereço acima para contestarem o pedido desta ação de DEMARCAÇÃO, cumulada com QUEIXA DE ESBULHO, com fundamento nos arts. 946, I e 951 do Código de Processo Civil, se quiserem, sob pena de revelia, julgando V. Exa. procedente o pedido, com a assinalação da linha limítrofe entre os imóveis, a condenação nas custas processuais, honorários

advocatícios, despesas de perito na assinalação dos limites demarcados e demais cominações de direito.

Protestam provar o alegado por todos os meios de provas permitidas em direito, especialmente por prova pericial que desde já se requer, testemunhas, documentos, oitiva dos Requeridos e demais provas necessárias.

Termos em que, dando-se à causa o valor de R$ (...).

P. deferimento.

                Local e data

                ....

                Advogado – OAB nº (...)

Nota:
Vide art. 259, VII, do Código de Processo Civil.

14.13. AÇÃO DEMARCATÓRIA
CUMULADA COM QUEIXA DE ESBULHO

EXMO. SR. DR. JUIZ DE DIREITO DA (...) VARA DA COMARCA DE (...)

(deixar 10 espaços)

C.R.P. e sua mulher E.B.F. brasileiros, casados no regime da comunhão de bens, ele agricultor, RG nº (...), CPF nº (...), ela, do lar, RG nº (...), CPF nº (...), residentes e domiciliados nesta cidade de (...), no Sítio das Pedrinhas, por seu advogado adiante assinado, vêm, respeitosamente, perante V. Exa. expor e requerer o quanto segue:

1. Que são senhores e legítimos possuidores de um pequeno sítio denominado Pedrinhas, neste município de (...), com a área de (...) ha, que adquiriram de (...), há mais de 20 anos, cuja escritura de *compra e venda*, foi devidamente registrada, conforme se comprova pela inclusa Certidão do Cartório de Registro de Imóveis desta cidade de (...).

2. Que a propriedade dos Suplicantes faz divisa com os sítios de A.B, e L.S. e nos fundos com a E.F.C.B. (Estrada de Ferro Central do Brasil).

3. Que do lado onde confronta com A.B. a divisa encontra-se perfeitamente assinalada e com cerca de arame farpado e devidamente correta. Mas do lado que confronta com L.S. a divisa está imprecisa e confusa, principalmente pelo desaparecimento das estacas demarcatórias devido ao excesso de chuvas e o terreno ser baixo, sujeito a enchentes.

4. Aproveitando-se dessa situação confusa o confrontante L.S. há cerca de um mês, ultrapassou a divisa onde se situava a antiga linha divisória e estaca e formou um canteiro de tomates nas terras dos Suplicantes que sempre tiveram a posse mansa, pacífica e inconteste desde sua aquisição, causando-lhes aborrecimentos e prejuízos, caracterizando, assim, esbulho.

5. Como os Suplicados não concordam com a restauração do traçado correto, feito por engenheiro competente, Sr. (...), e nem se dispõem a restituir a área esbulhada, outro remédio não têm os Suplicantes senão recorrer às vias judiciais para fazer valer os seus interesses, através da competente ação de demarcação, cumulada com queixa de esbulho, prevista nos arts. 946 a 951 do Código de Processo Civil, para dirimirem o litígio, obtendo não só o completo e definitivo levantamento e assinalação da linha limítrofe das duas propriedades, como também a restituição da área invadida.

6. Esclarecem, ainda, os Peticionários que a linha que pretendem demarcar é a que consta do título de domínio e que corresponde, exatamente, à do levantamento feito pelo Sr. engenheiro (...).

Assim sendo, requerem a citação de L.S. e sua mulher, brasileiros, casados, ele, agricultor, RG nº (...), CPF nº (...), ela do lar, RG nº (...), CPF nº (...), residentes e domiciliados no Sítio da Cruz, neste município, Bairro do Monte da Pedra, para oferecerem contestação no prazo legal, caso queiram, sob pena de revelia, bem como para acompanharem o feito até final e definitiva assinalação da linha limítrofe entre os imóveis, conforme o levantamento feito pelo Sr. engenheiro (...), bem como na condenação dos Suplicados a restituir o terreno invadido, tudo de acordo com o que dispõe o Código de Processo Civil, arts. 950 a 966, e ainda na condenação das custas e honorários advocatícios e demais cominações de direito, despesas de peritos e assinalação dos limites demarcandos.

Protestam provar o alegado por todos os meios em direito permitidos, principalmente, pela prova pericial que, desde já requerem, oitiva das testemunhas abaixo arroladas e demais que necessárias forem.

Dando-se à causa o valor de R$ (...).

P. deferimento.

Local e data

....

Advogado – OAB nº (...)

ROL DE TESTEMUNHAS:
1ª (...) (nome, endereço e qualificação)
2ª (...) (nome, endereço e qualificação)
3ª (...) (nome, endereço e qualificação)

14.14. AÇÃO DE DESPEJO PARA FINS DE AMPLIAÇÃO

EXMO. SR. DR. JUIZ DE DIREITO DA (...) VARA DA COMARCA DE (...)

(deixar 10 espaços)

A.K., brasileiro, bancário, casado, RG nº (...), CPF nº (...), e sua mulher L.P., brasileira, professora, RG nº (...), CPF nº (...), residentes e domiciliados nesta cidade de (...), na av. (...), nº (...), por seu advogado adiante assinado (doc. anexo), vem, respeitosamente, à presença de V. Exa. propor ação de DESPEJO contra o Sr. J.B., brasileiro, casado, comerciante, CPF nº (...), residente e domiciliado nesta cidade, na rua Bartolomeu Garcia, nº 74, expondo e requerendo o quanto segue:

1. Os Requerentes são proprietários do imóvel da Rua Bartolomeu Garcia, 74, onde residem por locação os Requeridos, conforme se comprova pela inclusa certidão.

2. Que o referido imóvel está locado pelo preço de R$ (...) mensal, cujo contrato é inferior a trinta meses.

3. Os Requerentes pretendem ampliar o referido prédio, em percentual acima de 100% (cem por cento), portanto superior ao exigido por lei que é de 20%, cujo projeto devidamente aprovado, juntamente com o seu respectivo alvará, encontram-se anexos.

4. O Requerido, notificado das pretensões dos Requerentes, que desejam o prédio para uso próprio, para lá se instalarem com comércio e ampliar o prédio, se negam a desocupar o referido prédio, não obstante lhe terem sido feitos diversos pedidos verbais.

À vista do exposto e com fundamento na Lei nº 8.245/1991 – Lei do Inquilinato – art. 47, item IV, vêm requerer de V. Exa. a citação do Requerido acima qualificado, a fim de que conteste a ação, se quiser, no prazo legal, sob pena de revelia, ou utilize os benefícios do art. 61 da Lei nº 8.245/1991.

Pede-se pela procedência do pedido em todos os seus termos, com a condenação do Requerido nas custas do processo, honorários advocatícios e demais cominações de direito.

Protesta-se provar o alegado por todos os meios em direito admitidos.

Dando-se à causa o valor de R$ (...), equivalente a doze meses de aluguel.

P. deferimento.

Local e data

....

Advogado – OAB nº (...)

14.15. DESPEJO COM BASE EM DENÚNCIA VAZIA COMERCIAL

EXMO. SR. DR. JUIZ DE DIREITO DA (...) VARA DA COMARCA DE (...)

(deixar 10 espaços)

R.S., brasileiro, casado, funileiro, RG nº (...), CPF nº (...), residente e domiciliado nesta cidade, na rua Beta, 32, por seu advogado adiante assinado, vem, respeitosamente, perante V. Exa. propor a presente AÇÃO DE DESPEJO COM BASE EM DENÚNCIA VAZIA, contra Z.B., brasileiro, mecânico, RG nº (...), CPF nº (...), residente e domiciliado nesta cidade na rua (...), nº (...), expondo e requerendo o quanto segue:

1. O Requerente é proprietário de um pequeno galpão, localizado na rua da Florença, 18 e que dera em locação para A.G., brasileiro, casado, comerciante, RG nº (...), CPF nº (...), residente e domiciliado nesta cidade, na Rua João de Barros, 103, para fins comerciais, pelo prazo de 2 anos, iniciando em 20 de fevereiro de 1988 e a terminar em 19 de fevereiro de 1990, mediante o aluguel inicial de R$ (...), atualmente pagando o aluguel de R$ (...) (contrato anexo).

2. Vencido o contrato em 19 de fevereiro de 1990, prorrogou a locação por prazo indeterminado, nos termos do art. 56 da Lei nº 8.245/1991.

3. Por não mais convir ao locador, ora Requerente, a continuidade da locação, pois pretende instalar sua oficina de funilaria no referido imóvel, notificou, judicialmente, o Requerido, dando por finda a locação e concedendo-lhe o prazo de 30 (trinta) dias para a desocupação do imóvel, nos termos do art. 1.196 do Código Civil (notificação anexa).

4. Embora a imposição do art. 575 do novo Código Civil, que autoriza o locador arbitrar aluguel-pena, o Réu nega-se a restituir o imóvel, razão por que não restou outro caminho senão recorrer à via judicial para fazer valer seus direitos.

5. À vista do exposto requer de V. Exa. o seguinte:

a) a citação de Z.B., já qualificado, no endereço do imóvel locado, no horário comercial, com a permissibilidade do art. 172, § 2º, para que conteste a ação, caso queira, no prazo legal, sob pena de revelia;

b) julgar procedente a presente ação para o fim de decretar o despejo na forma pedida;

c) condenar o Réu ao pagamento das custas e honorários advocatícios e demais cominações de direito;

d) cientificar os Srs. fiadores Q.P. e R.L. (qualificar), no endereço da rua (...), nº (...), que se obrigaram a honrar os débitos, na condição de solidários pagadores;

e) cientificar possíveis sublocatários;

f) a julgar o feito nos termos do art. 330 do Código de Processo Civil, por não haver necessidade de produzir prova em audiência.

Dando-se à causa o valor de R$ (...), correspondente a doze meses de aluguel.

P. deferimento.

                        Local e data

                        ....

                        Advogado – OAB nº (...)

14.16. AÇÃO DE DESPEJO POR FALTA DE PAGAMENTO

EXMO. SR. DR. JUIZ DE DIREITO DA (...) VARA DA COMARCA DE (...)

(deixar 10 espaços)

A.D., brasileiro, casado, comerciante, RG nº (...), CPF nº (...), residente e domiciliado nesta cidade, na rua João Borges, 45, por seu advogado adiante assinado, vem, respeitosamente, perante V. Exa. propor ação de DESPEJO POR FALTA DE PAGAMENTO, contra A.F., brasileiro, casado, construtor, RG nº (...), CPF nº (...), residente e domiciliado na rua Alfa, nº 51, nesta, expondo e requerendo o seguinte:

1. Que o Requerente locou o imóvel da rua Alfa, 51, nesta cidade para fins residenciais ao Requerido, pelo aluguel mensal de R$ 100,00 reajustados semestralmente, cujo aluguel atual é R$ 700,00 (contrato anexo).

2. Ocorre que o Requerido deixou de pagar os alugueres e encargos dos meses de:

JANEIRO/2002 .... R$ 760,00
FEVEREIRO/2002 .... R$ 765,00
TOTAL .... R$ 1.525,00

3. O débito do Requerido monta, até a presente data, em R$ 1.525,00 (hum mil, quinhentos e vinte e cinco reais), sendo sido inúteis todas as tentativas amigáveis para o recebimento da quantia devida.

Nestas condições, com base no art. 9º, III, da Lei nº 8.245/1991, é a presente para requerer se digne determinar a citação do Requerido, no endereço acima, para, no prazo legal, purgar a mora em dia e hora a serem designados, inclusive alugueres vincendos e demais disposições do art. 62 da Lei nº 8.245/1991, ou contestar o feito, sob pena de revelia, devendo, afinal, ser julgada procedente a ação para o fim de decretar o despejo pretendido e condenar o Requerido ao pagamento de custas e honorários advocatícios na base de x% ou 10%, conforme art. 62, II, "d", da supra citada Lei e demais cominações de direito.

Requer, ainda, sejam cientificados da presente os eventuais ocupantes do prédio, e bem assim, os fiadores Srs. (...) (qualificar) e lhes sejam concedidos os benefícios do art. 172 e seus parágrafos do Código de Processo Civil.

Protesta-se por todos os meios de provas admitidas em direito, especialmente o depoimento pessoal do Requerido, sob pena de confesso.

Dando-se à causa o valor de R$ (...), correspondente a doze meses de aluguel.

P. deferimento.

Local e data

Advogado – OAB nº (...)

14.17. AÇÃO DE DESPEJO POR INFRAÇÃO CONTRATUAL

EXMO. SR. DR. JUIZ DE DIREITO DA (...) VARA DA COMARCA DE (...)

(deixar 10 espaços)

S.R., brasileiro, casado, químico, RG nº (...), CPF nº (...), residente e domiciliado nesta cidade de (...), na rua (...), nº (...), por seu advogado adiante assinado, vem, respeitosamente, à presença de V. Exa. a fim de propor a presente AÇÃO DE DESPEJO POR INFRAÇÃO CONTRATUAL contra P.K., brasileiro, casado, comerciante, RG nº (...), CPF nº (...), residente e domiciliado nesta cidade de (...) na rua (...), nº (...), pelos motivos seguintes que passa a expor e requerer o quanto segue:

1. O Requerente locou para o Requerido o prédio da rua Guaranis, nº 113, desta cidade, para fins residenciais, conforme se comprova pelo incluso contrato de locação.

2. Acontece que o Requerido, sem autorização expressa do locador, transformou a locação residencial para comercial, ato vedado por contrato. Maior razão assiste ao locador que viu seu prédio ser transformado numa disfarçada boate que funciona até altas horas da noite, perturbando o sossego dos que ali residem.

3. Pelo exposto, cometeu infração grave o Requerido, transgredindo as normas contratuais e o disposto no art. 9º, II, da Lei nº 8.245/1991.

Assim sendo, requer de V. Exa. se digne mandar citar o referido locatário no endereço do seu estabelecimento comercial, acima mencionado, para contestar a ação, caso queira, no prazo legal, sob pena de revelia.

Requer, ainda, a decretação do despejo pedido e a condenação do Requerido nas custas processuais, honorários advocatícios e demais cominações de direito.

Protesta-se por todos os meios de provas em direito admitidas, principalmente pelo depoimento pessoal do Requerido, vistorias, e pela oitiva das testemunhas abaixo, que desde já requer.

Dando-se à causa o valor de R$ (...), equivalente a doze meses de aluguel.

P. deferimento.

Local e data

....

Advogado – OAB nº (...)

ROL DE TESTEMUNHAS:

1ª (...) – 2ª (...) – 3ª (...) – (nome, endereço e qualificação)

14.18. AÇÃO DE DESPEJO PARA USO DE DESCENDENTE, ASCENDENTE OU CÔNJUGE

EXMO. SR. DR. JUIZ DE DIREITO DA (...) VARA DA COMARCA DE (...)

(deixar 10 espaços)

C.D., brasileiro, casado, contador, RG nº (...), CPF nº (...), residente e domiciliado nesta cidade, na rua (...), nº (...), por seu advogado adiante assinado, vem, respeitosamente, perante V. Exa. propor a presente AÇÃO DE DESPEJO, para uso de descendente, com fundamento no art. 47, III, da Lei nº 8.245/1991 – Lei do Inquilinato – contra A.Z., brasileiro, casado, enfermeiro, RG nº (...), CPF nº (...), residente e domiciliado nesta cidade, na rua Ipê, 304, expondo e requerendo o quanto segue:

1. Conforme se comprova pela inclusa escritura de Compra e Venda, devidamente matriculado sob nº (...), fls. (...), o Requerente é legítimo possuidor de uma casa residencial, situada na rua Ipê, 304, desta cidade e que se acha locada ao Requerido acima, mediante contrato, atualmente prorrogado por força de lei, portanto, por tempo indeterminado, pelo aluguel de R$ (...).

2. Ocorre que o Requerente necessita do prédio em questão para nele fixar residência e comércio de seu filho H.C., brasileiro, casado, militar, RG nº (...), CPF nº (...), residente e domiciliado na rua Carlos Gomes, nº 6, nesta cidade, residente em prédio alheio e que vem pagando o aluguel de R$ (...) (doc. anexo).

3. Informa a V. Exa. que seu filho não possui imóvel próprio, conforme se comprova pela inclusa certidão do Cartório de Registro de Imóveis desta cidade, e é a primeira vez que formula pedido desta natureza.

À vista do exposto, o A. requer se digne mandar citar o locatário Sr. A.Z., no endereço supra, para que, no prazo legal, apresente contestação, querendo, e acompanhe a ação até final, sob pena de revelia, devendo os fatos afirmados pelo A. serem tidos como verdadeiros.

Requer, ainda, que se dê ciência a todo e qualquer possível subinquilino, porventura existente no imóvel, bem como ao Sr. fiador (qualificar), com os benefícios do art. 172, § 2º do Código de Processo Civil.

Requer, finalmente, a condenação do Réu nas custas processuais, honorários advocatícios, demais cominações de direito e a desocupar o prédio no prazo determinado por V. Exa. ou, se declarar nos autos que concorda com o pedido de desocupação, valer-se das prerrogativas estatuídas pelo art. 61 da referida Lei nº 8.245/1991. Protesta por todas as provas permitidas em direito.

Termos em que, dando-se à causa o valor de R$ (...), equivalente a 12 meses de aluguel.

P. deferimento.

Local e data

....

Advogado – OAB nº (...)

14.19. AÇÃO DE DESPEJO PARA USO PRÓPRIO

EXMO. SR. DR. JUIZ DE DIREITO DA (...) VARA DA COMARCA DE (...)

(deixar 10 espaços)

M.N., brasileiro, casado, viajante, RG nº (...), CPF nº (...), residente e domiciliado nesta cidade de (...), na rua (...), n° (...), por seu advogado adiante assinado, vem, respeitosamente, perante V. Exa. propor ação de DESPEJO para uso próprio, com base na Lei nº 8.245/1991, art. 47, III, contra Z.X., brasileiro, casado, hoteleiro, RG nº (...), CPF nº (...), residente e domiciliado nesta cidade de (...), na rua (...), nº (...), expondo e requerendo quanto segue:

1. O Requerente é proprietário do imóvel da rua (...), nº (...), que se encontra locado ao Requerido pelo aluguel mensal de R$ (...), conforme se comprova pelo incluso documento.

2. O Requerente que reside em prédio alheio, alugado, pagando, atualmente, o aluguel de R$ (...), quer pedir o prédio locado ao Requerido para uso próprio, pois dispõe somente deste imóvel, e o faz pela primeira vez (doc. anexo).

3. O Requerente informa a V. Exa. que fez diversas gestões junto ao Requerido, pedindo o prédio de forma amigável, sem lograr êxito.

4. Outra forma não tem o Requerente senão recorrer dos meios judiciais para fazer valer seus direitos.

Assim sendo, requer de V. Exa. se digne de mandar citar o referido locatário, ora Requerido, no endereço acima, para contestar o feito, se quiser, no prazo legal, sob pena de revelia.

Requer mais, decretar o despejo com a condenação do Requerido nas custas judiciais e honorários advocatícios e demais cominações de direito ou utilizar das prerrogativas do art. 61 da referida Lei.

Protesta-se por todos os meios de provas em direito admitidas.

Dando-se à causa o valor de R$ (...), equivalente a doze meses de locação.

P. deferimento.

Local e data

....

Advogado – OAB nº (...)

14.20. AÇÃO DE DESPEJO DE PARTE DO IMÓVEL PARA USO PRÓPRIO

EXMO. SR. DR. JUIZ DE DIREITO DA (...) VARA DA COMARCA DE (...)

(deixar 10 espaços)

S.S., brasileiro, casado, bancário, RG nº (...), CPF nº (...), residente e domiciliado nesta cidade de (...), na rua (...), nº (...), por seu advogado adiante assinado, vem, respeitosamente, à presença de V. Exa. a fim de propor a presente ação de DESPEJO, com base no art. 47, III, da Lei nº 8.245/1991, contra B.L., brasileiro, casado, contador, RG nº (...), CPF nº (...), residente e domiciliado na rua (...), nº (...), desta cidade de (...), expondo e requerendo o quanto segue:

1. Que em meados do ano de 1998 dera em locação a parte dos fundos de sua residência, constituída de pequeno quarto e banheiro, ao Requerido para sua residência, ocasião em que o mesmo era solteiro.

2. A locação fora ajustada verbalmente, pois a pretensão do Requerido era de ali permanecer alguns meses porque ia se casar e locar uma casa maior e de melhores condições.

3. Acontece que o Requerido veio a se casar e ali estabelecer sua morada, não mais se importando em procurar outro imóvel, como era sua intenção.

4. Com o nascimento de uma filha do Requerente, necessita retomar a parte do seu imóvel locado ao Requerido, por não possuir outra acomodação para sua filha.

5. O Requerente fez várias gestões junto ao Requerido para a desocupação, sem lograr êxito, pois, o mesmo sempre alega falta de tempo para procurar outro imóvel.

À vista do exposto, outro meio não tem o Requerente senão recorrer às vias judiciais, promovendo a presente ação de despejo.

Assim sendo, requer se digne mandar citar o Requerido acima mencionado, para contestar, caso queira, a presente ação, no prazo legal, sob pena de revelia, decretando-se a final o despejo com a condenação do Requerido nas custas processuais, honorários advocatícios e demais cominações de direito ou utilizar das prerrogativas do art. 61 da referida Lei.

Protesta provar o alegado por todos os meios em direito admitidos, pelo depoimento pessoal do Requerido, testemunhas e demais que se fizerem necessárias.

Dando-se à causa o valor de R$ (...), equivalente a doze meses de locação.

P. deferimento.

Local e data

....

Advogado – OAB nº (...)

14.21. AÇÃO DE DESPEJO PARA REPARAÇÕES URGENTES

EXMO. SR. DR. JUIZ DE DIREITO DA (...) VARA DA COMARCA DE (...)

(deixar 10 espaço)

R.S., brasileiro, viúvo, militar, RG nº (...), CPF nº (...), residente e domiciliado nesta cidade de (...), na rua (...), nº (...) por seu advogado adiante assinado, vem, respeitosamente, perante V. Exa. propor a presente ação de DESPEJO, com base no art. 9º, inciso IV, da Lei nº 8.245/1991, contra

C.F., brasileiro, casado, ferroviário, RG nº (...), CPF nº (...), residente e domiciliado nesta cidade na rua (...), nº (...), expondo e requerendo quanto segue:

1. O Requerente é proprietário do imóvel da rua (...), nº (...), onde reside o Requerido, e que está alugado pelo preço de R$ (...) (contrato anexo).

2. O referido prédio acima está em péssimas condições de habitabilidade e foi determinado pelas autoridades públicas reparações urgentes que não podem ser executadas com a permanência do Requerido e sua família no imóvel. Trata-se de imóvel administrativamente condenado, conforme se comprova pela inclusa documentação da Prefeitura Municipal.

3. O Requerente fez gestões junto ao Requerido para que desocupasse o imóvel, amigavelmente, pois o mesmo apresenta sérios riscos, sem lograr êxito, pois o Requerido quer assumir o risco.

4. Outra solução não tem o Requerente senão a de recorrer à justiça para salvaguardar seus direitos e responsabilidades.

Assim sendo, requer de V. Exa. se digne mandar citar o mencionado locatário, já qualificado, para contestar, se quiser, a presente ação, dentro do prazo legal, sob pena de revelia.

Requer, ainda, a decretação do despejo com a condenação do Requerido nas custas processuais, honorários advocatícios e demais cominações de direito.

Protesta-se por todos os meios de provas em direito admitidas, inclusive depoimento pessoal do Requerido, vistorias e perícias, que desde já requer, oitiva de testemunhas e demais provas que se fizerem necessárias.

Dando-se à causa o valor de R$ (...), equivalente a doze meses de locação.

P. deferimento.

Local e data

....

Advogado – OAB nº (...)

14.22. AÇÃO DE DESPEJO POR RESCISÃO DE CONTRATO DE TRABALHO

EXMO. SR. DR. JUIZ DE DIREITO DA (...) VARA DA COMARCA DE (...)

(deixar 10 espaços)

- GL & CIA. LTDA., firma estabelecida nesta cidade de (...) CNPJ (...), com sede na rua (...), nº (...), representada pelo sócio gerente Sr. (...) (qualificar), por seu advogado adiante assinado (doc. anexo), vem, respeitosamente, à presença de V. Exa. propor a presente ação de DESPEJO contra C.M., brasileiro, casado, servente, RG nº (...), CPF nº (...), residente e domiciliado nesta cidade na rua Beira Alta, 46, expondo e requerendo o quanto segue:

1. A Requerente admitiu o Requerido na firma dia (...) de (...) de (...), para exercer as funções de (...), e por força de sua função dentro da firma que era a de descarregar mercadorias, locou ao Requerido um pequeno quarto na parte da entrada, locação essa vinculada ao seu contrato de trabalho.

2. Acontece que o Requerido prestou concurso público e foi admitido na Prefeitura local, exercendo as funções de (...), desde o dia (...) de (...) de (...), rescindindo amigavelmente seu contrato de trabalho com a firma Requerente há mais de 60 dias, sem que com isso desocupasse o imóvel que lhe foi cedido.

3. A firma Requerente fez várias gestões junto ao Requerido para entregar o quarto que é destinado a empregado da firma, sem lograr êxito.

4. Outra solução não tem a firma Requerente senão recorrer dos meios judiciais para fazer valer os seus interesses.

5. Informa, ainda, a V. Exa. que o Requerido foi notificado por carta que lhe foi entregue em mãos, com recibo na segunda via, conforme se faz prova pela juntada da mesma.

Assim sendo, com base no art. 47, II da Lei nº 8.245/1991, requer de V. Exa. se digne de mandar citar o mencionado locatário, ora Requerido, para contestar, se quiser, o presente pedido, no prazo legal, sob pena de revelia, decretando-se, a final, o despejo com a condenação do Requerido nas custas processuais, honorários advocatícios e demais cominações de direito.

Dá-se à causa o valor de R$ (...), correspondente a (...) salários vigentes.

Protesta provar o alegado por todos os meios de provas admitidas em direito.

P. deferimento.

Local e data
....
Advogado – OAB nº (...)

14.23. AÇÃO DE REINTEGRAÇÃO POR VENDA DE IMÓVEL

EXMO. SR. DR. JUIZ DE DIREITO DA (...) VARA DA COMARCA DE (...)

(deixar 10 espaços)

F.F., brasileiro, casado, engenheiro, RG nº (...), CPF nº (...), residente e domiciliado nesta cidade, na rua (...), nº (...), por seu advogado adiante assinado, vem, respeitosamente, perante V. Exa. expor e requerer o quanto segue:

1. Que em data de (...) de (...) (...), adquiriu de D.P.P. brasileiro, casado, dentista, RG nº (...), CPF nº (...), residente e domiciliado nesta cidade, na rua (...), nº (...), o imóvel da Avenida Copacabana, nº 810, desta cidade de (...), pelo preço certo de R$ (...).

2. Que, por ocasião da compra, o imóvel estava alugado ao Sr. (...) por contrato escrito e pelo prazo de 2 anos, pagando o aluguel de R$ (...).

3. Estabelece o art. 8º da Lei nº 8.245/1991 que se, durante a locação, for alienado o prédio, poderá o adquirente denunciá-la, salvo se a locação for por tempo determinado e o respectivo contrato contiver cláusula de vigência em caso de alienação e constar do Registro de Imóveis.

4. Como a locação não se enquadrou no art. 8º da referida lei, o adquirente notificou o locatário para que desocupasse o imóvel no prazo de 90 (noventa) dias, nos termos do art. 8º da referida Lei.

5. Regularmente notificado, o locatário, conforme se comprova pela inclusa notificação judicial, não desocupou o imóvel no prazo estabelecido.

Assim sendo, requer a V. Exa. se digne mandar citar o locatário Sr. V.V., brasileiro, casado, industrial, RG nº (...), CPF nº (...), residente e domiciliado nesta cidade, na rua (...), nº (...), para contestar a presente ação de reintegração de posse, se quiser, no prazo legal, sob pena de revelia. Pedimos se digne mandar conceder medida liminar *intro litis* independente de audiência prévia do Requerido.

Requer, ainda, seja decretada a reintegração com a condenação em custas, honorários de advogado e demais cominações de direito.

Protesta provar o alegado por todos os meios em direito admitidos.

Termos em que, dando-se a causa o valor de R$ (...),

P. deferimento.

Local e data

....

Advogado – OAB nº (...)

Nota: Pela nova Lei nº 8.245/1991, art. 8º, se houver recebimentos de aluguéis, estabelece-se a relação locatícia entre as partes. Nesse caso, não poderá ser usada essa ação reintegratória. Deverá o autor se utilizar do despejo para uso próprio (arts. 5º e 47 da nova Lei nº 8.245/1991). (Usar o Modelo 20).

14.24. PETIÇÃO DE AÇÃO DIVISÓRIA

EXMO. SR. DR. JUIZ DE DIREITO DA (...) VARA DA COMARCA DE (...)

(deixar 10 espaços)

A.B.O., brasileiro, solteiro, ferroviário, RG nº (...), CPF nº (...), residente e domiciliado nesta cidade, na rua (...), nº (...), por seu advogado adiante assinado, vem, respeitosamente, à presença de V. Exa. propor contra F.O., brasileiro, casado, açougueiro, RG nº (...), CPF nº (...), e sua mulher M.O., brasileira, casada, do lar, RG nº (...), CPF nº (...), e P.O., brasileiro, desquitado (separado judicialmente), RG nº (...), CPF nº (...), residente e domiciliado nesta cidade, na rua (...), nº (...), a presente ação divisória, expondo e requerendo o quanto segue:

1. O Requerente, conjuntamente com seus irmãos e cunhada, são proprietários do terreno, cujas características e confrontações são as seguintes: (descrever, pormenorizadamente as características e confrontações) (...), imóvel esse devidamente registrado no Cartório de Registro desta cidade, conforme documento anexo, havido por herança de seus pais.

2. Que seus irmãos querem construir uma olaria para a exploração de tijolos no referido terreno, fato esse que irá provocar buracos e desníveis no imóvel, depreciando sobremaneira todo o imóvel.

3. Que pelo fato acima, não convindo ao Requerente prosseguir na comunhão, quer promover a presente ação a fim de extinguir o condomínio.

À vista do exposto, com base nos arts. 1.320 do Código Civil e 946, inciso II, do Código de Processo Civil, pede o Requerente a citação de F.O., e sua mulher e de P.O., no endereço acima, para responderem aos termos da presente ação, se quiserem, no prazo legal, sob pena de revelia, acompanharem a ação até final sentença que decrete a divisão pleiteada, a pagar as custas e demais despesas do processamento da ação, caso contestem a ação, e o rateio das despesas, na proporção dos quinhões.

Protesta provar o alegado por todos os meios de provas admitidas em direito.

Termos em que, dando-se à causa o valor de R$ (...).

P. deferimento.

Local e data
....
Advogado – OAB nº (...)

14.25. EMBARGO DE OBRA

EXMO. SR. DR. JUIZ DE DIREITO DA (...) VARA DA COMARCA DE (...)

(deixar 10 espaços)

A.G.B., brasileiro, casado, tipógrafo, RG nº (...), CPF nº (...),residente e domiciliado nesta cidade, na rua (...), nº (...), por seu advogado adiante assinado, vem, respeitosamente, perante V. Exa. propor a presente ação demolitória, pelo rito *sumário*, art. 275, do Código de Processo Civil, contra K.L.S., brasileiro, casado, militar, RG nº (...), CPF nº (...), residente e domiciliado nesta cidade, na rua (...), nº (...), expondo e requerendo o quanto segue:

1. Encontra-se em fase de execução uma casa residencial, construindo o Requerido, em seu terreno que é vizinho do Requerente.

2. Acontece que o seu vizinho, ora Requerido, não está obedecendo às posturas municipais e nem o Código Civil pois, pela parte lateral, a distância entre os dois prédios é inferior às determinações legais.

3. Embora advertido pelo Requerente e também por seu mestre-de-obra, o Requerido não deu a menor importância para o caso e mandou que seguisse a obra.

À vista do exposto, quer o Requerente embargar a referida obra, para que não lhe dê prosseguimento por não estar em conformidade com o Código Civil e as posturas Municipais, pedindo a V. Exa. seja expedido mandado citatório dando-lhe ciência de que deverá comparecer à audiência de instrução e julgamento que for marcada por V. Exa..

Requer seja julgada procedente a ação pleiteada, condenando o Requerido a demolir a construção iniciada, repondo os limites nos seus devidos lugares, obedecidos os limites e distâncias legais e, ainda, nas custas processuais, honorários advocatícios e demais cominações de direito.

Para prova do alegado, requer, desde já, produção de provas periciais, depoimento do Sr. João dos Rios, empreiteiro da obra, brasileiro, casado, empreiteiro, RG nº (...), CPF nº (...), residente e domiciliado nesta cidade de (...), na rua (...), nº (...), e do Requerido.

Dá-se à causa o valor de R$ (...).
Termos em que
P. deferimento.

Local e data

....

Advogado – OAB nº (...)

14.26. EMBARGOS DE RETENÇÃO POR BENFEITORIAS EM LOCAÇÃO

EXMO. SR. DR. JUIZ DE DIREITO DA (...) VARA DA COMARCA DE (...)

(deixar 10 espaços)

Z.B., brasileiro, casado, mecânico, RG nº (...), CPF nº (...), residente e domiciliado nesta cidade, por seu advogado adiante assinado, vem, respeitosamente, à presença de V. Exa. a fim de oferecer EMBARGOS DE RETENÇÃO POR BENFEITORIAS ao despejo que fora decretado nos autos da AÇÃO DE DESPEJO – Processo nº 1.235/90 – 2º Cartório e 2ª Vara que, R.S., brasileiro, casado, funileiro, RG nº (...), CPF nº (...), residente e domiciliado nesta cidade na rua (...), nº (...), promove ao embargante, pelos motivos de fato e de direito a seguir expostos:

1. O Embargado, que é locador e proprietário do imóvel da rua Florença, 18, nesta cidade, ajuizou ação de despejo com base em denúncia vazia, por permitir a lei.

2. Acresce que o Embargado no ato da assinatura do contrato de locação permitiu por escrito ao locatário fazer benfeitorias no imóvel, como novo telhado, caixa d'água do que seria ressarcido por ocasião da entrega das chaves (doc. anexo), benfeitorias essas úteis e necessárias.

3. O Embargante, por meio de reconvenção, postulou indenização por benfeitorias no valor de R$ (...) tendo sido esta reconhecida e fixado pelo Juiz o direito de retenção, até pleno ressarcimento do valor, conforme se comprova pelos referidos autos.

4. Embora reconhecido esse direito, não recebeu o Embargante a quantia referida do Embargado, cuja sentença já transitou em julgado e, por conseqüência, insiste no prosseguimento do despejo, conforme se comprova pela notificação do Sr. Oficial de Justiça, em anexo.

Por essa razão, não teve outra solução o embargante senão valer-se dos presentes embargos, a fim de ver assegurado o seu incontestável direito à indenização.

Assim sendo, requer-se de V. Exa. o seguinte:

a) sejam recebidos os embargos, com efeito suspensivo, art. 739, § 1º, do Código de Processo Civil;

b) intimar o embargado para impugná-lo nos termos do art. 740, do Código de Processo Civil e art. 35 da Lei nº 8.245/1991;

c) o julgamento antecipado da lide nos termos do art. 330, nada mais restando a provar por já haver sido reconhecido por sentença transitada em julgado o direito de retenção;

d) sejam julgados procedentes os presentes embargos;

e) a condenação do embargado ao pagamento do principal, acrescido de juros e correção monetária, se houver, custas processuais, honorários advocatícios e demais cominações de direito.

Dando-se à causa o valor de R$ (...) (valor do direito à indenização).

P. deferimento.

Local e data

....

Advogado – OAB nº (...)

14.27. EMBARGOS DE TERCEIROS

EXMO. SR. DR. JUIZ DE DIREITO DA (...) VARA DA COMARCA DE (...)

(deixar 10 espaços)

CARLOS KOBI, brasileiro, casado, comerciante, RG nº (...), CPF nº (...), residente e domiciliado nesta cidade de (...), na rua (...), nº (...), por seu advogado adiante assinado, vem, respeitosamente, perante V. Exa., opor o presente EMBARGO DE TERCEIRO nos autos do Processo nº (.../...), do Cartório do (...) Ofício desta Comarca de (...), expondo e requerendo o seguinte:

1. É possuidor de um lote de terreno, situado nesta cidade de (...), constituído pelo lote nº (...), do loteamento denominado (...), com as seguintes medidas e caracterizações: 10,00 metros de frente para a rua (...); 25,00 metros do lado direito, onde confronta com o lote nº (...); 25,00 metros o lado esquerdo, onde confronta com o lote nº (...); 10,00 metros na linha de fundos, onde confronta com o lote nº (...), encerrando a área de 250,00 metros quadrados e que se encontra registrado no Cartório de Registro de Imóveis desta cidade.

2. Que dito imóvel foi cedido ao pai do Requerente por contrato particular e este, por sua vez, cedeu a ANTÔNIO S. SUASSONO, brasileiro, casado, lavrador, RG nº (...), CPF nº (...), residente e domiciliado nesta cidade de (...), na rua (...), nº (...), em data de (...), de (...), de (...), e que se encontra, desde aquela época na posse do imóvel, a título precário, pois o referido contrato particular não foi registrado naquela época por parte do comprador Antônio S. Suassono, pelo fato da confiança depositada nos vendedores.

3. Acontece, porém, que o Suplicante fora cientificado de que, em decorrência do processo de execução que o Departamento da Estradas de Rodagem move contra a firma VIAÇÃO EXTRANORTE em curso nesta Comarca de (...), Cartório do (...) Ofício, processo nº (...) / (...), foi procedido o arresto do imóvel acima descrito, conforme inscrição de fls. (...), do referido processo.

À vista do exposto, com base no art. 1.046 do Código de Processo Civil, para que o referido imóvel seja exonerado do arresto, vem o Suplicante opor o presente EMBARGO DE TERCEIRO contra aquele ato judicial. E.S.N. PROVARÁ:

a) que foi constituída a firma VIAÇÃO EXTRANORTE em quotas e devidamente integralizadas, registrada na Junta Comercial desta cidade de (...);

b) que a parte subscrita pelo embargante foi devidamente integralizada;

c) que o embargante era apenas um dos mais sacrificados dentro da firma, eis que arcava com os mais variados encargos para não perecer a firma de um possível fracasso;

d) que sendo o único bem ainda registrado em seu nome, mas que na realidade pertence a terceiro o referido terreno, ora em arresto (contrato particular em anexo), improcedente se torna a transferência do referido imóvel, através de arresto, para responder, pessoalmente, por dívida da sociedade limitada, conforme deseja o DER, ora exeqüente, chamando a responsabilidade para o sócio da firma;

e) que a orientação jurisprudencial, nesse sentido, é ampla e sabiamente, conforme se vê:

"Sociedade por quotas de responsabilidade limitada, cujo capital foi integralizado.

Por suas obrigações de natureza física, não respondem bens particulares dos sócios (RTJ 41/566/567).

Executivo Fiscal – Ação contra Sociedade Ltda. Penhora em bens de cotistas – Inadmissibilidade – Capital social integralizado.

O cotista não responde pessoalmente por dívidas da sociedade Ltda. (RT 287/869).

Inadmissível a penhora de bens particulares de sócios em executivo fiscal movido contra sociedade por cota de responsabilidade limitada.

Sociedade por quotas de responsabilidade limitada. Não respondem os bens particulares dos sócios pelas dívidas da sociedade." (Julgados do Tribunal Alçada Civil SP, 25/131).

O Tribunal de Alçada Civil de S. Paulo, em data de 4.11.1970, por sua 4ª Câmara Cível, julgando o recurso *ex officio* nº 146.206 da Comarca de Tambaú, decidiu:

Uma vez integralizado o capital, os bens particulares dos sócios, na sociedade por quotas de responsabilidade limitada, não podem ser penhorados, em razão da dívida fiscal contraída pela sociedade, já dissolvida; se todo o capital estiver realizado, nenhum sócio pode ser compelido a fazer qualquer prestação, eis que nada deve à sociedade, tampouco aos credores, cuja garantia repousa exclusivamente no patrimônio social.

Necessário é que se frise neste último Acórdão, o Pretório citado, pela palavra do ilustre Desembargador Yussef Cahali que funcionou como relator, deixou evidenciada a manifesta impertinência da pretensão da Fazenda do Estado em hipótese que se aplica *in totum* ao presente feito, assim:

De resto, se a Fazenda do Estado entende que há responsável, na forma da lei, por dívida da firma ou sociedade, certo será propor ação contra ele, nos termos do art. 4º, V do Decreto-Lei nº 960 de 1938; não requerer, em ação contra a sociedade sic et simpliciter *a penhora em bens particulares do sócio* (Julgados do Tribunal de Alçada de São Paulo, IV/108, Lex).

A idéia lógica deste artigo foi claramente que os bens particulares dos sócios não respondem pela dívida da sociedade, a não ser quando a legislação dispõe em contrário.

Assim sendo, o Suplicante vem opor o presente EMBARGO DE TERCEIRO contra aquele ato judicial, tendo-se em vista o caso *sub judice* se enquadrar perfeitamente dentro da legislação em vigor, pois a legislação da sociedade limitada nada dispõe ao contrário, para que o referido terreno seja exonerado do referido arresto.

Requer, portanto, face a prova documental apresentada, que lhe seja, liminarmente deferida a manutenção da posse do imóvel, ou se melhor entender V. Exa. da necessidade, sejam ouvidas as testemunhas abaixo arroladas, que comparecerão à audiência que for designada (ou pedindo a citação), independente de intimação.

Requer, ainda, a citação do DER, exeqüente, para que ofereça contestação, no prazo legal, protestando por prova pericial, testemunhal, juntada de documentos e demais que forem necessárias.

Dando à causa o valor da execução, pede sejam os EMBARGOS julgados procedentes e a condenação do embargado nas custas processuais, honorários advocatícios e demais cominações de direito.

Termos em que
P. deferimento.

       Local e data
      ....
       Advogado – OAB nº (...)

ROL DE TESTEMUNHAS:
1ª (...) (nome, endereço e qualificação)
2ª (...) (nome, endereço e qualificação)
3ª (...) (nome, endereço e qualificação)

14.28. AÇÃO DE EXECUÇÃO DE ALUGUÉIS – FIADOR OU INQUILINO

EXMO. SR. DR. JUIZ DE DIREITO DA (...) VARA DA COMARCA DE (...)

(deixar 10 espaços)

ROMEU SARACURA, brasileiro, casado, construtor, RG nº (...), CPF nº (...), residente e domiciliado nesta cidade, na rua Alfenas, 54, por seu advogado adiante assinado, vem, respeitosamente, perante V. Exa. propor contra ANTONIUS BASILEUS, brasileiro, solteiro, mecânico, RG nº (...), CPF nº (...), residente e domiciliado nesta cidade, na rua Presidente Vargas, 14, a presente EXECUÇÃO FORÇADA com base em documento particular, Contrato de locação de imóvel, pelos fatos e fundamentos seguintes:

1. O Requerente é credor da quantia de R$ 50.000,00 (cinqüenta mil reais) referente aos aluguéis de janeiro/1991 e fevereiro/1991, e encargos da locação do imóvel da rua Presidente Vargas, 14, conforme contrato de locação em anexo.

2. O Requerente efetuou diversas gestões para o recebimento de forma amigável, sem lograr êxito.

3. Outra solução não encontrou o Requerente senão proceder a EXECUÇÃO JUDICIAL contra o inquilino (ou fiador) a fim de receber seu débito.

À vista do exposto, requer de V. Exa. a citação do Requerido, nos termos do art. 652 do Código de Processo Civil, para no prazo de 3 (três) dias pagar o principal, acrescido de juros e correção monetária, honorários advocatícios na base de 20% (vinte por cento) sobre o valor do débito, sob pena de não o fazendo, nem oferecendo bens à penhora, sejam-lhe penhorados bens suficientes à garantia da execução, valendo a citação para atos ulteriores do processo, embargar, querendo, no prazo legal de 15 (quinze) dias, e acompanhar a causa até final da sentença.

Termos em que, com os inclusos documentos, e dando-se a esta o valor de R$ 50.000,00 (cinqüenta mil reais).

P. deferimento.

Local e data

....

Advogado – OAB nº (...)

14.29. EXTINÇÃO DE CONDOMÍNIO – VENDA DE COISA COMUM

EXMO. SR. DR. JUIZ DE DIREITO DA (...) VARA DA COMARCA DE (...)

(deixar 10 espaços)

B.E.C. e sua mulher (...) R.P., brasileiros, casados no regime da comunhão de bens, ele funcionário público, RG nº (...), CPF nº (...), em comum ao casal, ela, do lar, RG nº (...), residentes e domiciliados nesta cidade de (...), na rua (...), nº (...), vêm, respeitosamente, perante V. Exa. por seu advogado adiante assinado, expor e requerer o quanto segue:

1. Que, por escritura de COMPRA E VENDA, adquiriram 1/3 do imóvel da rua (...), nº (...), desta cidade, com as seguintes características e confrontações: (descrever o imóvel) e que o restante do imóvel pertence às suas irmãs e cunhadas M.L. e M.Y., brasileiras, solteiras, a primeira RG nº (...), CPF nº (...), professora; a segunda RG nº (...), CPF nº (...), contadora, residentes e domiciliadas nesta cidade de (...), na rua (...), nº (...), conforme se comprova pela inclusa Certidão do Cartório de Registro de Imóveis nesta cidade, devidamente matriculado sob nº (...), fls. (...).

2. Que o referido imóvel é indivisível e não foi possível acordo amigável, adjudicando às condôminas, mediante reposição do preço, o referido imóvel.

3. Querem os Requerentes vender o referido imóvel, a fim de extinguir o condomínio, por não lhes ser mais conveniente tal situação.

4. Assim, com base nos arts. 1.322 do Código Civil e 1.112, IV do Código de Processo Civil, requerem a venda do referido imóvel, pedindo a citação das condôminas, já qualificadas, na forma dos arts. 1.104 a 1.106 do referido Código de Processo Civil, para no prazo de dez (10) dias, se quiserem, contestar a presente ação de venda de coisa em comum, sob pena de revelia, e segui-la até final sentença e arrematação nos termos dos dispositivos do Código de Processo Civil.

Protestam por todas as provas em direito permitidas, especialmente pelos depoimentos pessoais das condôminas, vistorias, juntada de documentos e demais provas necessárias.

Dando-se à causa o valor de R$ (...) para efeitos fiscais, e com os inclusos documentos.

P. deferimento.

Local e data

....

Advogado – OAB nº (...)

ROL DE TESTEMUNHAS:

1ª (...) (nome, endereço e qualificação)
2ª (...) (nome, endereço e qualificação)
3ª (...) (nome, endereço e qualificação)

14.30. EXTINÇÃO DE SERVIDÃO - CONFESSÓRIA

EXMO. SR. DR. JUIZ DE DIREITO DA (...) VARA DA COMARCA DE (...)

(deixar 10 espaço)

J.P.O., brasileiro, casado, lavrador, RG nº (...), CPF nº (...), e sua mulher J.A., brasileira, do lar, RG nº (...), CPF em comum com o marido, residentes e domiciliados nesta cidade de (...), no Sítio Primavera, por seu advogado adiante assinado, vêm, respeitosamente, à presença de V. Exa. expor e requerer o quanto segue:

1. Por escritura pública, em data de (...) de (...) de (...), foi constituída uma servidão de caminho a favor do imóvel encravado de A.B. e sua mulher, situado nesta cidade de (...) no Bairro de (...), conforme se comprova pela inclusa Certidão do Cartório de Registro de Imóveis.

2. Que em data de (...) de (...) de (...), foi aberta uma rodovia vicinal – *Virgílio Távora* – ao lado da referida servidão, dispensando-se a referida servidão constituída.

3. Os Requerentes notificaram A.B. e sua mulher, proprietários do prédio dominante, para o fim especial de obter a escritura liberatória de servidão para que, com sua averbação, pudessem fechar o caminho até hoje mantido e nele utilizar parte de sua lavoura.

4. Os Requeridos se opuseram ao fechamento do caminho com alegação de que era de direito e mais cômodo para eles usarem aquela passagem.

5. Desassiste, porém, razão para a intransigência do proprietário do prédio dominante, eis que o art. 1.388 do Código Civil estabelece que o dono do prédio serviente tem direito, pelos meios judiciais, ao cancelamento da transcrição (registro), embora o dono do prédio dominante lho impugne:

I – (...);

II – quando tiver cessado, para o prédio dominante, a utilidade ou a comodidade, que determinou a constituição da servidão.

6. Ora, a estrada aberta em referência é paralela à servidão instituída e dotada de todas as comodidades e plenamente acessível ao prédio dominante, com pleno uso dos Requeridos.

À vista do exposto, requerem a propositura da presente ação CONFESSÓRIA, a fim de que, julgada procedente, V. Exa. declare por sentença, a extinção da referida servidão, pedindo a citação de A.B., e sua mulher, brasileiros, casados, ele, granjeiro, RG nº (...), CPF nº (...), ela do lar, RG nº (...), CPF nº (...), residentes e domiciliados nesta cidade de (...), na rua (...), nº (...), para que compareçam à audiência de instrução e julgamento que for designada por V. Exa. e fazer suas defesas, se quiserem, sob pena de revelia, tudo no rito sumário, art. 275, item I.

Protestam por todos os meios de provas admitidas em direito, especialmente pelo depoimento dos Requeridos, sob pena de confissão, oitiva das testemunhas abaixo arroladas, e perícias ou vistorias.

Dando-se à causa o valor de R$ (...).

P. deferimento.

Local e data

....

Advogado – OAB nº (...)

ROL DE TESTEMUNHAS:

1ª (...) (nome, endereço e qualificação)
2ª (...) (nome, endereço e qualificação)
3ª (...) (nome, endereço e qualificação)

14.31. EXTINÇÃO DE USUFRUTO OU FIDEICOMISSO

EXMO. SR. DR. JUIZ DE DIREITO DA (...) VARA DA COMARCA DE (...)

(deixar 10 espaços)

A.B., brasileiro, solteiro, bancário, RG nº (...), CPF nº (...), residente e domiciliado nesta cidade de (...), na rua (...), nº (...), por seu advogado adiante assinado, vem, respeitosamente, perante V. Exa. expor e requerer o quanto segue:

1. O Requerente recebeu por doação de E.A. uma casa residencial na rua (...), nº (...), nesta cidade de (...), com reserva de usufruto a favor do doador enquanto este fosse vivo (doc. anexo).

2. Que o doador faleceu em (...) de (...) de (...), ficando, assim, extinto o referido usufruto, pela morte do doador (doc. anexo).

3. Pelo exposto, com base nos arts. 1.103 e 1.112, VI, do Código de Processo Civil, requer-se de V. Exa. se digne declarar extinto o referido usufruto e determinar a expedição de mandado ao Cartório de Registro de Imóveis, para que o Sr. Oficial cancele a respectiva inscrição, constante do Livro (...) de fls. (...).

Termos em que, ouvido o representante do Ministério Público, e dando-se à causa o valor de R$ (...).

P. deferimento.

Local e data

....

Advogado – OAB nº (...)

14.32. ESPECIALIZAÇÃO DE HIPOTECA LEGAL

EXMO. SR. DR. JUIZ DE DIREITO DA (...) VARA DA COMARCA DE (...)

(deixar 10 espaços)

S.A.P., brasileiro, casado, industrial, RG nº (...), CPF nº (...), residente e domiciliado nesta cidade de (...), na rua (...), nº (...), por seu advogado adiante assinado, vem, respeitosamente, perante V. Exa. expor e requerer o quanto segue:

1. Que o Requerente foi nomeado curador do interdito Y.P., possuidor de diversos bens, devendo, para tanto, reger-lhe a pessoa e administrar-lhe os bens.

2. Declarando que estima sua responsabilidade em R$ (...), solicita especialização de hipoteca legal.

3. Que para garantia o Requerente apresenta o seguinte imóvel (descrever o imóvel e seu valor) (doc. anexo).

4. Nos termos do art. 1.206 do Código de Processo Civil, solicita o arbitramento do valor da responsabilidade e a avaliação do bem acima, por perito designado por V. Exa.

Termos em que D. por dependência e A., em apenso (...), pede e espera deferimento.

Local e data

....

Advogado – OAB nº (...)

14.33. AÇÃO DE EVICÇÃO

EXMO. SR. DR. JUIZ DE DIREITO DA (...) VARA DA COMARCA DE (...)

(deixar 10 espaços)

C.R., brasileira, viúva, escriturária, RG n° (...), CPF n° (...), residente e domiciliada nesta cidade (...), na rua (...), n° (...), por seu advogado adiante assinado, vem, respeitosamente, perante V. Exa. expor e requerer o quanto segue:

1. Que por escritura de Compra e Venda, conforme anexo, adquiriu de F.S. e sua mulher S.N., uma pequena casa residencial nesta cidade de (...), na rua (...), n° (...), e que recebeu a seguinte matrícula (...) no Cartório de Registro de Imóveis desta cidade, imóvel esse adquirido por R$ (...).

2. Que em data de (...) V.B. ingressou com uma ação anulatória da venda feita por seus pais a F.S. e sua mulher S.N. sob alegação de que seus pais estavam em idade avançada e sofriam de doença da mente, o que conseguiu, conforme ação anulatória, Proc. n° (.../...), do Cartório da 2ª Vara desta Comarca, com trânsito em julgado dia (...) de (...) de (...) (certidão da sentença em anexo).

3. Assim, pela sentença anulatória da compra e venda, a Requerente ficou despojada do que havia comprado e quer fazer valer seus direitos de evicção, nos termos dos arts. 447 a 457 do Código Civil, com a finalidade de ser indenizado de todo o pagamento e de todas as despesas feitas, acrescidos dos juros e correção monetária.

À vista do exposto, requer a citação de F.S. e sua mulher, brasileiros, casados, ele, contador RG n° (...), CPF n° (...), ela, escriturária, RG n° (...), CPF n° (...), residentes e domiciliados na cidade de (...), rua (...), n° (...), para contestarem o feito dentro do prazo legal, se assim o quiserem, sob pena de revelia.

Outrossim, espera a Requerente seja a ação julgada procedente com a condenação dos Requeridos no valor da indenização, custas processuais, honorários advocatícios e demais cominações de direito.

Protesta provar o alegado por todos os meios em direito admitidos.

Dando-se à causa o valor de R$ (...).

P. deferimento.

Local e data

....

Advogado – OAB n° (...)

14.34. DEFESA DA POSSE DE VIOLÊNCIA IMINENTE

EXMO. SR. DR. JUIZ DE DIREITO DA (...) VARA DA COMARCA DE (...)

(deixar 10 espaços)

A.J.I., brasileiro, casado, comerciante, RG nº (...), CPF nº (...), residente e domiciliado nesta cidade de (...), na rua (...), nº (...), vem, respeitosamente, perante V. Exa., por seu advogado adiante assinado, propor contra A.Z.Y., brasileiro, solteiro, empreiteiro, RG nº (...), CPF nº (...), residente e domiciliado nesta cidade de (...), na rua (...), nº (...), a presente ação de INTERDITO PROIBITÓRIO, pelos motivos de fato e de direito que passa a expor:

1. O Requerente possui um terreno na rua (...), bairro (...), nesta cidade de (...), com as seguintes características: mede pela frente da rua (...) 15,50m; pelo lado esquerdo de quem da rua olha para o terreno, 37,00m; pelo lado direito 42,00m e pelos fundos 15,00m, terreno esse cercado por uma mureta de 0,60m de altura em toda a sua extensão. O terreno encontra-se matriculado sob nº 00000- fls. 000 do Cartório de Registro desta cidade, conforme se comprova pela inclusa Certidão atualizada.

2. Acontece que o Requerido, seu vizinho pelo lado direito, A.Z., vem fazendo ameaças de construir um pequeno galpão na parte dos fundos onde com ele confronta, na medida de 5 metros, alegando que essa área lhe pertence porque o terreno do Requerente é maior nesta medida na parte dos fundos e esta diferença lhe pertence.

3. O fato é do conhecimento dos moradores vizinhos e do carroceiro Sr. (...) que vem descarregando areia e material do galpão, como telhas, madeiras, etc., dizendo que o início da obra será nesta semana entrante.

4. O Requerente receia sofrer violência que assegura iminente e é plenamente justo o seu receio que autoriza lançar mão do remédio possessório do interdito.

À vista do exposto, com base no art. 1.210 do Código Civil e com a documentação apresentada, requer de V. Exa. seja expedido mandado proibitório *in limine litis*, sem audiência do Requerido, cominando-lhe uma pena de R$ (...) correspondente a (...) (usar um indexador), por dia, em caso de promover turbação ou esbulho, ou seja designada audiência de justificação prévia, com a citação do Requerido e a intimação das testemunhas abaixo arroladas, determinando a expedição do mandado liminar proibitório, com as conseqüências legais, inclusive a multa indicada, em caso da transgressão do preceito.

Requer, ainda, a citação do Requerido para todos os ulteriores termos da presente ação, contestá-la, caso queira, pena de revelia, julgar procedente o pedido em todos os seus termos, seja o Requerente manutenido na posse, a expedição de mandado definitivo proibitório, cominação de pena em caso de transgressão do preceito, condenação nas custas, honorários advocatícios e demais cominações de direito.

Protesta provar o alegado por todos os meios de provas permitidas em direito, especialmente pela oitiva das testemunhas abaixo arroladas, que, desde já, requer, pelo depoimento pessoal do Requerido, juntada de documentos, vistorias e outras que julgar necessárias.

Dando-se à presente o valor de R$ (...).

P. deferimento.

Local e data

....

Advogado – OAB nº (...)

ROL DE TESTEMUNHAS:
1ª (...) (nome, endereço e qualificação)
2ª (...) (nome, endereço e qualificação)
3ª (...) (nome, endereço e qualificação)

14.35. AÇÃO DE MANUTENÇÃO DE POSSE

EXMO. SR. DR. JUIZ DE DIREITO DA (...) VARA DA COMARCA DE (...)

(deixar 10 espaços)

Z.P.L., brasileiro, casado, vendedor, RG nº (...), CPF nº (...), e sua mulher M.A.S., brasileira, casada, do lar, RG nº (...), CPF nº (...), residentes e domiciliados nesta cidade de (...), no bairro de (...), na Chácara Santa Rosa, pelo advogado adiante assinado, vêm, respeitosamente, perante V. Exa. propor ação de MANUTENÇÃO DE POSSE contra T.P.W., brasileiro, solteiro, lavrador, residente e domiciliado nesta cidade de (...), na rua (...), nº (...), pelos motivos que passam a expor:

1. Os Requerentes são legítimos possuidores de uma pequena chácara onde residem, localizada no bairro (...), denominada Chácara Santa Rosa, com área de 3.000 metros quadrados, conforme se comprova pela inclusa Certidão do Registro de Imóveis, adquirida há mais de 20 anos.

2. Que por ocasião da festa de São Benedito deste ano, ocorrida no período de 2 de abril a 9 do mesmo mês, aproveitando da ausência dos Requerentes que se ausentaram de sua chácara, o Requerido adentrou nos fundos de sua propriedade, na parte do riacho que corre nos fundos, derrubou a cerca e lá colocou algumas madeiras e telhas, dizendo que vai construir um pequeno barraco.

3. O fato é do conhecimento do leiteiro Sr. Pedro Sacodi que foi convidado para trabalhar na construção do barraco. O fato foi levado à autoridade policial que abriu inquérito para apuração (doc. anexo).

4. Estabelece o art. 1.210 do Código Civil que o possuidor tem direito a ser mantido na posse, em caso de turbação, e restituído, no caso de esbulho.

5. Com a invasão e derrubada da cerca dos fundos e colocação de material, indiscutível, portanto, a lesão à posse dos Requerentes.

Pelo exposto, com fundamento nos arts. 924 e 926 do Código de Processo Civil, requerem de V. Exa. a citação do Requerido para contestar a presente ação, caso queira, e dos demais termos do processo, sob pena de revelia, julgar procedente o pedido, condenando o Requerido nas custas processuais, honorários advocatícios e demais cominações de direito e a serem mantidos na posse os Requerentes.

Requerem ainda, a expedição de mandado liminar de manutenção de posse, conforme se encontra instruída a inicial com a prova da posse e sua data anterior a ano e dia e a turbação.

Caso assim não entenda V. Exa., requerem seja designada audiência de justificação prévia, citando o Requerido e intimando as testemunhas que abaixo arrolam.

Protestam provar o alegado por todos os meios de provas em direito admitidas, especialmente pelo depoimento pessoal do réu, que, desde já, o requer, oitiva das testemunhas abaixo, juntada de documentos, vistorias.

Dá-se à causa o valor de R$ (...).

P. deferimento.

Local e data

....

Advogado – OAB nº (...)

ROL DE TESTEMUNHAS:
1ª (...) (nome, endereço e qualificação)
2ª (...) (nome, endereço e qualificação)
3ª (...) (nome, endereço e qualificação)

14.36. NOTIFICAÇÃO PARA EXERCER DIREITO DE PREFERÊNCIA EM VENDA DE IMÓVEL LOCADO

EXMO. SR. DR. JUIZ DE DIREITO DA (...) VARA DA COMARCA DE (...)

(deixar 10 espaços)

MARIA CONCEIÇÃO e seu filho JOÃO CONCEIÇÃO, brasileiros, ela, viúva, do lar, RG nº (...), CPF nº (...), ele, estudante, maior, RG nº (...), CPF nº (...), residentes e domiciliados nesta cidade de (...), na rua (...), nº (...), pelo advogado adiante assinado (doc. anexo), vêm, respeitosamente, perante V. Exa. requerer a NOTIFICAÇÃO de ABERALDO CROSLER, brasileiro, viúvo, aposentado, RG nº (...), CPF nº (...), residente e domiciliado na rua (...), nº (...), nesta cidade de (...), expondo e requerendo o seguinte:

1. Os Requerentes, receberam por herança o imóvel da rua (...), nº (...), conforme se comprova pelo incluso Formal de Partilha, devidamente registrado.

2. Acontece, porém, que os herdeiros querem vender o imóvel acima descrito e que está alugado para o Requerido por tempo indeterminado.

3. À vista do exposto, com base no art. 27 da Lei nº 8.245/1991 e art. 867 do Código de Processo Civil, requerem de V. Exa. mandar NOTIFICAR o Requerido no endereço acima para manifestar sua preferência na aquisição do referido imóvel que lhe é locado, pelo preço certo de R$ (...) à vista, no ato da lavratura da referida escritura, cujas despesas correrão por conta do adquirente, pelo prazo de trinta dias a contar da intimação. Findo o prazo sem a manifestação do interessado, ficarão os Requerentes desobrigados de quaisquer compromissos, podendo vendê-lo a terceiros. Informa ainda, que a documentação poderá ser examinada no horário comercial, na rua (...), nº (...), nesta cidade.

Requer, ainda, procedida a notificação, sejam os autos entregues aos Requerentes, independente de traslado, nos termos do art. 872 do Código de Processo Civil.

Termos em que, dando-se a esta o valor de R$ (...).

P. deferimento.

Local e data

....

Advogado – OAB nº (...)

14.37. NOTIFICAÇÃO JUDICIAL – PAGAMENTO EM ATRASO

EXMO. SR. DR. JUIZ DE DIREITO DA (...) VARA DA COMARCA DE (...)

(deixar 10 espaços)

BRASILINO PEROBA e sua mulher ANA ROSA PEROBA, brasileiros, casados, ele escriturário, RG nº (...), CPF nº (...), ela, professora, RG nº (...), CPF nº (...), residentes e domiciliados nesta cidade de (...), na rua (...), nº (...), pelo advogado adiante assinado (doc. anexo), vêm, respeitosamente, perante V. Exa. requerer a presente NOTIFICAÇÃO JUDICIAL contra ESMERALDO SABITUDO, brasileiro, solteiro, administrador de fazenda, RG nº (...), CPF nº (...), residente e domiciliado nesta cidade de (...), na rua (...), nº (...), com base no art. 867 do Código de Processo Civil, pelos seguintes motivos de fato e de direito:

1. Os Requerentes venderam ao Requerido uma pequena chácara de recreio, situada no bairro de (...), constituída pelo nº (...), da Quadra (...) do loteamento denominado *Chácaras Recreio*, através de contrato particular de COMPROMISSO DE COMPRA E VENDA, pelo preço certo e ajustado de R$ (...), sendo R$ (...), no ato da assinatura e o restante em 10 prestações iguais, venciveis mensalmente e a partir de (...) de (...) de 20 (...).

2. Do referido contrato ficou constando que o atraso de três prestações consecutivas daria azo à rescisão contratual.

Acontece que o Requerido pagou somente a primeira prestação no valor de R$ (...) não mais pagando quaisquer das prestações vencidas em (...) de (...) de (...), (...) de (...) de (...) e (...) de (...) de (...).

Nestas condições querem os Requerentes NOTIFICAR o Requerido para efetuar o pagamento das prestações em atraso no prazo improrrogável de trinta (30) dias, sob pena de caracterizar-se a mora, e, conseqüentemente, o direito dos Requerentes em proporem a competente Ação de Rescisão Contratual.

Pelo exposto e do mais que certamente será suprido por V. Exa. pedem e esperam que se digne mandar NOTIFICAR o Requerido Sr. ESMERALDO SABITUDO, para no prazo acima efetuar o pagamento das prestações em atraso, sob pena de mora.

Outrossim, requerem que, após observadas as formalidades de estilo, lhes sejam entregues os autos, independente de traslado, nos termos do art. 872 do Código de Processo Civil.

Dando-se ao pedido valor de R$ (...).
P. deferimento.

Local e data

....
Advogado – OAB nº (...)

14.38. PETIÇÃO DE PURGA DE MORA E SUB-ROGAÇÃO – SUBLOCATÁRIO

EXMO. SR. DR. JUIZ DE DIREITO DA (...) VARA DA COMARCA DE (...)

(deixar 10 espaços)

C.S., brasileira, solteira, enfermeira, RG nº (...), CPF nº (...), residente e domiciliada nesta cidade de (...), na rua (...), nº (...), por seu advogado adiante assinado, vem, respeitosamente, perante V. Exa. expor e requerer o quanto segue:

1. Que tramita por essa Vara e Cartório uma ação de despejo que B.M, move contra J.V., com referência ao prédio da rua (...), nº (...), do qual a Requerente é sublocatária legítima, conforme se comprova pela juntada de documentos, recibos e contrato de locação.

2. O referido despejo é por motivo de falta de pagamento dos aluguéis dos meses de (...) e (...) e encargos que somam o total de R$ (...).

3. A Requerente se propõe a purgar a mora, caso o locatário não o faça e nem conteste a ação, nos termos dos arts. 14 e 62, II, da Lei nº 8.245/1991, sub-rogando-se nos direitos decorrentes desta.

4. Assim sendo, requer de V. Exa. se digne admitir a Requerente como parte nos autos, na forma da lei, para assegurar seus direitos à locação, ressalvada a preferência do locador.

Termos em que,
P. deferimento.

Local e data

....

Advogado – OAB nº (...)

14.39. PURGAÇÃO DE MORA – ALUGUÉIS

EXMO. SR. DR. JUIZ DE DIREITO DA (...) VARA DA COMARCA DE (...)

(deixar 10 espaços)

LIN CINCRANO SATAL (qualificar), nos autos da ação de despejo que lhe move FULANO DE TAL, já qualificado nos autos – Processo nº (.../...), por seu advogado adiante assinado, vem, respeitosamente, a presença de V. Exa. requerer se digne autorizá-lo a PURGAR A MORA dos aluguéis e encargos devidos, nos termos do art. 62, II, da Lei nº 8.245/1991, pedido este feito dentro do prazo legal da contestação.

Requer, ainda, seja incluído o aluguel que se vencer até efetivo deferimento.

Informa V. Exa. que o Requerente não se enquadra nos termos do parágrafo único do referido art. 62.

Termos em que,
P. deferimento.

                    Local e data
                    ....
                    Advogado – OAB nº (...)

14.40. AÇÃO DE REMISSÃO – IMÓVEL HIPOTECADO

EXMO. SR. DR. JUIZ DE DIREITO DA (...) VARA DA COMARCA DE (...)

(deixar 10 espaços)

A.S.K., brasileiro, viúvo, farmacêutico, RG nº (...), CPF nº (...), residente e domiciliado nesta cidade de (...), na rua (...), nº (...), por seu advogado adiante assinado, vem, respeitosamente, à presença de V. Exa. expor e requerer o quanto segue:

1. Que por escritura pública de Compra e Venda, devidamente matriculada no Cartório de Registro de Imóveis desta cidade, sob nº (...), fls. (...), o Requerente comprou de F.A.C., brasileiro, separado judicialmente, escriturário, RG nº (...), CPF nº (...), uma casa residencial localizada na rua (...), nº (...), pelo preço certo de R$ (...).

2. No entanto o referido imóvel encontra-se hipotecado a J.O.N., brasileiro, casado, comerciante, RG nº (...), CPF nº (...), residente e domiciliado nesta cidade de (...), na rua (...), nº (...), pela quantia de R$ (...), que o referido vendedor F.A.C. tomou por empréstimo a juros de (...) ao ano, conforme escritura lavrada no Cartório (...) sob nº (...), registrada sob nº (...).

3. Não pretendendo continuar com o ônus que grava o imóvel, o Requerente quer liberar o imóvel da referida hipoteca, pagando ao credor a dívida pela importância do valor da propriedade.

Conforme faculta o art. 1.481 do Código Civil e art. 794, II do Código de Processo Civil, ao adquirente de imóvel hipotecado, o direito de remí-lo, dentro do prazo de 30 dias, contados do registro (transcrição) do título aquisitivo, quer o adquirente exercer o seu direito.

Assim sendo, vem, respeitosamente, o Requerente propor contra J.O.N., já qualificado, a presente ação de remissão do imóvel hipotecado, requerendo o quanto segue:

a) seja notificado o credor hipotecário da venda e compra para que venha receber o preço de R$ (...), por que adquiriu o imóvel hipotecado, sob pena de, não atendendo a notificação ou impugnando o preço proposto, em cinco dias, ser lavrado o termo de pagamento, mediante exibição da importância respectiva, que ficará depositada à disposição dele, e por sua conta, e de cancelar-se a hipoteca em referência.

b) em caso de impugnação do preço oferecido, determine V. Exa. se leve à hasta pública, em lugar, dia e hora designados, o imóvel hipotecado, para licitação entre o peticionário e o credor, tudo sob pena de revelia e nos termos dos arts. 890 e seguintes do Código de Processo Civil, devendo, afinal, ser julgada a remissão por sentença e extinta a dívida hipotecária.

Dando-se à causa o valor de R$ (...) para efeitos de taxa judiciária.

P. deferimento.

Local e data

....
Advogado – OAB nº (...)

14.41. REINTEGRAÇÃO DE POSSE – COMODATO

EXMO. SR. DR. JUIZ DE DIREITO DA (...) VARA DA COMARCA DE (...)

(deixar 10 espaços)

F.D.J., brasileiro, solteiro, pintor, RG nº (...), CPF nº (...), residente e domiciliado nesta cidade de (...), na rua (...), nº (...), vem, respeitosamente, por seu advogado adiante assinado (doc. anexo) propor contra A.B.J., brasileiro, casado, professor, RG nº (...), CPF nº (...), e sua esposa M.A.S, brasileira, casada, do lar, RG nº (...), CPF nº (...), residentes e domiciliados nesta cidade de (...), na rua (...), nº (...), a presente ação de reintegração de posse, pelo rito sumário, nos termos dos arts. 275, I, e seguintes do Código de Processo Civil, expondo e requerendo o quanto segue:

1. O Requerente deu em comodato aos Requeridos acima qualificados o imóvel de sua propriedade pelo prazo de um ano, enquanto os mesmos construíam sua casa no bairro de (...), rua (...), nº (...).

2. Acontece que expirou o prazo de um ano e os Requeridos se negam a devolver a casa do Requerente, sob alegação de que não têm tempo de ultimar sua obra e nem mesmo estão propensos a mudar de lá.

3. O Requerente, para fazer valer seu direito, notificou os Requeridos, conforme se comprova pelo incluso documento, caracterizando, assim, pela não entrega do imóvel, o esbulho.

À vista do exposto, requer-se de V. Exa. a citação dos Requeridos para os termos da presente ação de reintegração de posse, pedindo se digne conceder a medida liminar de reintegração *initio litis,* independente de audiência prévia dos Requeridos, considerando a prova documental desde logo produzida, contrato de comodato em anexo, que induz o domínio do Requerente, dando-lhe ciência da audiência de instrução e julgamento a ser designada por V. Exa., à qual devem comparecer, sob pena de revelia.

Espera seja confirmada por V. Exa. a medida liminar acima requerida e pede a condenação dos Requeridos nas custas processuais, honorários advocatícios e demais cominações de direito.

Dá-se à causa o valor de R$ (...).

P. deferimento.

Local e data

....

Advogado – OAB nº (...)

NOTA: Juntar documento de propriedade do imóvel.

14.42. AÇÃO RENOVATÓRIA COMERCIAL – LEI Nº 8.245/1991

EXMO. SR. DR. JUIZ DE DIREITO DA (...) VARA DA COMARCA DE (...)

(deixar 10 espaços)

R.R. S.A., firma estabelecida na rua (...), nº (...) – sede própria -, inscrita no CNPJ/MF sob nº 12345678/0000-00, nesta cidade de (...), por seu advogado adiante assinado, vem respeitosamente, perante V. Exa. para propor AÇÃO RENOVATÓRIA contra D.C.R. LTDA., sociedade comercial, sediada na Rodovia Presidente Dutra, km (...), município de (...), neste Estado de São Paulo, inscrita no CNPJ/MF sob nº 000000/0000, pelos fatos e fundamentos seguintes:

1. A Requerente é locatária do imóvel de propriedade da Requerida, constituída de uma área de (...) m², conforme se comprova pelo incluso contrato.

2. O referido contrato encontra-se em vigência e o aluguel corresponde a R$ (...), equivalente a (...) (BTN ou TRD ou outra legal) e que é pago, mensalmente, no Banco Itaú S.A. na cidade de (...), através de depósitos em conta nº (...) e tem término em (...).

3. A Requerente pretende renovar o contrato de locação feito entre as partes, tendo em vista preencher todos os requisitos estabelecidos pelo art. 71 da Lei nº 8.245/1991, exercendo há mais de 3 anos a mesma atividade de (...), e vem cumprindo religiosamente todas as obrigações contratuais.

Assim sendo, a Requerente propõe a presente ação para renovar o contrato, nas seguintes condições:

a) o prazo de locação deverá ser de cinco (5) anos;

b) o aluguel deverá ser de R$ (...) mensal, reajustável de (...) em (...) meses, de acordo com os índices apresentados pelo Governo ou, na sua falta, a inflação mensal ou (buscar outro indexador permitido por lei);

c) faz indicação do Sr. (...) (qualificar) nos termos do art. 71, V, da referida Lei nº 8.245/1991 (ou deixa de apresentar pelas razões [...]);

d) devendo as demais cláusulas obedecerem às formalizadas no contrato em vigência, datado de (...).

Pelo exposto, vem a Requerente pedir a citação da Requerida, na pessoa de seu representante legal Sr. (...) (qualificar) para responder aos termos da presente ação, julgá-la procedente, com a decretação da renovação pedida do contrato de locação, condenando a Requerida nas custas processuais, honorários advocatícios e demais cominações de direito.

Protesta provar o alegado por todos os meios de provas em direito permitidas, principalmente a documental, testemunhal e pericial e as demais que necessárias forem.

Dando-se à causa o valor de R$ (...).

P. deferimento.

Local e data
....
Advogado – OAB nº (...)

14.43. AÇÃO RESCISÓRIA DE CONTRATO

EXMO. SR. DR. JUIZ DE DIREITO DA (...) VARA DA COMARCA DE (...)

(deixar 10 espaços)

J.P., brasileiro, casado, comerciante, RG nº (...), CPF nº (...), residente e domiciliado nesta cidade de (...), na rua (...), nº (...), por seu advogado adiante assinado, vem, respeitosamente, perante V. Exa. propor uma ação ORDINÁRIA DE RESCISÃO DE CONTRATO, contra F.F., brasileiro, solteiro, encanador, RG nº (...), CPF nº (...), residente e domiciliado nesta cidade, na rua (...), nº (...), expondo e requerendo o seguinte:

1. Que por contrato particular de Compromisso de Compra e Venda, devidamente registrado no Cartório de Registro de Imóveis desta cidade de (...), no Livro (...), fls. (...), o Requerente prometeu a venda do lote nº (...) da Quadra (...) do loteamento denominado *VILA BELA* desta cidade, ao Requerido, pelo preço de R$ (...).

2. O referido preço acima foi dividido em 24 prestações mensais, iguais de R$ (...), com início em (...) e término em (...). No entanto o Requerido pagou somente duas prestações, isto é, as primeiras, e nada mais.

3. O Requerente notificou o Requerido para que atualizasse o débito, sob pena de ser constituído em mora, e ser rescindido o referido contrato de compromisso (doc. anexo).

4. Conforme se vê pela notificação de (...), o Requerido ficou constituído em mora pela falta dos pagamentos devidos e sem qualquer justificativa.

Pelo exposto, requer-se de V. Exa. se digne mandar citar o Requerido no endereço retro para que conteste a ação, dentro do prazo legal, caso queira, sob pena de revelia.

Requer, ainda, a condenação do Requerido no pedido feito, em todos os seus termos, de rescisão do contrato particular de Compromisso de Compra e Venda, perda das benfeitorias, caso existentes no imóvel, nos termos do compromisso; na reintegração da posse a favor do Requerente; na decretação e cancelamento do referido registro no Cartório de Registro de Imóveis; a condenação do Requerido nas custas processuais, honorários advocatícios e demais cominações de direito.

Protesta provar o alegado por todos os meios de provas admitidas em direito.

Dando-se à causa o valor de R$ (...).

P. deferimento.

Local e data

....

Advogado – OAB nº (...)

14.44. RESCISÃO CONTRATUAL POR MÚTUO ACORDO – DISTRATO

EXMO. SR. DR. JUIZ DE DIREITO DA (...) VARA DA COMARCA DE (...)

(deixar 10 espaços)

R.S., brasileiro, casado, comerciante, RG nº (...), CPF nº (...) residente e domiciliado nesta cidade de (...), na rua (...), nº (...), na qualidade de LOCADOR e de outro lado A.B., brasileiro, casado, mecânico, RG nº (...), CPF nº (...), residente e domiciliado na cidade de (...), na rua (...), nº (...), na qualidade de LOCATÁRIO, têm justo e contratado, pelo presente instrumento, RESCINDIR a locação do imóvel da rua (...), nº (...), na cidade de (...), nos termos do art. 9º da Lei nº 8.245/1991, mediante as seguintes condições:

1ª) A rescisão se opera de pleno direito, a partir desta data (ou da que for indicada).

2ª) Neste ato (ou na data indicada), o LOCATÁRIO, entrega as chaves do imóvel, plenamente desocupado, e nas condições recebidas.

3ª) Pela entrega definitiva das chaves (ou na data da entrega) o LOCADOR dá ao LOCATÁRIO plena, geral e rasa quitação, de caráter irrevogável, para nada mais reclamar ou exigir em tempo algum ou juízo, quanto à locação rescindida especialmente quanto aos aluguéis e encargos e estado do imóvel.

4ª) O LOCADOR poderá dar ao imóvel o destino que quiser, como alugar, vender, ou de qualquer outra forma alienar, ceder sob qualquer condição.

5ª) A partir desta data fica o Sr. (...), fiador (qualificar) exonerado da responsabilidade assumida no contrato que ora rescinde.

6ª) Fica eleito o foro de (...), para dirimir qualquer dúvida oriunda do presente contrato de rescisão.

E, assim, na forma acima, por estarem justos e contratados, assinam o presente acordo de rescisão em duas vias de igual teor, na presença de duas testemunhas, abaixo assinadas, pedindo a V.Exa. homologar a presente rescisão.

Local e data

....
Locador

....
Locatário

TESTEMUNHAS:
(...) (qualificar)
(...) (qualificar)
NOTA: reconhecer todas as firmas acima.

14.45. RETIFICAÇÃO DE ÁREA COM CITAÇÃO DOS CONFRONTANTES

EXMO. SR. DR. JUIZ DE DIREITO DA (...) VARA DA COMARCA DE (...)

(deixar 10 espaços)

JOSÉ DA SILVA, brasileiro, casado, vendedor, RG nº (...), CPF nº (...), residente e domiciliado nesta cidade de (...), na rua (...), nº (...), por seu advogado adiante assinado, vem, respeitosamente, perante V. Exa. requerer RETIFICAÇÃO DE ÁREA, com base no art. 213 da Lei nº 6.015/1973, expondo e requerendo o seguinte:

1. O Suplicante é senhor e legítimo proprietário de um imóvel residencial, situado na rua (...), nº (...), nesta cidade de (...), com as seguintes características e confrontações: Uma casa de morada e seu respectivo terreno, situados nesta cidade de (...), na rua (...), nº (...), constituída a casa de 5 cômodos, etc., medindo o terreno, 9,50 metros de frente, para a rua (...), confrontando de um lado com (...) e de outro com (...) e nos fundos com (...), devidamente transcrito no Cartório de Registro de Imóveis desta cidade.

2. Verificando o Requerente que o imóvel possui medidas diferentes, mandou fazer um levantamento planimétrico pelo engenheiro Sr. (...) conforme planta e memorial em anexo, passando o imóvel ter a seguinte descrição:

Considerando como ponto de referência o ponto R (PR), situado no cruzamento do alinhamento do muro da rua (...) com a rua (...), desse ponto segue em linha reta, sentido ao imóvel nº (...), numa extensão de 10,00 metros pela rua (...) até encontrar o Ponto 1 (P1), que é o início desta presente descrição; deste ponto, deflete à esquerda em ângulo de 90° e segue em linha reta, numa extensão de 35,00 metros, confrontando com o Sr. (...) e 10,00 metros com o Sr. (...) até encontrar o Ponto 2 (P2); desse ponto deflete à direita em ângulo de 47° e segue em linha reta, numa extensão de 2,00 metros confrontando com o Sr. (...), até encontrar o ponto 3 (P3), desse ponto deflete à direita em ângulo de 82° e segue em linha reta numa extensão de 15,00 metros, confrontando com o Sr. (...) até encontrar o ponto 4 (P4); desse ponto deflete à direita, em ângulo de 28° e segue em linha reta numa extensão de 33,00 metros, confrontando com o Sr. (...) até encontrar o Ponto 5 (P5); desse ponto deflete à direita em ângulo de 83° e segue em linha reta, numa extensão de 8,00 metros, confrontando com a rua (...) até encontrar o Ponto 1 (Pl) que é o início desta descrição, onde deflete 90° para a direita, fechando um polígono com área de (...) metros quadrados.

À vista do exposto, com fundamento no art. 213 e seus parágrafos da Lei nº 6.015/1973, requer a RETIFICAÇÃO DE ÁREA do imóvel, objeto da transcrição nº (...), fls. (...), Livro (...), do Cartório de Registro de Imóveis, decretando-se a retificação ora pleiteada, com a expedição de mandado ao Cartório de Registro de Imóveis para as devidas averbações, para que fique constando da respectiva transcrição suas características, confrontações e medidas, apuradas acima, no item 2 (dois).

Requer, ainda, a citação dos confrontantes, para os quais deverá seguir junto com a inicial uma cópia da planta e memorial, bem como da Prefeitura Municipal na pessoa do Sr. Prefeito para, se quiserem, manifestar sobre o pedido.

Decorridos os trâmites legais, com a oitiva do representante do Ministério Público, requer-se pelo deferimento do pedido em todos os seus termos, decretando-se a retificação pedida e determinando V. Exa. a expedição do competente mandado ao Cartório de Registro de Imóveis.

Dá-se à causa o valor de R$ (...).

P. deferimento.

Local e data

....

Advogado – OAB nº (...)

14.46. RETIFICAÇÃO DE ÁREA COM CITAÇÃO DO ALIENANTE

EXMO. SR. DR. JUIZ DE DIREITO DA (...) VARA DA COMARCA DE (...)

(deixar 10 espaços)

MIGUEL DAS GRAÇAS, brasileiro, casado, mecânico, RG nº (...), CPF nº (...), residente e domiciliado nesta cidade de (...), na rua (...), nº (...), por seu advogado adiante assinado (doc. anexo), vem, respeitosamente, à presença de V. Exa. requerer uma RETIFICAÇÃO DE ÁREA, com fundamento no art. 212 e seguintes da Lei nº 6.015/1973, expondo e requerendo o quanto segue:

1. O Suplicante adquiriu de JOSÉ LE GOY e sua mulher MARIA GOY, brasileiros, casados, ele, eletricista, RG nº (...), CPF nº (...), ela balconista, RG nº (...), CPF nº (...), residentes e domiciliados nesta cidade de (...), na rua (...), nº (...), um terreno na rua (...), medindo 10,00 metros de frente para a rua (...), 25,00 metros do lado direito onde confronta com o Sr. (...), 25,00 metros do lado esquerdo onde confronta com o Sr. (...), e nos fundos 10,00 metros onde confronta com o Sr. (...), conforme se comprova pela inclusa Certidão do Registro de Imóveis, conforme matricula nº (...), fls. (...).

2. Pretendendo o Requerente construir um barracão para sua oficina no referido imóvel, mandou o Sr. (...), engenheiro, elaborar uma planta e proceder o levantamento topográfico do referido lote.

3. Pelo levantamento feito pelo Sr. (...), engenheiro contratado, verificou-se que o imóvel possui diferença em suas medidas, na seguinte forma: do lado direito onde mede 25,00 metros, constatou-se que a medida exata é de 26,00 metros, alterando-se assim a área total para (...) m².

4. Com as medidas apuradas pelo Sr. (...), engenheiro, verifica-se que o terreno, na realidade, possui metragens superiores às constantes do Registro Público, conforme se comprova pela planta e memorial anexo, cujas medidas transcrevemos: *(transcrever as medidas do memorial do Sr. engenheiro).*

Pelo exposto, faz-se mister que se proceda a retificação do registro, para que se enquadre nas medidas apuradas e certas que o imóvel possui.

Assim sendo, requer de V. Exa. se digne mandar citar os vendedores acima referidos e os confrontantes Srs. (...) (todos), a Prefeitura Municipal na pessoa do Sr. Prefeito para no prazo de 10 dias se manifestarem, se quiserem, bem como a intimação do representante do Ministério Público para acompanhar o feito.

Não havendo manifestação contrária das partes citadas, requer de V. Exa. julgar procedente o pedido de retificação, com a expedição de mandado ao Sr. Oficial do Cartório de Registro de Imóveis para que proceda a averbação devida.

Dando-se à causa o valor de R$ (...).

P. deferimento.

Local e data

....

Advogado – OAB nº (...)

14.47. AÇÃO REVISIONAL DE ALUGUEL DE ACORDO COM A LEI Nº 8.245/1991

EXMO. SR. DR. JUIZ DE DIREITO DA (...) VARA DA COMARCA DE (...)

(deixar 10 espaços)

S.R.A., brasileiro, casado, professor aposentado, RG nº (...), CPF nº (...), residente e domiciliado na Rua Alfenas, 54, nesta cidade, vem, respeitosamente, perante V. Exa. por seu advogado adiante assinado, propor a presente AÇÃO REVISIONAL DE ALUGUEL, pelo rito sumário art. 68 da Lei nº 8.245/1991 contra A.F., brasileiro, casado, balconista, RG nº (...), CPF nº (...), residente e domiciliado nesta cidade, na Rua das Flores nº 14, expondo e requerendo o quanto segue:

1. O Requerente locou ao Requerido o imóvel de sua propriedade, localizado na Rua das Flores, nº 14, para fins residenciais, pelo prazo de um ano, com início em 15 de janeiro de 1998, estando, portanto, a locação por tempo indeterminado e pagando o inquilino o aluguel atual de R$ 2.510,00 (dois mil e quinhentos reais) (contrato anexo).

2. Como se vê, a locação contratada tem mais de 3 (três) anos e apesar das majorações com base nos índices governamentais, o aluguel ficou muito defasado, face ao crescente custo de vida e inflação que ocorre no País. O aluguel atual é irrisório, completamente desatualizado, não condizente com os demais valores dos imóveis situados na vizinhança.

3. Apesar de inúmeras tentativas, não houve possibilidade de acordo amigável entre as partes para atualização do valor locatício.

4. Assim sendo, deseja o Requerente proceder ao arbitramento do aluguel e a ação revisional é o remédio processual permitido para se restabelecer o equilíbrio contratual entre as partes.

5. O pedido da revisão do aluguel está fundamentado na atual Lei do Inquilinato nº 8.245/1991, arts. 19 e 68, e art. 282 do Código de Processo Civil.

Face ao exposto, requer de V. Exa. o seguinte:

a) a citação do Requerido já qualificado, com a permissibilidade do art. 172 e parágrafos do Código de Processo Civil, para, querendo, responder aos termos da presente ação, sob pena de revelia;

b) seja arbitrado 80% (oitenta por cento) do aluguel pretendido, na base de R$ (...), sem audiência do Requerido, conforme dispõe o art. 68, II, da Lei nº 8.245/1991, à vista dos documentos comprobatórios apresentados em anexo;

c) seja julgada procedente a ação, atualizando o aluguel para R$ (...), com base nos documentos apresentados;

d) a condenação do Requerido nas custas e honorários advocatícios na base de 20% (vinte por cento), sobre o valor da causa e demais cominações de direito;

e) a condenação no pagamento da diferença havida durante a ação, com juros de mora e correção monetária, se houver;

f) seja julgada antecipadamente a ação, nos termos do art. 330 do Código de Processo Civil, por se tratar de matéria de direito, com ou sem contestação.

Protesta-se por todas as provas em direito admitidas, sem exceção de uma sequer, e havendo contestação, requer, desde já, o depoimento pessoal do Requerido, prova pericial, com indicação de assistente técnico e formulação de quesitos, prova testemunhal, rol abaixo, juntada de documentos e demais, se necessárias.

Dando-se à causa o valor de R$ (...).

P. deferimento.

Local e data
....
Advogado – OAB nº (...)

ROL DE TESTEMUNHAS:
1ª (...) (nome, endereço e qualificação)
2ª (...) (nome, endereço e qualificação
3ª (...) (nome, endereço e qualificação)

14.48. SERVIDÃO DE PASSAGEM - NEGATÓRIA

EXMO. SR. DR. JUIZ DE DIREITO DA (...) VARA DA COMARCA DE (...)

(deixar 10 espaços)

J.K.T., brasileiro, solteiro, mecânico, RG nº (...), CPF nº (...), residente e domiciliado nesta cidade de (...), por seu advogado adiante assinado, vem, respeitosamente, perante V. Exa. propor a presente ação possessória de SERVIDÃO DE PASSAGEM, pelo rito sumário, com fulcro nos arts. 275, I e seguintes do CPC, contra B.D.L., brasileiro, casado, carroceiro, RG nº (...), CPF nº (...), residente e domiciliado nesta cidade, na rua (...), nº (...), expondo e requerendo o seguinte:

O Requerido é proprietário de um terreno nesta cidade, de frente da residência do Requerente e nele fez uma cerca de arame farpado, impedindo ao Requerente o acesso à via pública, informando a V. Exa. que com a cerca o Requerente ficou encravado.

Estabelece o art. 1.285 do Código Civil que: *"O dono do prédio que não tiver acesso a via pública, nascente ou porto, pode, mediante pagamento de indenização cabal, constranger o vizinho a lhe dar passagem, cujo rumo será judicialmente fixado, se necessário."*

Em tal situação encontra-se o Requerente, sem condições de acesso à via pública por estar encravado no imóvel do vizinho que se opõe, por meio da referida cerca, sem que a passagem lhe cause qualquer dano ou prejuízo.

Pelo exposto, requer de V. Exa. a citação do Requerido, no endereço retro, para comparecer à audiência de instrução e julgamento que for designada por V. Exa. e a responder pela presente ação, se quiser, sob pena de revelia.

Requer seja, afinal, a ação julgada procedente, para o efeito de ser reconhecido ao Requerente o direito de trânsito que designar V. Exa., através de peritagem, condenando o Requerido nas custas processuais, honorários advocatícios e demais cominações de direito.

Protesta provar o alegado por todos os meios de provas admitidas em direito, especialmente pela prova pericial, que, desde já, requer, testemunhas cujo rol segue abaixo, juntada de documentos, depoimento do Requerido.

Termos em que, dando-se a esta o valor de R$ (...).

P. deferimento.

Local e data

....

Advogado - OAB nº (...)

ROL DE TESTEMUNHAS:

1ª (...) (nome, endereço e qualificação)
2ª (...) (nome, endereço e qualificação)
3ª (...) (nome, endereço e qualificação)

14.49. SUPRIMENTO DA OUTORGA UXÓRIA

EXMO. SR. DR. JUIZ DE DIREITO DA (...) VARA DA COMARCA DE (...)

(deixar 10 espaços)

ANTÔNIO BONOBICO, brasileiro, casado, farofeiro, RG nº (...), CPF nº (...), residente e domiciliado nesta cidade de (...), na rua (...), nº (...), por seu advogado adiante assinado (doc. incluso), vem, respeitosamente à presença de V. Exa. requerer SUPRIMENTO DA OUTORGA UXÓRIA, contra sua mulher MARIA KAN BETA, brasileira, casada, do lar, RG nº (...), CPF nº (...), residente e domiciliada nesta cidade de (...), na rua (...), nº (...), expondo e requerendo o quanto segue:

1. Que o Requerente é casado com Maria Kan Beta no regime de Comunhão Parcial de Bens, nos termos dos arts. 1.658 e 1.659, I, do Código Civil, em data de (...) de (...) de (...).

2. Que o casal logo após as suas núpcias se desentendeu e que desse desentendimento surgiu separação de fato, situação essa que permanece até o momento.

3. Que o cônjuge varão possui uma casa e seu respectivo terreno, localizados na rua (...), nº (...) desta cidade de (...), conforme se comprova pela inclusa Certidão do Cartório de Registro de Imóveis.

4. Que dito imóvel foi adquirido em data de (...) de (...) de (...), portanto anterior ao casamento.

5. Que o cônjuge varão necessita alienar o imóvel acima descrito e não obtém de sua mulher a anuência, por desinteresse.

À vista do exposto, com fundamento no art. 11 do Código de Processo Civil, requer a V. Exa. o SUPRIMENTO DA OUTORGA UXÓRIA, a fim de que possa o requerente transacionar o imóvel referido.

Requer, ainda, a oitiva do representante do Ministério Público e a expedição de mandado de citação para a oitiva de sua mulher MARIA KAN BETA no endereço supra para que se manifeste sobre o pedido, sob pena de revelia.

Assim sendo, com base no art. 11 do Código de Processo Civil, espera seja, afinal, julgado procedente o pedido, para o efeito de lhe ser autorizado o alvará judicial para que possa o Requerente promover a escritura definitiva do imóvel e o seu competente registro.

Nestes termos, dando-se a esta o valor de R$ (...) D. e A. com os documentos inclusos.

P. deferimento.

Local e data

....

Advogado – OAB nº (...)

14.50. USUCAPIÃO URBANO – ÁREA DE ATÉ 250m² – PRAZO DE 5 ANOS – CF DE 1988 E CC ART. 1.240

EXMO. SR. DR. JUIZ DE DIREITO DA (...) VARA DA COMARCA DE (...)

(deixar 10 espaços)

A.B. e sua mulher, brasileiros, casados, RG nº (...), CPF em comum nº (...), ele, mecânico, ela, do lar, RG nº (...), residentes e domiciliados nesta cidade de (...), na rua (...), nº (...), por seu advogado adiante assinado, vêm, respeitosamente, a presença de V. Exa. promover a presente AÇÃO DE USUCAPIÃO, com fundamento no art. 183 da Constituição de 1988; art. 1.240 do Código Civil e arts. 941 a 945 do Código de Processo Civil, expondo e requerendo o seguinte:

1. Que possuem os Requerentes um pequeno lote de terreno, medindo 250 metros quadrados, onde construíram uma pequena casa de morada, desde 1984, portanto, há mais de 5 (cinco) anos.

2. Que a posse é mansa e pacífica, ininterrupta, e sem oposição de quem quer que seja e com o *animus domini*.

3. Que os Requerentes, com a última enchente do Rio Paraíba, perderam todos os documentos referentes ao imóvel.

4. Outro caminho não têm os Requerentes senão utilizar dos meios judiciais e com apoio na Constituição para adquirir o domínio do imóvel.

5. Declaram que não possuem outro imóvel, quer urbano ou rural, conforme se comprova pela inclusa certidão do Cartório de Registro de Imóveis desta cidade.

6. Assim sendo, com fundamento no art. 183 da Constituição Federal, art. 1.240 do Código Civil e arts. 941 a 945 do Código de Processo Civil, os Suplicantes requerem o quanto segue:

a) a citação pessoal de J.J. e sua mulher N.A. (qualificar), em nome de quem se encontra registrado o referido lote;

b) a citação dos confinantes Srs. (...) e suas mulheres se casados forem (qualificar);

c) a citação por edital, dos réus ausentes, incertos e desconhecidos, nos termos do art. 232, IV, do Código de Processo Civil;

d) cientificação por carta, para que manifestem interesse na causa, os representantes da Fazenda Pública da União, do Estado e do Município;

e) a cientificação do Ministério Público para intervir nos atos processuais;

f) a intimação das testemunhas abaixo, para serem ouvidas na audiência a ser designada por V. Exa.

À vista do exposto, citados todos os interessados no feito, os confinantes, esperam seja a ação julgada procedente e ser concedido o domínio do imóvel usucapiendo, após cumpridas as formalidades legais.

Requer, ainda, a condenação dos eventuais contestantes nas custas processuais, honorários advocatícios e demais cominações de direito. Pede, também, a expedição de mandado ao Cartório do Registro de Imóveis desta cidade, para que sirva de registro e demais fins de direito.

Protestam provar o alegado por todos os meios em direito admitidos.

Dando-se à causa o valor de R$ (...).

P. deferimento.

Local e data

....

Advogado – OAB nº (...)

ROL DE TESTEMUNHAS.

1ª (...) (nome, endereço e qualificação)
2ª (...) (nome, endereço e qualificação)
3ª (...) (nome, endereço e qualificação)

14.51. USUCAPIÃO RURAL – ESPECIAL – PRAZO DE 5 ANOS – CF DE 1988, LEI Nº 6.969/1981 E ART. 1.239 DO CC

EXMO. SR. DR. JUIZ DE DIREITO DA (...) VARA DA COMARCA DE (...)

(deixar 10 espaços)

L.M. e sua mulher H.M., brasileiros, casados, ele, lavrador, RG nº (...), CPF em comum nº (...), ela, do lar, RG nº (...), residentes e domiciliados no Bairro do Pessegueiro s/n, por seu advogado adiante assinado, vêm respeitosamente, perante V. Exa. propor a presente AÇÃO DE USUCAPIÃO ESPECIAL, com base na Constituição de 1988, art. 191, e Lei nº 6.969/1981, e art. 1.239 do Código Civil, expondo e requerendo o quanto segue:

1. Os Requerentes adquiriram dos herdeiros de Francisco Cunha em data de 1984, por contrato particular de Compromisso de Compra e Venda, uma sorte de terras denominada de Sítio do Pessegueiro, com área de 45 hectares, conforme se comprova pelo incluso documento.

2. Os Requerentes tomaram posse na data do Compromisso e lá se instalaram de forma definitiva com sua família composta de 7 filhos, sendo 5 menores, possuindo as terras de forma mansa e pacífica, sem oposição de quem quer que seja e lá vivem desde aquela data, há mais de 6 anos ininterruptos, plantando, tornando-a produtiva em toda sua extensão e, lá tem a família sua moradia com casa modesta e definitiva.

3. Os Requerentes mandaram fazer um levantamento perimétrico pelo engenheiro Sr. (...), cujo memorial descritivo e mapa juntam anexo.

4. Conforme levantamento, o imóvel tem as seguintes medidas e confrontações: (descrever as medidas encontradas na planta).

Pelo exposto, vêm os Requerentes, pedir:

a) citação do espólio de Francisco Cunha, em nome de quem se acha registrado o imóvel;

b) citação dos confrontantes Srs. (...), e suas esposas (qualificá-los);

c) intimação das testemunhas abaixo arroladas (ou apenas arrolando e dizendo que comparecerão independente de intimações) para a audiência designada por V. Exa.;

d) citação por edital dos demais interessados, incertos, ausentes e não sabidos, na forma do art. 232 do Código de Processo Civil;

e) cientificação por carta registrada, dos representantes da Fazenda Pública da União, do Estado e do Município, a fim de que manifestem seus interesses, na forma e nos prazos estabelecidos no § 3º do art. 5º da Lei nº 6.969/1981;

f) cientificação do Ministério Público, nos termos do art. 5º, § 5º, da referida Lei acima.

Contestada ou não, esperam os Requerentes pela procedência do pedido em todos os seus termos, para o fim de ser reconhecido e declarado, por sentença, a favor dos Requerentes, o domínio sobre a área de terras descrita no item 4º, condenando-se a parte contestante ao pagamento de custas e despesas processuais, honorários advocatícios e demais cominações de direito.

Protestam por todas as provas em direito permitidas.

Termos em que, dando-se à causa o valor de R$ (...).

P. deferimento.

Local e data

....

Advogado – OAB nº (...)

ROL DE TESTEMUNHAS:

1ª (...) (nome, endereço e qualificação)

2ª (...) (nome, endereço e qualificação)

3ª (...) (nome, endereço e qualificação)

14.52. USUCAPIÃO ORDINÁRIO – PRAZO DE 10 ANOS

EXMO. SR. DR. JUIZ DE DIREITO DA (...) VARA DA COMARCA DE (...)

(deixar 10 espaços)

N.O. e sua mulher M.L.O., brasileiros, casados, ele, motorista aposentado, RG nº (...), CPF nº (...), residentes e domiciliados nesta cidade, na rua (...), nº (...), por seu advogado adiante assinado, vêm, respeitosamente, perante V. Exa., com fundamento nos arts. 1.242 do Código Civil e arts. 941 a 945 do Código de Processo Civil, requerer a presente AÇÃO DE USUCAPIÃO ORDINÁRIO do imóvel situado na Praça São Joaquim, nº 98; nesta cidade de (...), composto de um pequeno prédio e seu respectivo terreno, expondo e requerendo o quanto segue:

1. Que os Requerentes adquiriram por escritura pública de Compra e Venda, em 12.6.1988 de M.R. e sua mulher V.P.R., conforme se comprova pela inclusa escritura, o imóvel acima.

2. Que a escritura já se encontra plenamente quitada e que levada a registro não logrou êxito, dadas as sérias exigências do Cartório de Imóveis e com referência às medidas do imóvel do qual foi desmembrado.

3. Que, atualmente, os vendedores já estão falecidos, conforme certidão anexa, e não há interesse por parte dos sucessores na legalização do imóvel e prosseguimento do inventário que se encontra paralisado há muito, tendo-se em vista a alegação dos herdeiros de que a maioria dos imóveis já se encontra alienada.

4. Que, assim, outro caminho não têm os Requerentes senão a presente ação de usucapião ordinário, pois possuem justo título e boa-fé, há mais de 10 anos, contínua, mansa e pacificamente, sem oposição de terceiros e com o *animus domini*.

5. Que para a propositura da presente ação mandaram proceder medição do terreno, com elaboração de planta e memorial descritivo, conforme documentos anexos, possuindo o imóvel as seguintes características e confrontações:

(DESCREVER AS MEDIDAS DO MEMORIAL).

Assim sendo, vêm, respeitosamente, requerer de V. Exa. o quanto segue:

a) citação pessoal dos sucessores de M.R. e V.P.R., já qualificados, constante da certidão de óbito e também dos confrontantes do imóvel Srs. (...) e suas mulheres (dar qualificação completa);

b) citação por edital, dos réus ausentes, incertos e desconhecidos, nos termos do art. 232, IV, do Código de Processo Civil;

c) a cientificação por carta, para que manifestem interesse na causa, os representantes da Fazenda Pública da União, do Estado, e do Município;

d) a cientificação do Ministério Público para intervir nos atos processuais;

e) a intimação das testemunhas abaixo arroladas para comparecerem à audiência a ser designada por V. Exa.

Face ao exposto, citados todos os interessados no feito, confinantes, esperam seja a ação julgada procedente e ser concedido o domínio do imóvel usucapiendo, após cumpridas as formalidades legais.

Requerem, ainda, a condenação dos eventuais contestantes nas custas processuais, honorários advocatícios e demais cominações de direito e a expedição de mandado ao Cartório de Registro de Imóveis para os devidos fins de direito.

Dando-se à causa o valor de R$ (...).

P. deferimento.

Local e data
....
Advogado – OAB nº (...)

ROL DE TESTEMUNHAS:
1ª (...) (nome, endereço e qualificação)
2ª (...) (nome, endereço e qualificação)
3ª (...) (nome, endereço e qualificação)

14.53. USUCAPIÃO EXTRAORDINÁRIO – 15 ANOS

EXMO. SR. DR. JUIZ DE DIREITO DA (...) VARA DA COMARCA DE (...)

(deixar 10 espaços)

L.B. e sua mulher M.G., brasileiros, casados, ele mecânico, RG nº (...), CPF nº (...), ela, do lar, RG nº (...), CPF nº (...), residentes e domiciliados nesta cidade, na rua Horácio de Morais, 1.151, por seu advogado adiante assinado, vêm, respeitosamente, à presença de V. Exa. promover a presente AÇÃO DE USUCAPIÃO EXTRAORDINÁRIO, com fundamento no art. 1.238 do Código Civil e arts. 941 a 945 do Código de Processo Civil, expondo e requerendo o quanto segue:

1. Que desde o ano de 1985, têm posse mansa, pacífica e ininterrupta, sem oposição de quem quer que seja, com o *animus domini* de uma área de terra, constituída pelo lote de terra e assim descrito: (descrever o lote de terra com suas características e confrontações), conforme planta e memorial descritivo elaborado pelo Sr. (...), engenheiro.

2. Que sempre possuíram esse imóvel como sendo seus, pagando os impostos lançados sobre o mesmo, com pontualidade, zelando pela conservação, fazendo benfeitorias, possuindo notas promissórias, comprobatórias de pagamentos, quitação e contrato particular de compra e venda, sem registro (doc. anexo).

3. Assim sendo, vêm, com fundamento no art. 1.238 do Código Civil e arts. 941 a 945 do Código de Processo Civil, os Suplicantes requerer o quanto segue:

a) a citação pessoal de G.C. (qualificar), em nome da qual se encontra registrado o imóvel usucapiendo;

b) a citação dos confinantes: A.B. (qualificar); R.S. (qualificar); J.P. (qualificar); e suas mulheres se casados forem;

c) citação por edital, dos réus ausentes, incertos e desconhecidos, nos termos do art. 232, IV, do Código de Processo Civil;

d) a cientificação por carta, para que manifestem interesse na causa, os representantes da Fazenda Pública da União, do Estado e do Município;

e) a cientificação do Ministério Público para intervir nos autos processuais;

f) a intimação das testemunhas abaixo, para a audiência que for designada por V. Exa.

À vista do exposto, citados todos os interessados no feito, confinantes, esperam seja a ação julgada procedente e ser concedido o domínio do imóvel usucapiendo, após cumpridas as formalidades legais.

Requerem, ainda, a condenação dos eventuais contestantes nas custas processuais, honorários advocatícios e demais cominações de direito e pedem, mais, a expedição de mandado ao Cartório de Registro de Imóveis para que sirva de registro e demais fins de direito.

Protestam provar o alegado por todos os meios de provas admitidas em direito.

Dando-se à causa o valor de R$ (...).

P. deferimento.

> Local e data
> ....
> Advogado – OAB nº (...)

ROL DE TESTEMUNHAS:

1ª (...) (nome, endereço e qualificação)
2ª (...) (nome, endereço e qualificação)
3ª (...) (nome, endereço e qualificação)

14.54. USUCAPIÃO DE SERVIDÃO DE PASSAGEM

EXMO. SR. DR. JUIZ DE DIREITO DA (...) VARA DA COMARCA DE (...)

(deixar 10 espaços)

A.B. e sua mulher Z.Y., brasileiros, casados, ele agricultor, RG nº (...), CPF em comum nº (...), ela, do lar, RG nº (...), residentes e domiciliados no Sítio do Rancho Alegre, neste município, vêm, respeitosamente, por seu advogado adiante assinado, propor a presente AÇÃO ORDINÁRIA DE USUCAPIÃO DE SERVIDÃO DE PASSAGEM contra D.C. e sua mulher, brasileiros, casados, ele, agricultor, RG nº (...), CPF nº (...), e sua mulher O.C., do lar, RG nº (...), CPF nº (...), residentes e domiciliados na Fazenda da Lagoa, neste município, expondo e requerendo o quanto segue:

1. Que os Requerentes são legítimos senhores e possuidores do Sítio Rancho Alegre, neste município de (...), conforme se comprova pela inclusa Certidão do Cartório de Registro de Imóveis.

2. Que os Requeridos são possuidores da Fazenda da Lagoa, neste município, conforme se faz prova pela inclusa certidão do Cartório de Registro de Imóveis.

3. Os Requerentes possuem, há mais de 20 anos, servidão de passagem pelas terras da Fazenda da Lagoa, dela fazendo uso de toda espécie de transporte, como carro-de-boi, tropas, tratores e automóveis, até encontrar a estrada municipal.

4. Que a posse dessa servidão tem sido exercida ininterrupta e continuamente e jamais contestada pelos Requeridos, há mais de 10 anos, conforme é do conhecimento de todos os moradores vizinhos.

À vista do exposto, requerem de V. Exa., com base no art. 1.379 do Código Civil, o seguinte:

a) julgar procedente e provada a presente ação ordinária para o fim de ser reconhecida por sentença a referida servidão, independente de título e boa-fé;

b) condenar os réus, nas custas processuais, honorários e demais cominações de direito, caso contestem o feito;

c) autorizar os possuidores a transcrevê-la em seus nomes no registro de imóveis, servindo de título a sentença que julgar consumado a usucapião.

Protestam por todos os meios de provas admitidas em direito, especialmente pelos depoimentos dos réus, inquirição de testemunhas abaixo arroladas e por demais provas que se fizerem necessárias.

Dando-se à causa o valor de R$ (...).

P. deferimento.

Local e data

....

Advogado – OAB nº (...)

ROL DE TESTEMUNHAS: 1ª/2ª/3ª (...) (nome, endereço e qualificação)

14.55. VENDA DE QUINHÃO

EXMO. SR. DR. JUIZ DE DIREITO DA (...) VARA DA COMARCA DE (...)

(deixar 10 espaços)

J.F. e sua mulher A.M.F., brasileiros, casados no regime da separação parcial de bens, ele, tratorista, RG nº (...), CPF nº (...), ela do lar, RG nº (...), CPF nº (...), residentes e domiciliados nesta cidade de (...), na rua (...), nº (...), por seu advogado adiante assinado, vêm, respeitosamente, perante V. Exa. expor e requerer o quanto segue:

1. Que coube aos Requerentes uma fração do imóvel da rua (...), nº (...), pela morte de seus pais, conforme inventário, cuja partilha devidamente homologada por sentença do Juiz de Direito da (...) Vara desta Comarca, fração essa correspondente a 1/3 (um terço) e no valor de R$ (...), devidamente registrada no Cartório de Registro de Imóveis.

2. Que as demais frações foram distribuídas em igual proporção aos irmãos J.P. e L.D., respectivamente.

3. Que o imóvel não admite divisão cômoda, conforme se vê pela descrição acima e se possível fosse, a tornaria imprópria ao seu destino que é casa residencial.

Assim, respeitando o art. 2.019 do Código Civil e nele apoiado, os Requerentes vêm oferecer aos demais condôminos: J.P. e sua mulher Y.M., brasileiros, casados, ele, lavrador, RG nº (...), CPF nº (...), ela, do lar, RG nº (...), CPF nº (...), residentes e domiciliados nesta cidade de (...), na rua (...), nº (...), e L.D, e sua mulher Z.D., brasileiros, casados, ele RG nº (...), CPF nº (...), tratorista, ela, do lar, RG nº (...), CPF nº (...), residentes e domiciliados nesta cidade de (...), na rua (...), nº (...), pelo preço de R$ (...) sem condições, o seu quinhão, para ser por eles disputado, segundo o rito estabelecido no art. 1.104 e seguintes do Código de Processo Civil.

Requerem pois, a citação dos interessados, para que venham a juízo, no prazo de 10 dias, deduzir preferência, e se adjudique, após os trâmites legais, ao condômino vencedor o quinhão de que trata, mediante depósito do preço e das custas, sob pena de, não atendendo os condôminos à citação e nem o vencedor depositando o preço e custas, fazer valer o feito como interpelação judicial, para o fim especial de poderem os peticionários vender a parte que lhes cabe a qualquer estranho à comunhão ou, ainda, promoverem a venda da propriedade comum.

Dando-se ao feito o valor de R$ (...) com os inclusos documentos exigidos por lei.

P. deferimento.

Local e data

....

Advogado – OAB nº (...)

14.56. PETIÇÃO CONCORDANDO COM O PEDIDO DE DESOCUPAÇÃO E REQUERENDO PRAZO PARA DESOCUPAR

EXMO. SR. DR. JUIZ DE DIREITO DA (...) VARA DA COMARCA DE (...)

(deixar 10 espaços)

B.A. brasileiro, casado, comerciário, RG nº (...), CPF nº (...), residente e domiciliado nesta cidade de (...), na rua (...), nº (...), nos autos da ação de despejo que lhe move A.Z., processo nº (...) embasado no art. 61 da Lei nº 8.245/1991, vem, respeitosamente, perante V. Exa. dizer que concorda com o pedido de desocupação dentro do prazo de 6 (seis) meses, razão por que requer de V. Exa. se digne homologar o acordo por sentença, contando o prazo da citação e com as prerrogativas do referido artigo acima e seu parágrafo.

Termos em que j. esta ao autos,

P. deferimento.

Local e data
....
Advogado – OAB nº (...)

NOTA: Caso o Locatário não possa constituir advogado, pedir assistência judiciária ou entrar em acordo com a parte contrária que juntará este pedido por petição, ou, ainda, recorrer ao Promotor.

14.57. MODELO DE PETIÇÃO DE DESPEJO PARA USO PRÓPRIO - ATRAVÉS DO JUIZADO ESPECIAL CÍVEL - LEI Nº 9.099/1995 – ART. 3º

EXMO. SR. DR. JUIZ DE DIREITO DA (...) VARA DA COMARCA DE (...)

(deixar 10 espaços)

F.T. (qualificar), por seu advogado adiante assinado, vem, respeitosamente, à presença de V. Exa. propor face a S.S. (qualificar), a presente AÇÃO DE DESPEJO, com fundamento no art. 47, II,I da Lei nº 8.245/1991 – Lei do Inquilinato – e Lei nº 9.099/1995, art. 3º, III, expondo e requerendo o quanto segue:

1. Que locou para S.S. o imóvel de sua propriedade, constituído de uma pequena casa residencial, localizada na rua (...), nº (...), nesta cidade de (...), pelo prazo de dois anos e pelo aluguel mensal de R$ 500,00 (quinhentos reais), encontrando o contrato vencido e prorrogado automaticamente.

2. O Requerente, conforme se comprova pela inclusa Certidão do Cartório de Registro de Imóveis, não possui outro imóvel e por isso quer retomar a referida casa residencial locada ao S.S, com base no art. 47, III, da Lei nº 8.245/1991, para uso próprio, o que faz pela primeira vez.

3. Assim sendo, requer-se de V. Exa. se digne mandar citar S.S., no endereço acima para comparecer à audiência que for designada, apresentando contestação, se quiser, julgar procedente o pedido com a condenação do Requerido no despejo forçado do imóvel, arcando, ainda, com as custas processuais, honorários advocatícios e demais cominações de direito.

4. Requer, ainda, seja dada ciência da presente ação aos eventuais ocupantes ou sublocatários do imóvel.

Protesta provar o alegado por todos os meios de provas em direito admitidas, depoimento pessoal do requerido, que, desde já, requer, oitiva das testemunhas abaixo arroladas e juntada de documentos.

Dá-se à causa o valor de R$ 6.000,00 (seis mil reais), equivalente a 12 (doze) aluguéis.

Termos em que, com os inclusos documentos,

P. deferimento.

Local e data

....

Advogado – OAB nº (...)

ROL DE TESTEMUNHAS:

1ª (...) (nome, endereço e qualificação)

2ª (...) (nome, endereço e qualificação)

3ª (...) (nome, endereço e qualificação)

14.58. MODELO DE CLÁUSULA COMPROMISSÓRIA

As partes, de comum acordo, sem influência de terceiros, estabelecem que qualquer controvérsia do presente contrato será, obrigatória e definitivamente, resolvida por arbitragem nos termos da Lei nº 9.307/1996 – Lei de Arbitragem – e que o número de árbitros será de (...). A arbitragem terá sede em (...), confiada à Câmara Arbitral (...) ou (...).

Capítulo XV
LEGISLAÇÃO

15.1. LEI Nº 4.591, DE 16 DE DEZEMBRO DE 1964

Dispõe sobre o condomínio em edificações e as incorporações imobiliárias.

O Presidente da República,
Faço saber que o Congresso Nacional decreta e eu sanciono a seguinte Lei:

TÍTULO I – DO CONDOMÍNIO

Capítulo I – Disposições Gerais

Art. 1º. As edificações ou conjuntos de edificações, de um ou mais pavimentos, construídos sob a forma de unidades isoladas entre si, destinadas a fins residenciais ou não-residenciais, poderão ser alienados, no todo ou em parte, objetivamente considerados, e constituirá, cada unidade, propriedade autônoma sujeita às limitações desta Lei.

§ 1º. Cada unidade será assinalada por designação especial, numérica ou alfabética, para efeitos de identificação e discriminação.

§ 2º. A cada unidade caberá, como parte inseparável, uma fração ideal do terreno e coisas comuns, expressa sob forma decimal ou ordinária.

Art. 2º. Cada unidade com saída para a via pública, diretamente ou por processo de passagem comum, será sempre tratada como objeto de propriedade exclusiva, qualquer que seja o número de suas peças e sua destinação, inclusive (VETADO) edifício-garagem, com ressalva das restrições que se lhe imponham.

§ 1º. O direito à guarda de veículos nas garagens ou locais a isso destinados nas edificações ou conjuntos de edificações será tratado como objeto de propriedade exclusiva, com ressalva das restrições que ao mesmo sejam impostas por instrumentos contratuais adequados, e será vinculada à unidade habitacional a que corresponder, no caso de não lhe ser atribuída fração ideal específica de terreno.

• *§ 1º incluído pela Lei nº 4.864, de 29.11.1965.*

§ 2º. O direito de que trata o § 1º deste artigo poderá ser transferido a outro condômino, independentemente da alienação da unidade a que corresponder, vedada sua transferência a pessoas estranhas ao condomínio.

• *§ 2º incluído pela Lei nº 4.864, de 29.11.1965.*

§ 3º. Nos edifícios-garagem, às vagas serão atribuídas frações ideais de terreno específicas.

• *§ 3º incluído pela Lei nº 4.864, de 29.11.1965.*

Art. 3º. O terreno em que se levantam a edificação ou o conjunto de edificações e suas instalações, bem como as fundações, paredes externas, o teto, as áreas internas de ventilação, e tudo o mais que sirva a qualquer dependência de uso comum dos proprietários ou titulares de direito à aquisição de unidades ou ocupantes, constituirão condomínio de todos, e serão insuscetíveis de divisão, ou de alienação destacada da respectiva unidade. Serão, também, insuscetíveis de utilização exclusiva por qualquer condômino (VETADO).

Art. 4º. A alienação de cada unidade, a transferência de direitos pertinentes à sua aquisição e a constituição de direitos reais sobre ela independerão do consentimento dos condôminos, (VETADO).

Parágrafo único. A alienação ou transferência de direitos de que trata este artigo dependerá de prova de quitação das obrigações do alienante para com o respectivo condomínio.

• *Parágrafo único com redação dada pela Lei nº 7.182, de 27.3.1984.*

Art. 5º. O condomínio por meação de parede, soalhos, e tetos das unidades isoladas, regular-se-á pelo disposto no Código Civil, no que lhe for aplicável.

Art. 6º. Sem prejuízo do disposto nesta Lei, regular-se-á pelas disposições de direito comum o condomínio por quota ideal de mais de uma pessoa sobre a mesma unidade autônoma.

Art. 7º. O condomínio por unidades autônomas instituir-se-á por ato entre vivos ou por testamento, com inscrição obrigatória no Registro de Imóvel, dele constando: a individualização de cada unidade, sua identificação e discriminação, bem como a fração ideal sobre o terreno e partes comuns, atribuída a cada unidade, dispensando-se a descrição interna da unidade.

Art. 8º. Quando, em terreno onde não houver edificação, o proprietário, o promitente comprador, o cessionário deste ou o promitente cessionário sobre ele desejar erigir mais de uma edificação, observar-se-á também o seguinte:

a) em relação às unidades autônomas que se constituírem em casas térreas ou assobradadas, será discriminada a parte do terreno ocupada pela edificação e também aquela eventualmente reservada como de utilização exclusiva dessas casas, como jardim e quintal, bem assim a fração ideal do todo do terreno e de partes comuns, que corresponderá às unidades;

b) em relação às unidades autônomas que constituírem edifícios de dois ou mais pavimentos, será discriminada a parte do terreno ocupada pela edificação, aquela que eventualmente for reservada como de utilização exclusiva, correspondente às unidades do edifício, e ainda a fração ideal do todo do terreno e de partes comuns, que corresponderá a cada uma das unidades;

c) serão discriminadas as partes do total do terreno que poderão ser utilizadas em comum pelos titulares de direito sobre os vários tipos de unidades autônomas;

d) serão discriminadas as áreas que se constituírem em passagem comum para as vias públicas ou para as unidades entre si.

Capítulo II – Da Convenção de Condomínio

Art. 9º. Os proprietários, promitentes compradores, cessionários ou promitentes cessionários dos direitos pertinentes à aquisição de unidades autônomas, em edificações a serem construídas, em construção ou já construídas, elaborarão, por escrito, a Convenção de condomínio, e deverão, também, por contrato ou por deliberação em assembléia, aprovar o Regimento Interno da edificação ou conjunto de edificações.

§ 1º. Far-se-á o registro da Convenção no Registro de Imóveis, bem como a averbação das suas eventuais alterações.

§ 2º. Considera-se aprovada, e obrigatória para os proprietários de unidades, promitentes compradores, cessionários e promitentes cessionários, atuais e futuros, como para qualquer ocupante, a Convenção que reúna as assinaturas de titulares de direitos que representem, no mínimo, 2/3 das frações ideais que compõem o condomínio.

§ 3º. Além de outras normas aprovadas pelos interessados, a Convenção deverá conter:

a) a discriminação das partes de propriedade exclusiva, e as de condomínio, com especificações das diferentes áreas;

b) o destino das diferentes partes;

c) o modo de usar as coisas e serviços comuns;

d) encargos, forma e proporção das contribuições dos condôminos para as despesas de custeio e para as extraordinárias;

e) o modo de escolher o síndico e o Conselho Consultivo;

f) as atribuições do síndico, além das legais;

g) a definição da natureza gratuita ou remunerada de suas funções;

h) o modo e o prazo de convocação das assembléias gerais dos condôminos;

i) o *quorum* para os diversos tipos de votações;

j) a forma de contribuição para constituição de fundo de reserva;

l) a forma e o *quorum* para as alterações de convenção;

m) a forma e o *quorum* para a aprovarão do Regimento Interno quando não incluídos na própria Convenção.

§ 4º. No caso de conjunto de edificações, a que se refere o art. 8º, a convenção de condomínio fixará os direitos e as relações de propriedade entre os condôminos das várias edificações, podendo estipular formas pelas quais se possam desmembrar e alienar porções do terreno, inclusive as edificadas.

• *§ 4º incluído pela Lei nº 4.864, de 29.11.1965.*

Art. 10. É defeso a qualquer condômino:

I – alterar a forma externa da fachada;

II – decorar as partes e esquadrias externas com tonalidades ou cores diversas das empregadas no conjunto da edificação;

III – destinar a unidade a utilização diversa de finalidade do prédio, ou usá-la de forma nociva ou perigosa ao sossego, à salubridade e à segurança dos demais condôminos;

IV – embaraçar o uso das partes comuns.

§ 1º. O transgressor ficará sujeito ao pagamento de multa prevista na convenção ou no regulamento do condomínio, além de ser compelido a desfazer a obra ou abster-se da prática do ato, cabendo, ao síndico, com autorização judicial, mandar desmanchá-la, à custa do transgressor, se este não a desfizer no prazo que lhe for estipulado.

§ 2º. O proprietário ou titular de direito à aquisição de unidade poderá fazer obra que (VETADO) ou modifique sua fachada, se obtiver a aquiescência da unanimidade dos condôminos.

Art. 11. Para efeitos tributários, cada unidade autônoma será tratada como prédio isolado, contribuindo o respectivo condômino, diretamente, com as importâncias relativas aos impostos e taxas federais, estaduais e municipais, na forma dos respectivos lançamentos.

Capítulo III – Das Despesas do Condomínio

Art. 12. Cada condômino concorrerá nas despesas do condomínio, recolhendo, nos prazos previstos na Convenção, a quota-parte que lhe couber em rateio.

§ 1º. Salvo disposição em contrário na Convenção, a fixação da quota no rateio corresponderá à fração ideal de terreno de cada unidade.

§ 2º. Cabe ao síndico arrecadar as contribuições competindo-lhe promover, por via executiva, a cobrança judicial das quotas atrasadas.

§ 3º. O condômino que não pagar a sua contribuição no prazo fixado na Convenção fica sujeito ao juro moratório de 1% ao mês, e multa de até 20% sobre o débito, que será atualizado, se o estipular a Convenção, com a aplicação dos índices de correção monetária levantados pelo Conselho Nacional de Economia, no caso da mora por período igual ou superior a seis meses.

§ 4º. As obras que interessarem à estrutura integral da edificação ou conjunto de edificações, ou ao serviço comum, serão feitas com o concurso pecuniário de todos os proprietários ou titulares de direito à aquisição de unidades, mediante orçamento prévio aprovado em assembléia-geral, podendo incumbir-se de sua execução o síndico, ou outra pessoa, com aprovação da assembléia.

§ 5º. A renúncia de qualquer condômino aos seus direitos, em caso algum valerá como escusa para exonerá-lo de seus encargos.

Capítulo IV – Do Seguro, do Incêndio, da Demolição e da Reconstrução Obrigatória

Art. 13. Proceder-se-á ao seguro da edificação ou do conjunto de edificações, neste caso, discriminadamente, abrangendo todas as unidades autônomas e partes comuns, contra incêndio ou outro sinistro que cause destruição no todo ou em parte, computando-se o prêmio nas despesas ordinárias do condomínio.

Parágrafo único. O seguro de que trata este artigo será obrigatoriamente feito dentro de 120 dias, contados da data da concessão do "habite-se", sob pena de ficar o condomínio sujeito à multa mensal equivalente a 1/12 do imposto predial, cobrável executivamente pela Municipalidade.

Art. 14. Na ocorrência de sinistro total, ou que destrua mais de 2/3 de uma edificação, seus condôminos reunir-se-ão em assembléia especial, e deliberarão sobre a sua reconstrução ou venda do terreno e materiais, por *quorum* mínimo de votos que representem metade, mais uma das frações ideais do respectivo terreno.

§ 1º. Rejeitada a proposta de reconstrução, a mesma assembléia, ou outra para este fim convocada, decidirá, pelo mesmo *quorum*, do destino a ser dado ao terreno, e aprovará a partilha do valor do seguro entre os condôminos, sem prejuízo do que receber cada um pelo seguro facultativo de sua unidade.

§ 2º. Aprovada, a reconstrução será feita, guardados, obrigatoriamente, o mesmo destino, a mesma forma externa e a mesma disposição interna.

§ 3º. Na hipótese do parágrafo anterior, a minoria não poderá ser obrigada a contribuir para a reedificação, caso em que a maioria poderá adquirir as partes dos dissidentes, mediante avaliação judicial, feita em vistoria.

Art. 15. Na hipótese de que trata o § 3º do artigo antecedente, à maioria poderão ser adjudicadas, por sentença, as frações ideais da minoria.

§ 1º. Como condição para o exercício da ação prevista neste artigo, com a inicial, a maioria oferecerá e depositará, à disposição do Juízo, as importâncias arbitradas na vistoria para avaliação, prevalecendo as de eventual desempatador.

§ 2º. Feito o depósito de que trata o parágrafo anterior, o Juiz, liminarmente, poderá autorizar a adjudicação à maioria, e a minoria poderá levantar as importâncias depositadas; o Oficial de Registro de Imóveis, nestes casos, fará constar do registro que a adjudicação foi resultante de medida liminar.

§ 3º. Feito o depósito, será expedido o mandado de citação, com o prazo de dez dias para a contestação, VETADO.

§ 4º. Se não contestado, o Juiz, imediatamente, julgará o pedido.

§ 5º. Se contestado o pedido, seguirá o processo o rito ordinário.

§ 6º. Se a sentença fixar valor superior ao da avaliação feita na vistoria, o condomínio em execução restituirá à minoria a respectiva diferença, acrescida de juros de mora à razão de 1% ao mês, desde a data da concessão de eventual liminar, ou pagará o total devido, com os juros da mora a contar da citação.

§ 7º. Transitada em julgado a sentença, servirá ela de título definitivo para a maioria, que deverá registrá-la no Registro de Imóveis.

§ 8º. A maioria poderá pagar e cobrar da minoria, em execução de sentença, encargos fiscais necessários à adjudicação definitiva a cujo pagamento se recusar a minoria.

Art. 16. Em caso de sinistro que destrua menos de 2/3 da edificação, o síndico promoverá o recebimento do seguro e a reconstrução ou os reparos nas partes danificadas.

Art. 17. Os condôminos que representem, pelo menos 2/3 do total de unidades isoladas e frações ideais correspondentes a 80% do terreno e coisas comuns poderão decidir sobre a demolição e reconstrução do prédio, ou sua alienação, por motivos urbanísticos ou arquitetônicos, ou, ainda, no caso de condenação do edifício pela autoridade pública, em razão de sua insegurança ou insalubridade.

§ 1º. A minoria não fica obrigada a contribuir para as obras, mas assegura-se à maioria o direito de adquirir as partes dos dissidentes, mediante avaliação judicial, aplicando-se o processo previsto no art. 15.

§ 2º. Ocorrendo desgaste, pela ação do tempo, das unidades habitacionais de uma edificação, que deprecie seu valor unitário em relação ao valor global do terreno onde se acha construída, os condôminos, pelo *quorum* mínimo de votos que representem 2/3 das unidades isoladas e frações ideais correspondentes a 80% do terreno e coisas comuns, poderão decidir por sua alienação total, procedendo-se em relação à minoria na forma estabelecida no art. 15, e seus parágrafos, desta Lei.

§ 3º. Decidida por maioria a alienação do prédio, o valor atribuído à quota dos condôminos vencidos será correspondente ao preço efetivo, e, no mínimo, à avaliação prevista no § 2º ou, a critério desses, a imóvel localizado em área próxima ou adjacente com a mesma área útil de construção.

• *Art. 17 com redação dada pela Lei nº 6.709, de 31.10.1979.*

Art. 18. A aquisição parcial de uma edificação, ou de um conjunto de edificações, ainda que por força de desapropriação, importará no ingresso do adquirente no condomínio, ficando sujeito às disposições desta Lei, bem assim às da convenção do condomínio e do regulamento interno.

• *Art. 18 com redação dada pela Decreto-Lei nº 981, de 21.10.1969.*

Capítulo V – Utilização da Edificação ou do Conjunto de Edificações

Art. 19. Cada condômino tem o direito de usar e fruir, com exclusividade, de sua unidade autônoma, segundo suas conveniências e interesses, condicionados, umas e outros às normas de boa vizinhança, e poderá usar as partes e coisas comuns de maneira a não causar dano ou incômodo aos demais condôminos ou moradores, nem obstáculo ou embaraço ao bom uso das mesmas partes por todos.

Parágrafo único. (VETADO).

Art. 20. Aplicam-se ao ocupante do imóvel, a qualquer título, todas as obrigações referentes ao uso, fruição e destino da unidade.

Art. 21. A violação de qualquer dos deveres estipulados na Convenção sujeitará o infrator à multa fixada na própria Convenção ou no Regimento Interno, sem prejuízo da responsabilidade civil ou criminal que, no caso, couber.

Parágrafo único. Compete ao síndico a iniciativa do processo e a cobrança da multa, por via executiva, em benefício do condomínio, e, em caso de omitir-se ele, a qualquer condômino.

Capítulo VI – Da Administração do Condomínio

Art. 22. Será eleito, na forma prevista pela Convenção, um síndico do condomínio, cujo mandato não poderá exceder de 2 anos, permitida a reeleição.

§ 1º. Compete ao síndico:

a) representar ativa e passivamente, o condomínio, em juízo ou fora dele, e praticar os atos de defesa dos interesses comuns, nos limites das atribuições conferidas por esta Lei ou pela Convenção;

b) exercer a administração interna da edificação ou do conjunto de edificações, no que respeita à sua vigilância, moralidade e segurança, bem como aos serviços que interessam a todos os moradores;

c) praticar os atos que lhe atribuírem as leis a Convenção e o Regimento Interno;

d) impor as multas estabelecidas na Lei, na Convenção ou no Regimento Interno;

e) cumprir e fazer cumprir a Convenção e o Regimento Interno, bem como executar e fazer executar as deliberações da assembléia;

f) prestar contas à assembléia dos condôminos.

g) manter guardada durante o prazo de cinco anos para eventuais necessidade de verificação contábil, toda a documentação relativa ao condomínio.

• *Alínea "g" incluída pela Lei nº 6.434, de 15.7.1977.*

§ 2º. As funções administrativas podem ser delegadas a pessoas de confiança do síndico, e sob a sua inteira responsabilidade, mediante aprovação da assembléia geral dos condôminos.

§ 3º. A Convenção poderá estipular que dos atos do síndico caiba recurso para a assembléia, convocada pelo interessado.

§ 4º. Ao síndico, que poderá ser condômino ou pessoa física ou jurídica estranha ao condomínio, será fixada a remuneração pela mesma assembléia que o eleger, salvo se a Convenção dispuser diferentemente.

§ 5º. O síndico poderá ser destituído, pela forma e sob as condições previstas na Convenção, ou, no silêncio desta pelo voto de 2/3 dos condôminos, presentes, em assembléia-geral especialmente convocada.

§ 6º. A Convenção poderá prever a eleição de subsíndicos, definindo-lhes atribuições e fixando-lhes o mandato, que não poderá exceder de dois anos, permitida a reeleição.

Art. 23. Será eleito, na forma prevista na Convenção, um Conselho Consultivo, constituído de três condôminos, com mandatos que não poderão exceder de dois anos, permitida a reeleição.

Parágrafo único. Funcionará o Conselho como órgão consultivo do síndico, para assessorá-lo na solução dos problemas que digam respeito ao condomínio, podendo a Convenção definir suas atribuições específicas.

Capítulo VII – Da Assembléia Geral

Art. 24. Haverá, anualmente, uma assembléia geral ordinária dos condôminos, convocada pelo síndico na forma prevista na Convenção, à qual compete, além das demais matérias inscritas na ordem do dia, aprovar, por maioria dos presentes, as verbas para as despesas de condomínio, compreendendo as de conservação da edificação ou conjunto de edificações, manutenção de seus serviços e correlatas.

§ 1º. As decisões da assembléia, tomadas, em cada caso, pelo *quorum* que a Convenção fixar, obrigam todos os condôminos.

§ 2º. O síndico, nos oito dias subseqüentes à assembléia, comunicará aos condôminos o que tiver sido deliberado, inclusive no tocante à previsão orçamentária, o rateio das despesas, e promoverá a arrecadação, tudo na forma que a Convenção previr.

§ 3º. Nas assembléias gerais, os votos serão proporcionais às frações ideais do terreno e partes comuns, pertencentes a cada condômino, salvo disposição diversa da Convenção.

§ 4º. Nas decisões da Assembléia que não envolvam despesas extraordinárias do condomínio, o locatário poderá votar, caso o condômino-locador a ela não compareça.

• § *4º incluído pela Lei nº 8.245, de 18.10.1991 e com redação dada pela Lei nº 9.267, de 25.3.1996.*

Art. 25. Ressalvado o disposto no § 3º do art. 22, poderá haver assembléias gerais extraordinárias, convocadas pelo síndico ou por condôminos que representem um quarto, no mínimo do condomínio, sempre que o exigirem os interesses gerais.

Parágrafo único. Salvo estipulação diversa da Convenção, esta só poderá ser modificada em assembléia geral extraordinária, pelo voto mínimo de condôminos que representem 2/3 do total das frações ideais.

Art. 26. (VETADO).

Art. 27. Se a assembléia não se reunir para exercer qualquer dos poderes que lhe competem, 15 dias após o pedido de convocação, o Juiz decidirá a respeito, mediante requerimento dos interessados.

TÍTULO II – DAS INCORPORAÇÕES

Capítulo I – Disposições Gerais

Art. 28. As incorporações imobiliárias, em todo o território nacional, reger-se-ão pela presente Lei.

Parágrafo único. Para efeito desta Lei, considera-se incorporação imobiliária a atividade exercida com o intuito de promover e realizar a construção, para alienação total ou parcial, de edificações ou conjunto de edificações compostas de unidades autônomas, (VETADO).

Art. 29. Considera-se incorporador a pessoa física ou jurídica, comerciante ou não, que embora não efetuando a construção, compromisse ou efetive a venda de frações ideais de terreno objetivando a vinculação de tais frações a unidades autônomas, (VETADO) em edificações a serem construídas ou em construção sob regime condominial, ou que meramente aceite propostas para efetivação de tais transações, coordenando e levando a termo a incorporação e responsabilizando-se, conforme o caso, pela entrega, a certo prazo, preço e determinadas condições, das obras concluídas.

Parágrafo único. Presume-se a vinculação entre a alienação das frações do terreno e o negócio de construção, se, ao ser contratada a venda, ou promessa de venda ou de cessão das frações de terreno, já houver sido aprovado e estiver em vigor, ou pender de aprovação de autoridade administrativa, o respectivo projeto de construção, respondendo o alienante como incorporador.

Art. 30. Estende-se a condição de incorporador aos proprietários e titulares de direitos aquisitivos que contratem a construção de edifícios que se destinem a constituição em condomínio, sempre que iniciarem as alienações antes da conclusão das obras.

Arts. 30-A a 30-G. (Revogados).

• *Arts. 30-A a 30-G incluídos pela Medida Provisória nº 2.221, de 4.9.2001 e revogados pela Lei nº 10.931, de 2.8.1994.*

Art. 31. A iniciativa e a responsabilidade das incorporações imobiliárias caberão ao incorporador, que somente poderá ser:

a) o proprietário do terreno, o promitente comprador, o cessionário deste ou promitente cessionário com título que satisfaça os requisitos da alínea *a* do art. 32;

b) o construtor (Decretos nº 23.569, de 11.12.1933, e nº 3.995, de 31.12.1941, e Decreto-Lei nº 8.620, de 10.1.1946) ou corretor de imóveis (Lei nº 4.116, de 27.8.1962).

§ 1º. No caso da alínea *b*, o incorporador será investido, pelo proprietário de terreno, o promitente comprador e cessionário deste ou o promitente cessionário, de mandato outorgado por instrumento público, onde se faça menção expressa desta Lei e se transcreva o disposto no § 4º, do art. 35, para concluir todos os negócios tendentes à alienação das frações ideais de terreno, mas se obrigará pessoalmente pelos atos que praticar na qualidade de incorporador.

§ 2º. Nenhuma incorporação poderá ser proposta à venda sem a indicação expressa do incorporador, devendo também seu nome permanecer indicado ostensivamente no local da construção.

§ 3º. Toda e qualquer incorporação, independentemente da forma por que seja constituída, terá um ou mais incorporadores solidariamente responsáveis, ainda que em fase subordinada a período de carência, referido no art. 34.

Capítulo I-A – Do Patrimônio de Afetação

• *Capítulo I-A, arts. 31-A a 31-F, incluído pela Lei nº 10.931, de 2.8.2004.*

Art. 31-A. A critério do incorporador, a incorporação poderá ser submetida ao regime da afetação, pelo qual o terreno e as acessões objeto de incorporação imobiliária, bem como os demais bens e direitos a ela vinculados, manter-se-ão apartados do patrimônio do incorporador e constituirão patrimônio de afetação, destinado à consecução da incorporação correspondente e à entrega das unidades imobiliárias aos respectivos adquirentes.

§ 1º. O patrimônio de afetação não se comunica com os demais bens, direitos e obrigações do patrimônio geral do incorporador ou de outros patrimônios de afetação por ele constituídos, e só responde por dívidas e obrigações vinculadas à incorporação respectiva.

§ 2º. O incorporador responde pelos prejuízos que causar ao patrimônio de afetação.

§ 3º. Os bens e direitos integrantes do patrimônio de afetação somente poderão ser objeto de garantia real em operação de crédito cujo produto seja integralmente destinado à consecução da edificação correspondente e à entrega das unidades imobiliárias aos respectivos adquirentes.

§ 4º. No caso de cessão, plena ou fiduciária, de direitos creditórios oriundos da comercialização das unidades imobiliárias componentes da incorporação, o produto da cessão também passará a integrar o patrimônio de afetação, observado o disposto no § 6º.

§ 5º. As quotas de construção correspondentes a acessões vinculadas a frações ideais serão pagas pelo incorporador até que a responsabilidade pela sua construção tenha sido assumida por terceiros, nos termos da parte final do § 6º do art. 35.

§ 6º. Os recursos financeiros integrantes do patrimônio de afetação serão utilizados para pagamento ou reembolso das despesas inerentes à incorporação.

§ 7º. O reembolso do preço de aquisição do terreno somente poderá ser feito quando da alienação das unidades autônomas, na proporção das respectivas frações ideais, considerando-se tão-somente os valores efetivamente recebidos pela alienação.

§ 8º. Excluem-se do patrimônio de afetação:

I – os recursos financeiros que excederem a importância necessária à conclusão da obra (art. 44), considerando-se os valores a receber até sua conclusão e, bem assim, os recursos necessários à quitação de financiamento para a construção, se houver; e

II – o valor referente ao preço de alienação da fração ideal de terreno de cada unidade vendida, no caso de incorporação em que a construção seja contratada sob o regime por empreitada (art. 55) ou por administração (art. 58).

§ 9º. No caso de conjuntos de edificações de que trata o art. 8º, poderão ser constituídos patrimônios de afetação separados, tantos quantos forem os:

I – subconjuntos de casas para as quais esteja prevista a mesma data de conclusão (art. 8º, alínea "a"); e

II – edifícios de dois ou mais pavimentos (art. 8º, alínea "b").

§ 10. A constituição de patrimônios de afetação separados de que trata o § 9º deverá estar declarada no memorial de incorporação.

§ 11. Nas incorporações objeto de financiamento, a comercialização das unidades deverá contar com a anuência da instituição financiadora ou deverá ser a ela cientificada, conforme vier a ser estabelecido no contrato de financiamento.

§ 12. A contratação de financiamento e constituição de garantias, inclusive mediante transmissão, para o credor, da propriedade fiduciária sobre as unidades imobiliárias integrantes da incorporação, bem como a cessão, plena ou fiduciária, de direitos creditórios decorrentes da comercialização dessas unidades, não implicam a transferência para o credor de nenhuma das obrigações ou responsabilidades do cedente, do incorporador ou do construtor, permanecendo estes como únicos responsáveis pelas obrigações e pelos deveres que lhes são imputáveis.

• *Art. 31-A incluído pela Lei nº 10.931, de 2.8.2004.*

Art. 31-B. Considera-se constituído o patrimônio de afetação mediante averbação, a qualquer tempo, no Registro de Imóveis, de termo firmado pelo incorporador e, quando for o caso, também pelos titulares de direitos reais de aquisição sobre o terreno.

Parágrafo único. A averbação não será obstada pela existência de ônus reais que tenham sido constituídos sobre o imóvel objeto da incorporação para garantia do pagamento do preço de sua aquisição ou do cumprimento de obrigação de construir o empreendimento.

• *Art. 31-B incluído pela Lei nº 10.931, de 2.8.2004.*

Art. 31-C. A Comissão de Representantes e a instituição financiadora da construção poderão nomear, às suas expensas, pessoa física ou jurídica para fiscalizar e acompanhar o patrimônio de afetação.

§ 1º. A nomeação a que se refere o *caput* não transfere para o nomeante qualquer responsabilidade pela qualidade da obra, pelo prazo de entrega do imóvel ou por qualquer outra obrigação decorrente da responsabilidade do incorporador ou do construtor, seja legal ou a oriunda dos contratos de alienação das unidades imobiliárias, de construção e de outros contratos eventualmente vinculados à incorporação.

§ 2º. A pessoa que, em decorrência do exercício da fiscalização de que trata o *caput* deste artigo, obtiver acesso às informações comerciais, tributárias e de qualquer outra natureza referentes ao patrimônio afetado responderá pela falta de zelo, dedicação e sigilo destas informações.

§ 3º. A pessoa nomeada pela instituição financiadora deverá fornecer cópia de seu relatório ou parecer à Comissão de Representantes, a requerimento desta, não constituindo esse fornecimento quebra de sigilo de que trata o § 2º deste artigo.

• *Art. 31-C incluído pela Lei nº 10.931, de 2.8.2004.*

Art. 31-D. Incumbe ao incorporador:

I – promover todos os atos necessários à boa administração e à preservação do patrimônio de afetação, inclusive mediante adoção de medidas judiciais;

II – manter apartados os bens e direitos objeto de cada incorporação;

III – diligenciar a captação dos recursos necessários à incorporação e aplicá-los na forma prevista nesta Lei, cuidando de preservar os recursos necessários à conclusão da obra;

IV – entregar à Comissão de Representantes, no mínimo a cada três meses, demonstrativo do estado da obra e de sua correspondência com o prazo pactuado ou com os recursos financeiros que integrem o patrimônio de afetação recebidos no período, firmados por profissionais habilitados, ressalvadas eventuais modificações sugeridas pelo incorporador e aprovadas pela Comissão de Representantes;

V – manter e movimentar os recursos financeiros do patrimônio de afetação em conta de depósito aberta especificamente para tal fim;

VI – entregar à Comissão de Representantes balancetes coincidentes com o trimestre civil, relativos a cada patrimônio de afetação;

VII – assegurar à pessoa nomeada nos termos do art. 31-C o livre acesso à obra, bem como aos livros, contratos, movimentação da conta de depósito exclusiva referida no inciso V deste artigo e quaisquer outros documentos relativos ao patrimônio de afetação; e

VIII – manter escrituração contábil completa, ainda que esteja desobrigado pela legislação tributária.

• *Art. 31-D incluído pela Lei nº 10.931, de 2.8.2004.*

Art. 31-E. O patrimônio de afetação extinguir-se-á pela:

I – averbação da construção, registro dos títulos de domínio ou de direito de aquisição em nome dos respectivos adquirentes e, quando for o caso, extinção das obrigações do incorporador perante a instituição financiadora do empreendimento;

II – revogação em razão de denúncia da incorporação, depois de restituídas aos adquirentes as quantias por eles pagas (art. 36), ou de outras hipóteses previstas em lei; e

III – liquidação deliberada pela assembléia geral nos termos do art. 31-F, § 1º.

• *Art. 31-E incluído pela Lei nº 10.931, de 2.8.2004.*

Art. 31-F. Os efeitos da decretação da falência ou da insolvência civil do incorporador não atingem os patrimônios de afetação constituídos, não integrando a massa concursal o terreno, as acessões e demais bens, direitos creditórios, obrigações e encargos objeto da incorporação.

§ 1º. Nos sessenta dias que se seguirem à decretação da falência ou da insolvência civil do incorporador, o condomínio dos adquirentes, por convocação da sua Comissão de Representantes ou, na sua falta, de um sexto dos titulares de frações ideais, ou, ainda, por determinação do juiz prolator da decisão, realizará assembléia geral, na qual, por maioria simples, ratificará o mandato da Comissão de Representantes ou elegerá novos membros, e, em primeira convocação, por dois terços dos votos dos adquirentes ou, em segunda convocação, pela maioria absoluta desses votos, instituirá o condomínio da construção, por instrumento público ou particular, e deliberará sobre os termos da continuação da obra ou da liquidação do patrimônio de afetação (art. 43, inciso III); havendo financiamento para construção, a convocação poderá ser feita pela instituição financiadora.

§ 2º. O disposto no § 1º aplica-se também em hipótese de paralisação das obras prevista no art. 43, inciso VI.

§ 3º. Na hipótese de que tratam os §§ 1º e 2º, a Comissão de Representantes ficará investida de mandato irrevogável para firmar com os adquirentes das unidades autônomas o contrato definitivo a que estiverem obrigados o incorporador, o titular do domínio e o titular dos direitos aquisitivos do imóvel objeto da incorporação em decorrência de contratos preliminares.

§ 4º. O mandato a que se refere o § 3º será válido mesmo depois de concluída a obra.

§ 5º. O mandato outorgado à Comissão de Representantes confere poderes para transmitir domínio, direito, posse e ação, manifestar a responsabilidade do alienante pela evicção e imitir os adquirentes na posse das unidades respectivas.

§ 6º. Os contratos definitivos serão celebrados mesmo com os adquirentes que tenham obrigações a cumprir perante o incorporador ou a instituição financiadora, desde que comprovadamente adimplentes, situação em que a outorga do contrato fica condicionada à constituição de garantia real sobre o imóvel, para assegurar o pagamento do débito remanescente.

§ 7º. Ainda na hipótese dos §§ 1º e 2º, a Comissão de Representantes ficará investida de mandato irrevogável para, em nome dos adquirentes, e em cumprimento da decisão da assembléia geral que deliberar pela liquidação do patrimônio de afetação, efetivar a alienação do terreno e das acessões, transmitindo posse, direito, domínio e ação, manifestar a responsabilidade pela evicção, imitir os futuros adquirentes na posse do terreno e das acessões.

§ 8º. Na hipótese do § 7º, será firmado o respectivo contrato de venda, promessa de venda ou outra modalidade de contrato compatível com os direitos objeto da transmissão.

§ 9º. A Comissão de Representantes cumprirá o mandato nos termos e nos limites estabelecidos pela deliberação da assembléia geral e prestará contas aos adquirentes, entregando-lhes o produto líquido da alienação, no prazo de cinco dias da data em que tiver recebido o preço ou cada parcela do preço.

§ 10. Os valores pertencentes aos adquirentes não localizados deverão ser depositados em Juízo pela Comissão de Representantes.

§ 11. Caso decidam pela continuação da obra, os adquirentes ficarão automaticamente sub-rogados nos direitos, nas obrigações e nos encargos relativos à incorporação, inclusive aqueles relativos ao contrato de financiamento da obra, se houver.

§ 12. Para os efeitos do § 11 deste artigo, cada adquirente responderá individualmente pelo saldo porventura existente entre as receitas do empreendimento e o custo da conclusão da incorporação na proporção dos coeficientes de construção atribuíveis às respectivas unidades, se outro critério de rateio não for deliberado em assembléia geral por dois terços dos votos dos adquirentes, observado o seguinte:

I – os saldos dos preços das frações ideais e acessões integrantes da incorporação que não tenham sido pagos ao incorporador até a data da decretação da falência ou da insolvência civil passarão a ser pagos à Comissão de Representantes, permanecendo o somatório desses recursos submetido à afetação, nos termos do art. 31-A, até o limite necessário à conclusão da incorporação;

II – para cumprimento do seu encargo de administradora da incorporação, a Comissão de Representantes fica investida de mandato legal, em caráter irrevogável, para, em nome do incorporador ou do condomínio de construção, conforme o caso, receber as parcelas do saldo do preço e dar quitação, bem como promover as medidas extrajudiciais ou judiciais necessárias a esse recebimento, praticando todos os atos relativos ao leilão de que trata o art. 63 ou os atos relativos à consolidação da propriedade e ao leilão de que tratam os arts. 26 e 27 da Lei nº 9.514, de 20 de novembro de 1997, devendo realizar a garantia e aplicar na incorporação todo o produto do recebimento do saldo do preço e do leilão;

III – consideram-se receitas do empreendimento os valores das parcelas a receber, vincendas e vencidas e ainda não pagas, de cada adquirente, correspondentes ao preço de aquisição das respectivas unidades ou do preço de custeio de construção, bem como os recursos disponíveis afetados; e

IV – compreendem-se no custo de conclusão da incorporação todo o custeio da construção do edifício e a averbação da construção das edificações para efeito de individualização e discriminação das unidades, nos termos do art. 44.

§ 13. Havendo saldo positivo entre as receitas da incorporação e o custo da conclusão da incorporação, o valor correspondente a esse saldo deverá ser entregue à massa falida pela Comissão de Representantes.

§ 14. Para assegurar as medidas necessárias ao prosseguimento das obras ou à liquidação do patrimônio de afetação, a Comissão de Representantes, no prazo de sessenta dias, a contar da data de realização da assembléia geral de que trata o § 1º, promoverá, em leilão público, com observância dos critérios estabelecidos pelo art. 63, a venda das frações ideais e respectivas acessões que, até a data da decretação da falência ou insolvência não tiverem sido alienadas pelo incorporador.

§ 15. Na hipótese de que trata o § 14, o arrematante ficará sub-rogado, na proporção atribuível à fração e acessões adquiridas, nos direitos e nas obrigações relativas ao empreendimento, inclusive nas obrigações de eventual financiamento, e, em se tratando da hipótese do art. 39 desta Lei, nas obrigações perante o proprietário do terreno.

§ 16. Dos documentos para anúncio da venda de que trata o § 14 e, bem assim, o inciso III do art. 43, constarão o valor das acessões não pagas pelo incorporador (art. 35, § 6º) e o preço da fração ideal do terreno e das acessões (arts. 40 e 41).

§ 17. No processo de venda de que trata o § 14, serão asseguradas, sucessivamente, em igualdade de condições com terceiros:

I – ao proprietário do terreno, nas hipóteses em que este seja pessoa distinta da pessoa do incorporador, a preferência para aquisição das acessões vinculadas à fração objeto da venda, a ser exercida nas 24 horas seguintes à data designada para a venda; e

II – ao condomínio, caso não exercida a preferência de que trata o inciso I, ou caso não haja licitantes, a preferência para aquisição da fração ideal e acessões, desde que deliberada em assembléia geral, pelo voto da maioria simples dos adquirentes presentes, e exercida no prazo de 48 horas a contar da data designada para a venda.

§ 18. Realizada a venda prevista no § 14, incumbirá à Comissão de Representantes, sucessivamente, nos 5 dias que se seguirem ao recebimento do preço:

I – pagar as obrigações trabalhistas, previdenciárias e tributárias, vinculadas ao respectivo patrimônio de afetação, observada a ordem de preferência prevista na legislação, em especial o disposto no art. 186 do Código Tributário Nacional;

II – reembolsar aos adquirentes as quantias que tenham adiantado, com recursos próprios, para pagamento das obrigações referidas no inciso I;

III – reembolsar à instituição financiadora a quantia que esta tiver entregue para a construção, salvo se outra forma for convencionada entre as partes interessadas;

IV – entregar ao condomínio o valor que este tiver desembolsado para construção das acessões de responsabilidade do incorporador (§ 6º do art. 35 e § 5º do art. 31-A), na proporção do valor obtido na venda;

V – entregar ao proprietário do terreno, nas hipóteses em que este seja pessoa distinta da pessoa do incorporador, o valor apurado na venda, em proporção ao valor atribuído à fração ideal; e

VI – entregar à massa falida o saldo que porventura remanescer.

§ 19. O incorporador deve assegurar à pessoa nomeada nos termos do art. 31-C, o acesso a todas as informações necessárias à verificação do montante das obrigações referidas no § 12, inciso I, do art. 31-F vinculadas ao respectivo patrimônio de afetação.

§ 20. Ficam excluídas da responsabilidade dos adquirentes as obrigações relativas, de maneira direta ou indireta, ao imposto de renda e à contribuição social sobre o lucro, devidas pela pessoa jurídica do incorporador, inclusive por equiparação, bem como as obrigações oriundas de outras atividades do incorporador não relacionadas diretamente com as incorporações objeto de afetação.

• *Art. 31-F incluído pela Lei nº 10.931, de 2.8.2004.*

Capítulo II – Das Obrigações e Direitos do Incorporador

Art. 32. O incorporador somente poderá negociar sobre unidades autônomas após ter arquivado, no cartório competente de Registro de Imóveis, os seguintes documentos:

a) título de propriedade de terreno, ou de promessa, irrevogável e irretratável, de compra e venda ou de cessão de direitos ou de permuta do qual conste cláusula de imissão na posse do imóvel, não haja estipulações impeditivas de sua alienação em frações ideais e inclua consentimento para demolição e construção, devidamente registrado;

b) certidões negativas de impostos federais, estaduais e municipais, de protesto de títulos de ações cíveis e criminais e de ônus reais relativamente ao imóvel, aos alienantes do terreno e ao incorporador;

c) histórico dos títulos de propriedade do imóvel, abrangendo os últimos 20 anos, acompanhado de certidão dos respectivos registros;

d) projeto de construção devidamente aprovado pelas autoridades competentes;

e) cálculo das áreas das edificações, discriminando, além da global, a das partes comuns, e indicando, para cada tipo de unidade, a respectiva metragem de área construída;

f) certidão negativa de débito para com a Previdência Social, quando o titular de direitos sobre o terreno for responsável pela arrecadação das respectivas contribuições;

g) memorial descritivo das especificações da obra projetada, segundo modelo a que se refere o inciso IV, do art. 53, desta Lei;

h) avaliação do custo global da obra, atualizada à data do arquivamento, calculada de acordo com a norma do inciso III, do art. 53 com base nos custos unitários referidos no art. 54, discriminando-se, também, o custo de construção de cada unidade, devidamente autenticada pelo profissional responsável pela obra;

i) discriminação das frações ideais de terreno com as unidades autônomas que a elas corresponderão;

j) minuta da futura Convenção de condomínio que regerá a edificação ou o conjunto de edificações;

l) declaração em que se defina a parcela do preço de que trata o inciso II, do art. 39;

m) certidão do instrumento público de mandato, referido no § 1º do art. 31;

n) declaração expressa em que se fixe, se houver, o prazo de carência (art. 34);

o) atestado de idoneidade financeira, fornecido por estabelecimento de crédito que opere no País há mais de cinco anos;

p) declaração, acompanhada de plantas elucidativas, sobre o número de veículos que a garagem comporta e os locais destinados à guarda dos mesmos.

• *Alínea "p" incluída pela Lei nº 4.864, de 29.11.1965.*

§ 1º. A documentação referida neste artigo, após o exame do Oficial de Registro de Imóveis, será arquivada em cartório, fazendo-se o competente registro.

§ 2º. Os contratos de compra e venda, promessa de venda, cessão ou promessa de cessão de unidades autônomas são irretratáveis e, uma vez registrados, conferem direito real oponível a terceiros, atribuindo direito a adjudicação compulsória perante o incorporador ou a quem o suceder, inclusive na hipótese de insolvência posterior ao término da obra.

• *§ 2º com redação dada pela Lei nº 10.931, de 2.8.2004.*

§ 3º. O número do registro referido no § 1º, bem como a indicação do cartório competente, constará, obrigatoriamente, dos anúncios, impressos, publicações, propostas, contratos, preliminares ou definitivos, referentes à incorporação, salvo dos anúncios "classificados".

§ 4º. O Registro de Imóveis dará certidão ou fornecerá, a quem o solicitar, cópia fotostática, heliográfica, termofax, microfilmagem ou outra equivalente, dos documentos especificados neste artigo, ou autenticará cópia apresentada pela parte interessada.

§ 5º. A existência de ônus fiscais ou reais, salvo os impeditivos de alienação, não impedem o registro, que será feito com as devidas ressalvas, mencionando-se, em todos os documentos, extraídos do registro, a existência e a extensão dos ônus.

§ 6º. Os Oficiais de Registro de Imóveis terão 15 dias para apresentar, por escrito, todas as exigências que julgarem necessárias ao arquivamento, e, satisfeitas as referidas exigências, terão o prazo de 15 dias para fornecer certidão, relacionando a documentação apresentada, e devolver, autenticadas, as segundas vias da mencionada documentação, com exceção dos documentos públicos. Em casos de divergência, o Oficial levantará a dúvida segundo as normas processuais aplicáveis.

§ 7º. O Oficial de Registro de Imóveis responde, civil e criminalmente, se efetuar o arquivamento de documentação contraveniente à lei ou der certidão (VETADO) sem o arquivamento de todos os documentos exigidos.

§ 8º. O Oficial do Registro de Imóveis, que não observar os prazos previstos no § 6º ficará sujeito à penalidade imposta pela autoridade judiciária competente em montante igual ao dos emolumentos devidos pelo registro de que trata este artigo, aplicável por quinzena ou fração de quinzena de superação de cada um daqueles prazos.

• *§ 8º incluído pela Lei nº 4.864, de 29.11.1965.*

§ 9º. Oficial do Registro de Imóveis não responde pela exatidão dos documentos que lhe forem apresentados para arquivamento em obediência ao disposto nas alíneas *e*, *g*, *h*, *l*, e *p* deste artigo, desde que assinados pelo profissional responsável pela obra.

• *§ 9º incluído pela Lei nº 4.864, de 29.11.1965.*

§ 10. As plantas do projeto aprovado (alínea *d* deste artigo) poderão ser apresentadas em cópia autenticada pelo profissional responsável pela obra, acompanhada de cópia da licença de construção.

• *§ 10 incluído pela Lei nº 4.864, de 29.11.1965.*

§ 11. Até 30 de junho de 1966 se, dentro de 15 (quinze) dias de entrega ao Cartório do Registro de Imóveis da documentação completa prevista neste artigo, feita por carta enviada pelo Ofício de Títulos e Documentos, não tiver o Cartório de Imóveis entregue a certidão de arquivamento e registro, nem formulado, por escrito, as exigências previstas no § 6º, considerar-se-á de pleno direito completado o registro provisório.

• *§ 11 incluído pela Lei nº 4.864, de 29.11.1965.*

§ 12. O registro provisório previsto no parágrafo anterior autoriza o incorporador a negociar as unidades da incorporação, indicando na sua publicação o número do Registro de Títulos e Documentos referente à remessa dos documentos ao Cartório de Imóveis, sem prejuízo, todavia, da sua responsabilidade perante o adquirente da unidade e da obrigação de satisfazer as exigências posteriormente formuladas pelo Cartório, bem como, de completar o registro definitivo.

• *§ 13 incluído pela Lei nº 4.864, de 29.11.1965.*

Art. 33. O registro da incorporação será válido pelo prazo de 120 dias, findo o qual, se ela ainda não se houver concretizado, o incorporador só poderá negociar unidades depois de atualizar a documentação a que se refere o artigo anterior, revalidando o registro por igual prazo.

• *Vide Lei 4.864, de 29.11.1965 que eleva para 180 (cento e oitenta) dias o prazo de validade de registro da incorporação.*

Art. 34. O incorporador poderá fixar, para efetivação da incorporação, prazo de carência, dentro do qual lhe é lícito desistir do empreendimento.

§ 1º. A fixação do prazo de carência será feita pela declaração a que se refere a alínea "n", do art. 32 onde se fixem as condições que autorizarão o incorporador a desistir do empreendimento.

§ 2º. Em caso algum poderá o prazo de carência ultrapassar o termo final do prazo da validade do registro ou, se for o caso, de sua revalidação.

§ 3º. Os documentos preliminares de ajuste, se houver, mencionarão, obrigatoriamente, o prazo de carência, inclusive para efeitos do art. 45.

§ 4º. A desistência da incorporação será denunciada, por escrito, ao Registro de Imóveis (VETADO) e comunicada, por escrito, a cada um dos adquirentes ou candidatos à aquisição, sob pena de responsabilidade civil e criminal do incorporador.

§ 5º. Será averbada no registro da incorporação a desistência de que trata o parágrafo anterior arquivando-se em cartório o respectivo documento.

§ 6º. O prazo de carência é improrrogável.

Art. 35. O incorporador terá o prazo máximo de 45 dias, a contar do termo final do prazo de carência, se houver, para promover a celebração do competente contrato relativo à fração ideal de terreno, e, bem assim, do contrato de construção e da Convenção do condomínio, de acordo com discriminação constante da alínea "i", do art. 32.

• *Vide Lei nº 4.864, de 29.11.1965 que altera o prazo máximo concedido ao incorporador para 60 (sessenta) dias.*

§ 1º. No caso de não haver prazo de carência, o prazo acima se contará da data de qualquer documento de ajuste preliminar.

§ 2º. Quando houver prazo de carência, a obrigação somente deixará de existir se o incorporador tiver denunciado, dentro do mesmo prazo e nas condições previamente estabelecidas, por escrito, ao Registro de Imóveis, a não concretização do empreendimento.

§ 3º. Se, dentro do prazo de carência, o incorporador não denunciar a incorporação, embora não se tenham reunido as condições a que se refere o § 1º, o outorgante do mandato de que trata o § 1º, do art. 31, poderá fazê-lo nos cinco dias subseqüentes ao prazo de carência, e nesse caso ficará solidariamente responsável com o incorporador pela devolução das quantias que os adquirentes ou candidatos à aquisição houverem entregue ao incorporador, resguardado o direito de regresso sobre eles, dispensando-se, então, do cumprimento da obrigação fixada no *caput* deste artigo.

§ 4º. Descumprida pelo incorporador e pelo mandante de que trata o § 1º do art. 31 a obrigação da outorga dos contratos referidos no *caput* deste artigo, nos prazos ora fixados, a carta-proposta ou o documento de ajuste preliminar poderão ser averbados no Registro de Imóveis, averbação que conferirá direito real oponível a terceiros, com o conseqüente direito à obtenção compulsória do contrato correspondente.

§ 5º. Na hipótese do parágrafo anterior, o incorporador incorrerá também na multa de 50% sobre a quantia que efetivamente tiver recebido, cobrável por via executiva, em favor do adquirente ou candidato à aquisição.

§ 6º. Ressalvado o disposto no art. 43, do contrato de construção deverá constar expressamente a menção dos responsáveis pelo pagamento da construção de cada uma das unidades. O incorporador responde, em igualdade de condições, com os demais contratantes, pelo pagamento da construção das unidades que não tenham tido a responsabilidade pela sua construção assumida por terceiros e até que o tenham.

Art. 36. No caso de denúncia de incorporação, nos termos do art. 34, se o incorporador, até 30 dias a contar da denúncia, não restituir aos adquirentes as importâncias pagas, estes poderão cobrá-la por via executiva, reajustado o seu valor a contar da data do recebimento, em função do índice geral de preços mensalmente publicado pelo Conselho Nacional de Economia, que reflita as variações no poder aquisitivo da moeda nacional, e acrescido de juros de 6% ao ano, sobre o total corrigido.

Art. 37. Se o imóvel estiver gravado de ônus real ou fiscal ou se contra os alienantes houver ação que possa comprometê-lo, o fato será obrigatoriamente mencionado em todos os documentos de ajuste, com a indicação de sua natureza e das condições de liberação.

Art. 38. Também constará, obrigatoriamente, dos documentos de ajuste, se for o caso, o fato de encontrar-se ocupado o imóvel, esclarecendo-se a que título se deve esta ocupação e quais as condições de desocupação.

Art. 39. Nas incorporações em que a aquisição do terreno se der com pagamento total ou parcial em unidades a serem construídas, deverão ser discriminadas em todos os documentos de ajuste:

I – a parcela que, se houver, será paga em dinheiro;

II – a quota-parte da área das unidades a serem entregues em pagamento do terreno que corresponderá a cada uma das unidades, a qual deverá ser expressa em metros quadrados.

Parágrafo único. Deverá constar, também, de todos os documentos de ajuste, se o alienante do terreno ficou ou não sujeito a qualquer prestação ou encargo.

Art. 40. No caso de rescisão de contrato de alienação do terreno ou de fração ideal, ficarão rescindidas as cessões ou promessas de cessão de direitos correspondentes à aquisição do terreno.

§ 1º. Nesta hipótese, consolidar-se-á, no alienante em cujo favor se opera a resolução, o direito sobre a construção porventura existente.

§ 2º. No caso do parágrafo anterior, cada um dos ex-titulares de direito à aquisição de unidades autônomas haverá do mencionado alienante o valor da parcela de construção que haja adicionado à unidade, salvo se a rescisão houver sido causada pelo ex-titular.

§ 3º. Na hipótese dos parágrafos anteriores, sob pena de nulidade, não poderá o alienante em cujo favor se operou a resolução voltar a negociar seus direitos sobre a unidade autônoma, sem a prévia indenização aos titulares, de que trata o § 2º.

§ 4º. No caso do parágrafo anterior, se os ex-titulares tiverem de recorrer à cobrança judicial do que lhes for devido, somente poderão garantir o seu pagamento a unidade e a respectiva fração de terreno objeto do presente artigo.

Art. 41. Quando as unidades imobiliárias forem contratadas pelo incorporador por preço global compreendendo quota de terreno e construção, inclusive com parte de pagamento após a entrega da unidade, discriminar-se-ão, no contrato, o preço da quota de terreno e o da construção.

§ 1º. Poder-se-á estipular que, na hipótese de o adquirente atrasar o pagamento de parcela relativa à construção, os efeitos da mora recairão não apenas sobre a aquisição da parte construída, mas, também, sobre a fração ideal de terreno, ainda que esta tenha sido totalmente paga.

§ 2º. Poder-se-á também estipular que, na hipótese de o adquirente atrasar o pagamento da parcela relativa à fração ideal de terreno, os efeitos da mora recairão não apenas sobre a aquisição da fração ideal, mas, também, sobre a parte construída, ainda que totalmente paga.

Art. 42. No caso de rescisão do contrato relativo à fração ideal de terreno e partes comuns, a pessoa em cujo favor se tenha operado a resolução sub-rogar-se-á nos direitos e obrigações contratualmente atribuídos ao inadimplente, com relação a construção.

Art. 43. Quando o incorporador contratar a entrega da unidade a prazo e preços certos, determinados ou determináveis, mesmo quando pessoa física, ser-lhe-ão impostas as seguintes normas:

I – informar obrigatoriamente aos adquirentes, por escrito, no mínimo de seis em seis meses, o estado da obra;

II – responder civilmente pela execução da incorporação, devendo indenizar os adquirentes ou compromissários, dos prejuízos que a estes advierem do fato de não se concluir a edificação ou de se retardar injustificadamente a conclusão das obras, cabendo-lhe ação regressiva contra o construtor, se for o caso e se a este couber a culpa;

III – em caso de falência do incorporador, pessoa física ou jurídica, e não ser possível à maioria prosseguir na construção das edificações, os subscritores ou candidatos à aquisição de unidades serão credores privilegiados pelas quantias que houverem pago ao incorporador, respondendo subsidiariamente os bens pessoais deste;

IV – é vedado ao incorporador alterar o projeto, especialmente no que se refere à unidade do adquirente e às partes comuns, modificar as especificações, ou desviar-se do plano da construção, salvo autorização unânime dos interessados ou exigência legal;

V – não poderá modificar as condições de pagamento nem reajustar o preço das unidades, ainda no caso de elevação dos preços dos materiais e da mão-de-obra, salvo se tiver sido expressamente ajustada a faculdade de reajustamento, procedendo-se, então, nas condições estipuladas;

VI – se o incorporador, sem justa causa devidamente comprovada, paralisar as obras por mais de 30 dias, ou retardar-lhes excessivamente o andamento, poderá o Juiz notificá-lo para que no prazo mínimo de 30 dias as reinicie ou torne a dar-lhes o andamento normal. Desatendida a notificação, poderá o incorporador ser destituído pela maioria absoluta dos votos dos adquirentes, sem prejuízo da responsabilidade civil ou penal que couber, sujeito à cobrança executiva das importâncias comprovadamente devidas, facultando-se aos interessados prosseguir na obra (VETADO);

VII – em caso de insolvência do incorporador que tiver optado pelo regime da afetação e não sendo possível à maioria prosseguir na construção, a assembléia geral poderá, pelo voto de 2/3 (dois terços) dos adquirentes, deliberar pela venda do terreno, das acessões e demais bens e direitos integrantes do patrimônio de afetação, mediante leilão ou outra forma que estabelecer, distribuindo entre si, na proporção dos recursos que comprovadamente tiverem aportado, o resultado líquido da venda, depois de pagas as dívidas do patrimônio de afetação e deduzido e entregue ao proprietário do terreno a quantia que lhe couber, nos termos do art. 40; não se obtendo, na venda, a reposição dos aportes efetivados pelos adquirentes, reajustada na forma da lei e de acordo com os critérios do contrato celebrado com o incorporador, os adquirentes serão credores privilegiados pelos valores da diferença não reembolsada, respondendo subsidiariamente os bens pessoais do incorporador.

• *Inciso VII incluído pela Lei nº 10.931, de 2.8.2004.*

Art. 44. Após a concessão do "habite-se" pela autoridade administrativa, o incorporador deverá requerer, (VETADO) a averbação da construção das edificações, para efeito de individualização e discriminação das unidades, respondendo perante os adquirentes pelas perdas e danos que resultem da demora no cumprimento dessa obrigação.

§ 1º. Se o incorporador não requerer a averbação ((VETADO) o construtor requerê-la-á (VETADO) sob pena de ficar solidariamente responsável com o incorporador perante os adquirentes.

§ 2º. Na omissão do incorporador e do construtor, a averbação poderá ser requerida por qualquer dos adquirentes de unidade.

Art. 45. É lícito ao incorporador recolher o imposto do selo devido, mediante apresentação dos contratos preliminares, até 10 dias a contar do vencimento do prazo de carência a que se refere o art. 34, extinta a obrigação se, dentro deste prazo, for denunciada a incorporação.

Art. 46. Quando o pagamento do imposto sobre lucro imobiliário e respectivos acréscimos e adicionais for de responsabilidade do vendedor do terreno, será lícito ao adquirente reter o pagamento das últimas prestações anteriores à data-limite em que é lícito pagar, sem reajuste, o referido imposto e os adicionais, caso o vendedor não apresente a quitação até 10 dias antes do vencimento das prestações cujo pagamento torne inferior ao débito fiscal a parte do preço a ser ainda paga até a referida data-limite.

Parágrafo único. No caso de retenção pelo adquirente, esse ficará responsável para todos os efeitos perante o Fisco, pelo recolhimento do tributo, adicionais e acréscimos, inclusive pelos reajustamentos que vier a sofrer o débito fiscal, (VETADO).

Art. 47. Quando se fixar no contrato que a obrigação do pagamento do imposto sobre lucro imobiliário acréscimos e adicionais devidos pelo alienante e transferida ao adquirente, dever-se-á explicitar o montante que tal obrigação atingiria, se sua satisfação se desse na data da escritura.

§ 1º. Neste caso, o adquirente será tido, para todos os efeitos, como responsável perante o Fisco.

§ 2º. Havendo parcela restituível, a restituição será feita ao adquirente e, se for o caso em nome deste serão emitidas as obrigações do Tesouro Nacional a que se refere o art. 4º da Lei nº 4.357 de 16.7.1964.

§ 3º. Para efeitos fiscais, não importará em aumento do preço de aquisição a circunstância de obrigar-se o adquirente ao pagamento do imposto sobre lucro imobiliário, seus acréscimos e adicionais.

Capítulo III – Da Construção de Edificação em Condomínio

Seção I – Da Construção em Geral

Art. 48. A construção de imóveis, objeto de incorporação nos moldes previstos nesta Lei poderá ser contratada sob o regime de empreitada ou de administração, conforme adiante definidos e poderá estar incluída no contrato com o incorporador (VETADO), ou ser contratada diretamente entre os adquirentes e o construtor.

§ 1º. O Projeto e o memorial descritivo das edificações farão parte integrante e complementar do contrato.

§ 2º. Do contrato deverá constar a prazo da entrega das obras e as condições e formas de sua eventual prorrogação.

Art. 49. Os contratantes da construção, inclusive no caso do art. 43, para tratar de seus interesses, com relação a ela, poderão reunir-se em assembléia, cujas deliberações, desde que aprovadas por maioria simples dos votos presentes, serão válidas e obrigatórias para todos eles salvo no que afetar ao direito de propriedade previsto na legislação.

§ 1º. As assembléias serão convocadas, pelo menos, por 1/3 dos votos dos contratantes pelo incorporador ou pelo construtor, com menção expressa do assunto a tratar, sendo admitido comparecimento de procurador bastante.

§ 2º. A convocação da assembléia será feita por carta registrada ou protocolo, com antecedência mínima de 5 dias para a primeira convocação, e mais 3 dias para a segunda, podendo ambas as convocações ser feitas no mesmo aviso.

§ 3º. A assembléia instalar-se-á, no mínimo, com metade dos contratantes, em primeira convocação, e com qualquer número, em segunda, sendo, porém, obrigatória a presença, em qualquer caso do incorporador ou do construtor, quando convocantes, e pelo menos, com metade dos contratantes que a tenham convocado, se for o caso.

§ 4º. Na assembléia, os votos dos contratantes serão proporcionais às respectivas frações ideais de terreno.

Art. 50. Será designada no contrato de construção ou eleita em assembléia geral uma Comissão de Representantes composta de três membros, pelo menos, escolhidos entre os adquirentes, para representá-los perante o construtor ou, no caso do art. 43, ao incorporador, em tudo o que interessar ao bom andamento da incorporação, e, em especial, perante terceiros, para praticar os atos resultantes da aplicação dos arts. 31-A a 31-F.

• *Art. 50, caput, com redação dada pela Lei 10.931, de 2.8.2004.*

§ 1º. Uma vez eleita a Comissão, cuja constituição se comprovará com a ata da assembléia, devidamente inscrita no Registro de Títulos e Documentos, esta ficará de pleno direito investida dos poderes necessários para exercer todas as atribuições e praticar todos os atos que esta Lei e o contrato de construção lhe deferirem, sem necessidade de instrumento especial outorgado pelos contratantes ou se for caso, pelos que se sub-rogarem nos direitos e obrigações destes.

§ 2º. A assembléia geral poderá, pela maioria absoluta dos votos dos adquirentes, alterar a composição da Comissão de Representantes e revogar qualquer de suas decisões, ressalvados os direitos de terceiros quanto aos efeitos já produzidos.

• *§ 2º com redação dada pela Lei 10.931, de 2.8.2004.*

§ 3º. Respeitados os limites constantes desta Lei, o contrato poderá discriminar as atribuições da Comissão e deverá dispor sobre os mandatos de seus membros, sua destituição e a forma de preenchimento das vagas eventuais, sendo lícita a estipulação de que o mandato conferido a qualquer membro, no caso de sub-rogação de seu contrato a terceiros, se tenha por transferido, de pleno direito, ao sub-rogatário, salvo se este não o aceitar.

§ 4º. Nas incorporações em que o número de contratantes de unidades for igual ou inferior a 3, a totalidade deles exercerá, em conjunto as atribuições que esta Lei confere à Comissão, aplicando-se, no que couber, o disposto nos parágrafos anteriores.

Art. 51. Nos contratos de construção, seja qual for seu regime deverá constar expressamente a quem caberão as despesas com ligações de serviços públicos, devidas ao Poder Público, bem como as despesas indispensáveis à instalação, funcionamento e regulamentação do condomínio.

Parágrafo único. Quando o serviço público for explorado mediante concessão, os contratos de construção deverão também especificar a quem caberão as despesas com as ligações que incumbam às concessionárias no caso de não estarem elas obrigadas a fazê-las, ou, em o estando, se a isto se recusarem ou alegarem impossibilidade.

Art. 52. Cada contratante da construção só será imitido na posse de sua unidade se estiver em dia com as obrigações assumidas, inclusive as relativas à construção exercendo o construtor e o condomínio até então, o direito de retenção sobre a respectiva unidade; no caso do art. 43, este direito será exercido pelo incorporador.

Art. 53. O Poder Executivo, através do Banco Nacional da Habitação, promoverá a celebração de contratos com a Associação Brasileira de Normas Técnicas (A.B.N.T.), no sentido de que esta, tendo em vista o disposto na Lei nº 4.150, de novembro de 1962, prepare, no prazo máximo de 120 dias, normas que estabeleçam, para cada tipo de prédio que padronizar:

I – critérios e normas para cálculo de custos unitários de construção, para uso dos sindicatos, na forma do art. 54;

II – critérios e normas para execução de orçamentos de custo de construção, para fins de disposto no art. 59;

III – critérios e normas para a avaliação de custo global de obra, para fins da alínea "h", do art. 32;

IV – modelo de memorial descritivo dos acabamentos de edificação, para fins do disposto no art. 32;

V – critério para entrosamento entre o cronograma das obras e o pagamento das prestações, que poderá ser introduzido nos contratos de incorporação inclusive para o efeito de aplicação do disposto no § 2º do art. 48.

§ 1º. O número de tipos padronizados deverá ser reduzido e na fixação se atenderá primordialmente:

a) o número de pavimentos e a existência de pavimentos especiais (subsolo, pilotis, etc.);

b) o padrão da construção (baixo, normal, alto), tendo em conta as condições de acabamento, a qualidade dos materiais empregados, os equipamentos, o número de elevadores e as inovações de conforto;

c) as áreas de construção.

§ 2º. Para custear o serviço a ser feito pela A.B.N.T., definido neste artigo, fica autorizado o Poder Executivo a abrir um crédito especial no valor de Cr$ 10.000.000,00 (dez milhões de cruzeiros), em favor do Banco Nacional de Habitação, vinculado a este fim, podendo o Banco adiantar a importância à A.B.N.T., se necessário.

§ 3º. No contrato a ser celebrado com a A.B.N.T., estipular-se-á a atualização periódica das normas previstas neste artigo, mediante remuneração razoável.

Art. 54. Os sindicatos estaduais da indústria da construção civil ficam obrigados a divulgar mensalmente, até o dia 5 de cada mês, os custos unitários de construção a serem adotados nas respectivas regiões jurisdicionais, calculados com observância dos critérios e normas a que se refere o inciso I, do artigo anterior.

§ 1º. O sindicato estadual que deixar de cumprir a obrigação prevista neste artigo deixará de receber dos cofres públicos, enquanto perdurar a omissão, qualquer subvenção ou auxílio que pleiteie ou a que tenha direito.

§ 2º. Na ocorrência de omissão de sindicato estadual, o construtor usará os índices fixados por outro sindicato estadual, em cuja região os custos de construção mais lhe pareçam aproximados dos da sua.

§ 3º. Os orçamentos ou estimativas baseados nos custos unitários a que se refere este artigo só poderão ser considerados atualizados, em certo mês, para os efeitos desta Lei, se baseados em custos unitários relativos ao próprio mês ou a um dos dois meses anteriores.

Seção II – Da Construção por Empreitada

Art. 55. Nas incorporações em que a construção seja feita pelo regime de empreitada, esta poderá ser a preço fixo, ou a preço reajustável por índices previamente determinados.

§ 1º. Na empreitada a preço fixo, o preço da construção será irreajustável, independentemente das variações que sofrer o custo efetivo das obras e qualquer que sejam suas causas.

§ 2º. Na empreitada a preço reajustável, o preço fixado no contrato será reajustado na forma e nas épocas nele expressamente previstas, em função da variação dos índices adotados, também previstos obrigatoriamente no contrato.

§ 3º. Nos contratos de construção por empreitada, a Comissão de Representantes fiscalizará o andamento da obra e a obediência ao Projeto e às especificações exercendo as demais obrigações inerentes à sua função representativa dos contratantes e fiscalizadora da construção.

§ 4º. Nos contratos de construção fixados sob regime de empreitada, reajustável, a Comissão de Representantes fiscalizará, também, o cálculo do reajustamento.

§ 5º. No Contrato deverá ser mencionado o montante do orçamento atualizado da obra, calculado de acordo com as normas do inciso III, do art. 53, com base nos custos unitários referidos no art. 54, quando o preço estipulado for inferior ao mesmo.

§ 6º. Na forma de expressa referência, os contratos de empreitada entendem-se como sendo a preço fixo.

Art. 56. Em toda a publicidade ou propaganda escrita, destinada a promover a venda de incorporação com construção pelo regime de empreitada reajustável, em que conste preço, serão discriminados explicitamente o preço da fração ideal do terreno e o preço da construção, com indicação expressa da reajustabilidade.

§ 1º. As mesmas indicações deverão constar em todos os papéis utilizados para a realização da incorporação, tais como cartas, propostas, escrituras, contratos e documentos semelhantes.

§ 2º. Esta exigência será dispensada nos anúncios "classificados" dos jornais.

Art. 57. Ao construtor que contratar, por empreitada a preço fixo, uma obra de incorporação, aplicar-se-á, no que couber o disposto nos itens II, III, IV, (VETADO) e VI, do art. 43.

Seção III – Da Construção por Administração

Art. 58. Nas incorporações em que a construção for contratada pelo regime de administração, também chamado "a preço de custo", será de responsabilidade dos proprietários ou adquirentes o pagamento do custo integral de obra, observadas as seguintes disposições:

I – todas as faturas, duplicatas, recibos e quaisquer documentos referentes às transações ou aquisições para construção, serão emitidos em nome do condomínio dos contratantes da construção;

II – todas as contribuições dos condôminos para qualquer fim relacionado com a construção serão depositadas em contas abertas em nome do condomínio dos contratantes em estabelecimentos bancários, as quais, serão movimentadas pela forma que for fixada no contrato.

Art. 59. No regime de construção por administração, será obrigatório constar do respectivo contrato o montante do orçamento do custo da obra, elaborado com estrita observância dos critérios e normas referidos no inciso II, do art. 53 e a data em que se iniciará efetivamente a obra.

§ 1º. Nos contratos lavrados até o término das fundações, este montante não poderá ser inferior ao da estimativa atualizada, a que se refere o § 3º, do art. 54.

§ 2º. Nos contratos celebrados após o término das fundações, este montante não poderá ser inferior à última revisão efetivada na forma do artigo seguinte.

§ 3º. As transferências e sub-rogações do contrato, em qualquer fase da obra, aplicar-se-á o disposto neste artigo.

Art. 60. As revisões da estimativa de custo da obra serão efetuadas, pelo menos semestralmente, em comum entre a Comissão de Representantes e o construtor. O contrato poderá estipular que, em função das necessidades da obra sejam alteráveis os esquemas de contribuições quanto ao total, ao número, ao valor e à distribuição no tempo das prestações.

Parágrafo único. Em caso de majoração de prestações, o novo esquema deverá ser comunicado aos contratantes, com antecedência mínima de 45 dias da data em que deverão ser efetuados os depósitos das primeiras prestações alteradas.

Art. 61. A Comissão de Representantes terá poderes para, em nome de todos os contratantes e na forma prevista no contrato:

a) examinar os balancetes organizados pelos construtores, dos recebimentos e despesas do condomínio dos contratantes, aprová-los ou impugná-los, examinando a documentação respectiva;

b) fiscalizar concorrências relativas às compras dos materiais necessários à obra ou aos serviços a ela pertinentes;

c) contratar, em nome do condomínio, com qualquer condômino, modificações por ele solicitadas em sua respectiva unidade, a serem administradas pelo construtor, desde que não prejudiquem unidade de outro condômino e não estejam em desacordo com o parecer técnico do construtor;

d) fiscalizar a arrecadação das contribuições destinadas à construção;

e) exercer as demais obrigações inerentes a sua função representativa dos contratantes e fiscalizadora da construção e praticar todos os atos necessários ao funcionamento regular do condomínio.

Art. 62. Em toda publicidade ou propaganda escrita destinada a promover a venda de incorporação com construção pelo regime de administração em que conste preço, serão discriminados explicitamente o preço da fração ideal de terreno e o montante do orçamento atualizado do custo da construção, na forma dos arts. 59 e 60, com a indicação do mês a que se refere o dito orçamento e do tipo padronizado a que se vincule o mesmo.

§ 1º. As mesmas indicações deverão constar em todos os papéis utilizados para a realização da incorporação, tais como cartas, propostas, escrituras, contratos e documentos semelhantes.

§ 2º. Esta exigência será dispensada nos anúncios "classificados" dos jornais.

Capítulo IV – Das Infrações

Art. 63. É lícito estipular no contrato, sem prejuízo de outras sanções, que a falta de pagamento, por parte do adquirente ou contratante, de 3 prestações do preço da construção, quer estabelecidas inicialmente, quer alteradas ou criadas posteriormente, quando for o caso, depois de prévia notificação com o prazo de 10 dias para purgação da mora, implique na rescisão do contrato, conforme nele se fixar, ou que, na falta de pagamento, pelo débito respondem os direitos à respectiva fração ideal de terreno e à parte construída adicionada, na forma abaixo estabelecida, se outra forma não fixar o contrato.

§ 1º. Se o débito não for liquidado no prazo de 10 dias, após solicitação da Comissão de Representantes, esta ficará, desde logo, de pleno direito, autorizada a efetuar, no prazo que fixar, em público leilão anunciado pela forma que o contrato prevenir, a venda, promessa de venda ou de cessão, ou a cessão da quota de terreno e correspondente parte construída e direitos, bem como a sub-rogação do contrato de construção.

§ 2º. Se o maior lanço obtido for inferior ao desembolso efetuado pelo inadimplente, para a quota do terreno e a construção, despesas acarretadas e as percentagens expressas no parágrafo seguinte será realizada nova praça no prazo estipulado no contrato. Nesta segunda praça, será aceito o maior lanço apurado, ainda que inferior àquele total, (VETADO).

§ 3º. No prazo de 24 horas após a realização do leilão final, o condomínio, por decisão unânime de Assembléia-Geral em condições de igualdade com terceiros, terá preferência na aquisição dos bens, caso em que serão adjudicados ao condomínio.

§ 4º. Do preço que for apurado no leilão, serão deduzidas as quantias em débito, todas as despesas ocorridas, inclusive honorário de advogado e anúncios, e mais 5% a título de comissão e 10% de multa compensatória, que reverterão em benefício do condomínio de todos os contratantes, com exceção do faltoso, ao qual será entregue o saldo, se houver.

§ 5º. Para os fins das medidas estipuladas neste artigo, a Comissão de Representantes ficará investida de mandato irrevogável, isento do imposto do selo, na vigência do contrato geral de construção da obra, com poderes necessários para, em nome do condômino inadimplente, efetuar as citadas transações, podendo para este fim fixar preços, ajustar condições, sub-rogar o arrematante nos direitos e obrigações decorrentes do contrato de construção e da quota de terreno e construção; outorgar as competentes escrituras e contratos, receber preços, dar quitações; imitir o arrematante na posse do imóvel; transmitir domínio, direito e ação; responder pela evicção; receber citação, propor e variar de ações; e também dos poderes *ad juditia*, a serem substabelecidos a advogado lealmente habilitado.

§ 6º. A morte, falência ou concordata do condomínio ou sua dissolução, se se tratar de sociedade, não revogará o mandato de que trata o parágrafo anterior, o qual poderá ser exercido pela Comissão de Representantes até a conclusão dos pagamentos devidos, ainda que a unidade pertença a menor de idade.

§ 7º. Os eventuais débitos fiscais ou para com a Previdência Social, não impedirão a alienação por leilão público. Neste caso, ao condômino somente será entregue o saldo, se houver, desde que prove estar quite com o Fisco e a Previdência Social, devendo a Comissão de Representantes, em caso contrário, consignar judicialmente a importância equivalente aos débitos existentes dando ciência do fato à entidade credora.

§ 8º. Independentemente das disposições deste artigo e seus parágrafos, e como penalidades preliminares, poderá o contrato de construção estabelecer a incidência de multas e juros de mora em caso de atraso no depósito de contribuições sem prejuízo do disposto no parágrafo seguinte.

§ 9º. O contrato poderá dispor que o valor das prestações pagas com atraso, seja corrigível em função da variação do índice geral de preços mensalmente publicado pelo Conselho Nacional de Economia, que reflita as oscilações do poder aquisitivo da moeda nacional.

§ 10. O membro da Comissão de Representantes que incorrer na falta prevista neste artigo, estará sujeito à perda automática do mandato e deverá ser substituído segundo dispuser o contrato.

Art. 64. Os órgãos de informação e publicidade que divulgarem publicamente sem os requisitos exigidos pelo § 3º do art. 32 e pelos arts. 56 e 62, desta Lei, sujeitar-se-ão à multa em importância correspondente ao dobro do preço pago pelo anunciante, a qual reverterá em favor da respectiva Municipalidade.

Art. 65. É crime contra a economia popular promover incorporação, fazendo, em proposta, contratos, prospectos ou comunicação ao público ou aos interessados, afirmação falsa sobre a construção do condomínio, alienação das frações ideais do terreno ou sobre a construção das edificações.

Pena: reclusão de um a quatro anos e multa de cinco a cinqüenta vezes o maior salário-mínimo legal vigente no País.

§ 1º. Incorrem na mesma pena:

I – o incorporador, o corretor e o construtor, individuais bem como os diretores ou gerentes de empresa coletiva incorporadora, corretora ou construtora que, em proposta, contrato, publicidade, prospecto, relatório, parecer, balanço ou comunicação ao público ou aos condôminos, candidatos ou subscritores de unidades, fizerem afirmação falsa sobre a constituição do condomínio, alienação das frações ideais ou sobre a construção das edificações;

II – o incorporador, o corretor e o construtor individuais, bem como os diretores ou gerentes de empresa coletiva, incorporadora, corretora ou construtora que usar, ainda que a título de empréstimo, em proveito próprio ou de terceiros, bens ou haveres destinados a incorporação contratada por administração, sem prévia autorização dos interessados.

§ 2º. O julgamento destes crimes será de competência de Juízo singular, aplicando-se os arts. 5º, 6º e 7º da Lei nº 1.521, de 26 de dezembro de 1951.

§ 3º. Em qualquer fase do procedimento criminal objeto deste artigo, a prisão do indiciado dependerá sempre de mandado do Juízo referido no § 2º.

• *§ 3º incluído pela Lei nº 4.864, de 29.11.1965.*

Art. 66. São contravenções relativas à economia popular, puníveis na forma do art. 10 da Lei nº 1.521, de 26 de dezembro de 1951:

I – negociar o incorporador frações ideais de terreno, sem previamente satisfazer às exigências constantes desta Lei;

II – omitir o incorporador, em qualquer documento de ajuste, as indicações a que se referem os arts. 37 e 38, desta Lei;

III – deixar o incorporador, sem justa causa, no prazo do art. 35 e ressalvada a hipótese de seus §§ 2º e 3º, de promover a celebração do contrato relativo à fração ideal de terreno, do contrato de construção ou da Convenção do condomínio;

IV – (VETADO);

V – omitir o incorporador, no contrato, a indicação a que se refere o § 5º do art. 55, desta Lei;

VI – paralisar o incorporador a obra, por mais de 30 dias, ou retardar-lhe excessivamente o andamento sem justa causa.

Pena: multa de 5 a 20 vezes o maior salário-mínimo legal vigente no País.

Parágrafo único. No caso de contratos relativos a incorporações, de que não participe o incorporador, responderão solidariamente pelas faltas capituladas neste artigo o construtor, o corretor, o proprietário ou titular de direitos aquisitivos do terreno, desde que figurem no contrato, com direito regressivo sobre o incorporador, se as faltas cometidas lhe forem imputáveis.

Capítulo V – Das Disposições Finais e Transitórias

Art. 67. Os contrato poderão consignar exclusivamente às cláusulas, termo ou condições variáveis ou específicas.

§ 1º. As cláusulas comuns a todos os adquirentes não precisarão figurar expressamente nos respectivos contratos.

§ 2º. Os contratos no entanto, consignarão obrigatoriamente que as partes contratantes, adotem e se comprometam a cumprir as cláusulas, termos e condições contratuais a que se refere o parágrafo anterior, sempre transcritas, verbo *ad verbum* no respectivo cartório ou ofício, mencionando, inclusive, o número do livro e das folhas do competente registro.

§ 3º. Aos adquirentes, ao receberem os respectivos instrumentos, será obrigatoriamente entregue cópia impressa ou mimeografada, autenticada, do contrato-padrão, contendo as cláusulas, termos e condições referidas no § 1º deste artigo.

§ 4º. Os cartórios de Registro de Imóveis, para os devidos efeitos, receberão dos incorporadores, autenticadamente, o instrumento a que se refere o parágrafo anterior.

Art. 68. Os proprietários ou titulares de direito aquisitivo, sobre as terras rurais ou os terrenos onde pretendam constituir ou mandar construir habitações isoladas para aliená-las antes de concluídas, mediante pagamento do preço a prazo, deverão, previamente, satisfazer às exigências constantes no art. 32, ficando sujeitos ao regime instituído nesta Lei para os incorporadores, no que lhes for aplicável.

Art. 69. O Poder Executivo baixará, no prazo de 90 dias, regulamento sobre o registro no Registro de Imóveis (VETADO).

Art. 70. A presente Lei entrará em vigor na data de sua publicação, revogados o Decreto nº 5.481, de 25 de junho de 1928 e quaisquer disposições em contrário.

Brasília, 16 de dezembro de 1964; 143º da Independência e 76º da República.

H. Castello Branco

DOU de 21.12.1964 – Retificação DOU de 1º.2.1965

15.2. LEI Nº 9.307, DE 23 DE SETEMBRO DE 1996

Dispõe sobre a arbitragem.

O Presidente da República,

Faço saber que o Congresso Nacional decreta e eu sanciono a seguinte Lei:

Capítulo I – Disposições Gerais

Art. 1º. As pessoas capazes de contratar poderão valer-se da arbitragem para dirimir litígios relativos a direitos patrimoniais disponíveis.

Art. 2º. A arbitragem poderá ser de direito ou de eqüidade, a critério das partes.

§ 1º. Poderão as partes escolher, livremente, as regras de direito que serão aplicadas na arbitragem, desde que não haja violação aos bons costumes e à ordem pública.

§ 2º. Poderão, também, as partes convencionar que a arbitragem se realize com base nos princípios gerais de direito, nos usos e costumes e nas regras internacionais de comércio.

Capítulo II – Da Convenção de Arbitragem e seus Efeitos

Art. 3º. As partes interessadas podem submeter a solução de seus litígios ao juízo arbitral mediante convenção de arbitragem, assim entendida a cláusula compromissória e o compromisso arbitral.

Art. 4º. A cláusula compromissória é a convenção através da qual as partes em um contrato comprometem-se a submeter à arbitragem os litígios que possam vir a surgir, relativamente a tal contrato.

§ 1º. A cláusula compromissória deve ser estipulada por escrito, podendo estar inserta no próprio contrato ou em documento apartado que a ele se refira.

§ 2º. Nos contratos de adesão, a cláusula compromissória só terá eficácia se o aderente tomar a iniciativa de instituir a arbitragem ou concordar, expressamente, com a sua instituição, desde que por escrito em documento anexo ou em negrito, com a assinatura ou visto especialmente para essa cláusula.

Art. 5º. Reportando-se as partes, na cláusula compromissória, às regras de algum órgão arbitral institucional ou entidade especializada, a arbitragem será instituída e processada de acordo com tais regras, podendo, igualmente, as partes estabelecer na própria cláusula, ou em outro documento, a forma convencionada para a instituição da arbitragem.

Art. 6º. Não havendo acordo prévio sobre a forma de instituir a arbitragem, a parte interessada manifestará à outra parte sua intenção de dar início à arbitragem, por via postal ou por outro meio qualquer de comunicação, mediante comprovação de recebimento, convocando-a para, em dia, hora e local certos, firmar o compromisso arbitral.

Parágrafo único. Não comparecendo a parte convocada ou, comparecendo, recusar-se a firmar o compromisso arbitral, poderá a outra parte propor a demanda de que trata o art. 7º desta Lei, perante o órgão do Poder Judiciário a que, originariamente, tocaria o julgamento da causa.

Art. 7º. Existindo cláusula compromissória e havendo resistência quanto à instituição da arbitragem, poderá a parte interessada requerer a citação da outra parte para comparecer em juízo a fim de lavrar-se o compromisso, designando o juiz audiência especial para tal fim.

§ 1º. O autor indicará, com precisão, o objeto da arbitragem, instruindo o pedido com o documento que contiver a cláusula compromissória.

§ 2º. Comparecendo as partes à audiência, o juiz tentará, previamente, a conciliação acerca do litígio. Não obtendo sucesso, tentará o juiz conduzir as partes à celebração, de comum acordo, do compromisso arbitral.

§ 3º. Não concordando as partes sobre os termos do compromisso, decidirá o juiz, após ouvir o réu, sobre seu conteúdo, na própria audiência ou no prazo de dez dias, respeitadas as disposições da cláusula compromissória e atendendo ao disposto nos arts. 10 e 21, § 2º, desta Lei.

§ 4º. Se a cláusula compromissória nada dispuser sobre a nomeação de árbitros, caberá ao juiz, ouvidas as partes, estatuir a respeito, podendo nomear árbitro único para a solução do litígio.

§ 5º. A ausência do autor, sem justo motivo, à audiência designada para a lavratura do compromisso arbitral, importará a extinção do processo sem julgamento de mérito.

§ 6º. Não comparecendo o réu à audiência, caberá ao juiz, ouvido o autor, estatuir a respeito do conteúdo do compromisso, nomeando árbitro único.

§ 7º. A sentença que julgar procedente o pedido valerá como compromisso arbitral.

Art. 8º. A cláusula compromissória é autônoma em relação ao contrato em que estiver inserta, de tal sorte que a nulidade deste não implica, necessariamente, a nulidade da cláusula compromissória.

Parágrafo único. Caberá ao árbitro decidir de ofício, ou por provocação das partes, as questões acerca da existência, validade e eficácia da convenção de arbitragem e do contrato que contenha a cláusula compromissória.

Art. 9º. O compromisso arbitral é a convenção através da qual as partes submetem um litígio à arbitragem de uma ou mais pessoas, podendo ser judicial ou extrajudicial.

§ 1º. O compromisso arbitral judicial celebrar-se-á por termo nos autos, perante o juízo ou tribunal, onde tem curso a demanda.

§ 2º. O compromisso arbitral extrajudicial será celebrado por escrito particular, assinado por duas testemunhas, ou por instrumento público.

Art. 10. Constará, obrigatoriamente, do compromisso arbitral:

I – o nome, profissão, estado civil e domicílio das partes;

II – o nome, profissão e domicílio do árbitro, ou dos árbitros, ou, se for o caso, a identificação da entidade à qual as partes delegaram a indicação de árbitros;

III – a matéria que será objeto da arbitragem; e

IV – o lugar em que será proferida a sentença arbitral.

Art. 11. Poderá, ainda, o compromisso arbitral conter:

I – local, ou locais, onde se desenvolverá a arbitragem;

II – a autorização para que o árbitro ou os árbitros julguem por eqüidade, se assim for convencionado pelas partes;

III – o prazo para apresentação da sentença arbitral;

IV – a indicação da lei nacional ou das regras corporativas aplicáveis à arbitragem, quando assim convencionarem as partes;

V – a declaração da responsabilidade pelo pagamento dos honorários e das despesas com a arbitragem; e

VI – a fixação dos honorários do árbitro, ou dos árbitros.

Parágrafo único. Fixando as partes os honorários do árbitro, ou dos árbitros, no compromisso arbitral, este constituirá título executivo extrajudicial; não havendo tal estipulação, o árbitro requererá ao órgão do Poder Judiciário que seria competente para julgar, originariamente, a causa que os fixe por sentença.

Art. 12. Extingue-se o compromisso arbitral:

I – escusando-se qualquer dos árbitros, antes de aceitar a nomeação, desde que as partes tenham declarado, expressamente, não aceitar substituto;

II – falecendo ou ficando impossibilitado de dar seu voto algum dos árbitros, desde que as partes declarem, expressamente, não aceitar substituto; e

III – tendo expirado o prazo a que se refere o art. 11, inciso III, desde que a parte interessada tenha notificado o árbitro, ou o presidente do tribunal arbitral, concedendo-lhe o prazo de dez dias para a prolação e apresentação da sentença arbitral.

Capítulo III – Dos Árbitros

Art. 13. Pode ser árbitro qualquer pessoa capaz e que tenha a confiança das partes.

§ 1º. As partes nomearão um ou mais árbitros, sempre em número ímpar, podendo nomear, também, os respectivos suplentes.

§ 2º. Quando as partes nomearem árbitros em número par, estes estão autorizados, desde logo, a nomear mais um árbitro. Não havendo acordo, requererão as partes ao órgão do Poder Judiciário a que tocaria, originariamente, o julgamento da causa a nomeação do árbitro, aplicável, no que couber, o procedimento previsto no art. 7º desta Lei.

§ 3º. As partes poderão, de comum acordo, estabelecer o processo de escolha dos árbitros, ou adotar as regras de um órgão arbitral institucional ou entidade especializada.

§ 4º. Sendo nomeados vários árbitros, estes, por maioria, elegerão o presidente do tribunal arbitral. Não havendo consenso, será designado presidente o mais idoso.

§ 5º. O árbitro ou o presidente do tribunal designará, se julgar conveniente, um secretário, que poderá ser um dos árbitros.

§ 6º. No desempenho de sua função, o árbitro deverá proceder com imparcialidade, independência, competência, diligência e discrição.

§ 7º. Poderá o árbitro ou o tribunal arbitral determinar às partes o adiantamento de verbas para despesas e diligências que julgar necessárias.

Art. 14. Estão impedidos de funcionar como árbitros as pessoas que tenham, com as partes ou com o litígio que lhes for submetido, algumas das relações que caracterizam os casos de impedimento ou suspeição de juízes, aplicando-se-lhes, no que couber, os mesmos deveres e responsabilidades, conforme previsto no Código de Processo Civil.

§ 1º. As pessoas indicadas para funcionar como árbitro têm o dever de revelar, antes da aceitação da função, qualquer fato que denote dúvida justificada quanto à sua imparcialidade e independência.

§ 2º. O árbitro somente poderá ser recusado por motivo ocorrido após sua nomeação. Poderá, entretanto, ser recusado por motivo anterior à sua nomeação, quando:
a) não for nomeado, diretamente, pela parte; ou
b) o motivo para a recusa do árbitro for conhecido posteriormente à sua nomeação.

Art. 15. A parte interessada em argüir a recusa do árbitro apresentará, nos termos do art. 20, a respectiva exceção, diretamente ao árbitro ou ao presidente do tribunal arbitral, deduzindo suas razões e apresentando as provas pertinentes.

Parágrafo único. Acolhida a exceção, será afastado o árbitro suspeito ou impedido, que será substituído, na forma do art. 16 desta Lei.

Art. 16. Se o árbitro escusar-se antes da aceitação da nomeação, ou, após a aceitação, vier a falecer, tornar-se impossibilitado para o exercício da função, ou for recusado, assumirá seu lugar o substituto indicado no compromisso, se houver.

§ 1º. Não havendo substituto indicado para o árbitro, aplicar-se-ão as regras do órgão arbitral institucional ou entidade especializada, se as partes as tiverem invocado na convenção de arbitragem.

§ 2º. Nada dispondo a convenção de arbitragem e não chegando as partes a um acordo sobre a nomeação do árbitro a ser substituído, procederá a parte interessada da forma prevista no art. 7º desta Lei, a menos que as partes tenham declarado, expressamente, na convenção de arbitragem, não aceitar substituto.

Art. 17. Os árbitros, quando no exercício de suas funções ou em razão delas, ficam equiparados aos funcionários públicos, para os efeitos da legislação penal.

Art. 18. O árbitro é juiz de fato e de direito, e a sentença que proferir não fica sujeita a recurso ou a homologação pelo Poder Judiciário.

Capítulo IV – Do Procedimento Arbitral

Art. 19. Considera-se instituída a arbitragem quando aceita a nomeação pelo árbitro, se for único, ou por todos, se forem vários.

Parágrafo único. Instituída a arbitragem e entendendo o árbitro ou o tribunal arbitral que há necessidade de explicitar alguma questão disposta na convenção de arbitragem, será elaborado, juntamente com as partes, um adendo, firmado por todos, que passará a fazer parte integrante da convenção de arbitragem.

Art. 20. A parte que pretender argüir questões relativas à competência, suspeição ou impedimento do árbitro ou dos árbitros, bem como nulidade, invalidade ou ineficácia da convenção de arbitragem, deverá fazê-lo na primeira oportunidade que tiver de se manifestar, após a instituição da arbitragem.

§ 1º. Acolhida a argüição de suspeição ou impedimento, será o árbitro substituído nos termos do art. 16 desta Lei, reconhecida a incompetência do árbitro ou do tribunal arbitral, bem como a nulidade, invalidade ou ineficácia da convenção de arbitragem, serão as partes remetidas ao órgão do Poder Judiciário competente para julgar a causa.

§ 2º. Não sendo acolhida a argüição, terá normal prosseguimento a arbitragem, sem prejuízo de vir a ser examinada a decisão pelo órgão do Poder Judiciário competente, quando da eventual propositura da demanda de que trata o art. 33 desta Lei.

Art. 21. A arbitragem obedecerá ao procedimento estabelecido pelas partes na convenção de arbitragem, que poderá reportar-se às regras de um órgão arbitral institucional ou entidade especializada, facultando-se, ainda, às partes delegar ao próprio árbitro, ou ao tribunal arbitral, regular o procedimento.

§ 1º. Não havendo estipulação acerca do procedimento, caberá ao árbitro ou ao tribunal arbitral disciplíná-lo.

§ 2º. Serão, sempre, respeitados no procedimento arbitral os princípios do contraditório, da igualdade das partes, da imparcialidade do árbitro e de seu livre convencimento.

§ 3º. As partes poderão postular por intermédio de advogado, respeitada, sempre, a faculdade de designar quem as represente ou assista no procedimento arbitral.

§ 4º. Competirá ao árbitro ou ao tribunal arbitral, no início do procedimento, tentar a conciliação das partes, aplicando-se, no que couber, o art. 28 desta Lei.

Art. 22. Poderá o árbitro ou o tribunal arbitral tomar o depoimento das partes, ouvir testemunhas e determinar a realização de perícias ou outras provas que julgar necessárias, mediante requerimento das partes ou de ofício.

§ 1º. O depoimento das partes e das testemunhas será tomado em local, dia e hora previamente comunicados, por escrito, e reduzido a termo, assinado pelo depoente, ou a seu rogo, e pelos árbitros.

§ 2º. Em caso de desatendimento, sem justa causa, da convocação para prestar depoimento pessoal, o árbitro ou o tribunal arbitral levará em consideração o comportamento da parte faltosa, ao proferir sua sentença; se a ausência for de testemunha, nas mesmas circunstâncias, poderá o árbitro ou o presidente do tribunal arbitral requerer à autoridade judiciária que conduza a testemunha renitente, comprovando a existência da convenção de arbitragem.

§ 3º. A revelia da parte não impedirá que seja proferida a sentença arbitral.

§ 4º. Ressalvado o disposto no § 2º, havendo necessidade de medidas coercitivas ou cautelares, os árbitros poderão solicitá-las ao órgão do Poder Judiciário que seria, originariamente, competente para julgar a causa.

§ 5º. Se, durante o procedimento arbitral, um árbitro vier a ser substituído fica a critério do substituto repetir as provas já produzidas.

Capítulo V – Da Sentença Arbitral

Art. 23. A sentença arbitral será proferida no prazo estipulado pelas partes. Nada tendo sido convencionado, o prazo para a apresentação da sentença é de seis meses, contado da instituição da arbitragem ou da substituição do árbitro.

Parágrafo único. As partes e os árbitros, de comum acordo, poderão prorrogar o prazo estipulado.

Art. 24. A decisão do árbitro ou dos árbitros será expressa em documento escrito.

§ 1º. Quando forem vários os árbitros, a decisão será tomada por maioria. Se não houver acordo majoritário, prevalecerá o voto do presidente do tribunal arbitral.

§ 2º. O árbitro que divergir da maioria poderá, querendo, declarar seu voto em separado.

Art. 25. Sobrevindo no curso da arbitragem controvérsia acerca de direitos indisponíveis e verificando-se que de sua existência, ou não, dependerá o julgamento, o árbitro ou o tribunal arbitral remeterá as partes à autoridade competente do Poder Judiciário, suspendendo o procedimento arbitral.

Parágrafo único. Resolvida a questão prejudicial e juntada aos autos a sentença ou acórdão transitados em julgado, terá normal seguimento a arbitragem.

Art. 26. São requisitos obrigatórios da sentença arbitral:

I – o relatório, que conterá os nomes das partes e um resumo do litígio;

II – os fundamentos da decisão, onde serão analisadas as questões de fato e de direito, mencionando-se, expressamente, se os árbitros julgaram por eqüidade;

III - o dispositivo, em que os árbitros resolverão as questões que lhes forem submetidas e estabelecerão o prazo para o cumprimento da decisão, se for o caso; e

IV - a data e o lugar em que foi proferida.

Parágrafo único. A sentença arbitral será assinada pelo árbitro ou por todos os árbitros. Caberá ao presidente do tribunal arbitral, na hipótese de um ou alguns dos árbitros não poder ou não querer assinar a sentença, certificar tal fato.

Art. 27. A sentença arbitral decidirá sobre a responsabilidade das partes acerca das custas e despesas com a arbitragem, bem como sobre verba decorrente de litigância de má-fé, se for o caso, respeitadas as disposições da convenção de arbitragem, se houver.

Art. 28. Se, no decurso da arbitragem, as partes chegarem a acordo quanto ao litígio, o árbitro ou o tribunal arbitral poderá, a pedido das partes, declarar tal fato mediante sentença arbitral, que conterá os requisitos do art. 26 desta Lei.

Art. 29. Proferida a sentença arbitral, dá-se por finda a arbitragem, devendo o árbitro, ou o presidente do tribunal arbitral, enviar cópia da decisão às partes, por via postal ou por outro meio qualquer de comunicação, mediante comprovação de recebimento, ou, ainda, entregando-a diretamente às partes, mediante recibo.

Art. 30. No prazo de cinco dias, a contar do recebimento da notificação ou da ciência pessoal da sentença arbitral, a parte interessada, mediante comunicação à outra parte, poderá solicitar ao árbitro ou ao tribunal arbitral que:

I - corrija qualquer erro material da sentença arbitral;

II - esclareça alguma obscuridade, dúvida ou contradição da sentença arbitral, ou se pronuncie sobre ponto omitido a respeito do qual devia manifestar-se a decisão.

Parágrafo único. O árbitro ou tribunal arbitral decidirá, no prazo de dez dias, aditando a sentença arbitral e notificando as partes na forma do art. 29.

Art. 31. A sentença arbitral produz, entre as partes e seus sucessores, os mesmos efeitos da sentença proferida pelos órgãos do Poder Judiciário e, sendo condenatória, constitui título executivo.

Art. 32. É nula a sentença arbitral se:

I - for nulo o compromisso;

II - emanou de quem não podia ser árbitro;

III - não contiver os requisitos do art. 26 desta Lei;

IV - for proferida fora dos limites da convenção de arbitragem;

V - não decidir todo o litígio submetido à arbitragem;

VI - comprovado que foi proferida por prevaricação, concussão ou corrupção passiva;

VII - proferida fora do prazo, respeitado o disposto no art. 12, inciso III, desta Lei; e

VIII - forem desrespeitados os princípios de que trata o art. 21, § 2º, desta Lei.

Art. 33. A parte interessada poderá pleitear ao órgão do Poder Judiciário competente a decretação da nulidade da sentença arbitral, nos casos previstos nesta Lei.

§ 1º. A demanda para a decretação de nulidade da sentença arbitral seguirá o procedimento comum, previsto no Código de Processo Civil, e deverá ser proposta no prazo de até noventa dias após o recebimento da notificação da sentença arbitral ou de seu aditamento.

§ 2º. A sentença que julgar procedente o pedido:

I - decretará a nulidade da sentença arbitral, nos casos do art. 32, incisos I, II, VI, VII e VIII;

II - determinará que o árbitro ou tribunal arbitral profira novo laudo, nas demais hipóteses.

LEGISLAÇÃO   297

§ 3º. A decretação da nulidade da sentença arbitral também poderá ser argüida mediante ação de embargos do devedor, conforme o art. 741 e seguintes do Código de Processo Civil, se houver execução judicial.

Capítulo VI – Do Reconhecimento e Execução de Sentenças Arbitrais Estrangeiras

Art. 34. A sentença arbitral estrangeira será reconhecida ou executada no Brasil de conformidade com os tratados internacionais com eficácia no ordenamento interno e, na sua ausência, estritamente de acordo com os termos desta Lei.

Parágrafo único. Considera-se sentença arbitral estrangeira a que tenha sido proferida fora do território nacional.

Art. 35. Para ser reconhecida ou executada no Brasil, a sentença arbitral estrangeira está sujeita, unicamente, à homologação do Supremo Tribunal Federal.

• *A homologação passou a ser de competência do STJ (CF, art. 105, I, "i").*

Art. 36. Aplica-se à homologação para reconhecimento ou execução de sentença arbitral estrangeira, no que couber, o disposto nos arts. 483 e 484 do Código de Processo Civil.

Art. 37. A homologação de sentença arbitral estrangeira será requerida pela parte interessada, devendo a petição inicial conter as indicações da lei processual, conforme o art. 282 do Código de Processo Civil, e ser instruída, necessariamente, com:

I – o original da sentença arbitral ou uma cópia devidamente certificada, autenticada pelo consulado brasileiro e acompanhada de tradução oficial;

II – o original da convenção de arbitragem ou cópia devidamente certificada, acompanhada de tradução oficial.

Art. 38. Somente poderá ser negada a homologação para o reconhecimento ou execução de sentença arbitral estrangeira, quando o réu demonstrar que:

I – as partes na convenção de arbitragem eram incapazes;

II – a convenção de arbitragem não era válida segundo a lei à qual as partes a submeteram, ou, na falta de indicação, em virtude da lei do país onde a sentença arbitral foi proferida;

III – não foi notificado da designação do árbitro ou do procedimento de arbitragem, ou tenha sido violado o princípio do contraditório, impossibilitando a ampla defesa;

IV – a sentença arbitral foi proferida fora dos limites da convenção de arbitragem, e não foi possível separar a parte excedente daquela submetida à arbitragem;

V – a instituição da arbitragem não está de acordo com o compromisso arbitral ou cláusula compromissória;

VI – a sentença arbitral não se tenha, ainda, tornado obrigatória para as partes, tenha sido anulada, ou, ainda, tenha sido suspensa por órgão judicial do país onde a sentença arbitral for prolatada.

Art. 39. Também será denegada a homologação para o reconhecimento ou execução da sentença arbitral estrangeira, se o Supremo Tribunal Federal constatar que:

• *Vide nota ao ao art. 35 desta lei.*

I – segundo a lei brasileira, o objeto do litígio não é suscetível de ser resolvido por arbitragem;

II – a decisão ofende a ordem pública nacional.

Parágrafo único. Não será considerada ofensa à ordem pública nacional a efetivação da citação da parte residente ou domiciliada no Brasil, nos moldes da convenção de arbitragem ou da lei processual do país onde se realizou a arbitragem, admitindo-se, inclusive, a citação postal com prova inequívoca de recebimento, desde que assegure à parte brasileira tempo hábil para o exercício do direito de defesa.

Art. 40. A denegação da homologação para reconhecimento ou execução de sentença arbitral estrangeira por vícios formais, não obsta que a parte interessada renove o pedido, uma vez sanados os vícios apresentados.

Capítulo VII - Disposições Finais

Art. 41. Os arts. 267, inciso VII; 301, inciso IX; e 584, inciso III, do Código de Processo Civil passam a ter a seguinte redação:

"*Art. 267. (...)*
VII - pela convenção de arbitragem;"
"*Art. 301. (...)*
IX - convenção de arbitragem;"
"*Art. 584. (...)*
III - a sentença arbitral e a sentença homologatória de transação ou de conciliação;".

Art. 42. O art. 520 do Código de Processo Civil passa a ter mais um inciso, com a seguinte redação:

"*Art. 520. (...)*
VI - julgar procedente o pedido de instituição de arbitragem.".

Art. 43. Esta Lei entrará em vigor sessenta dias após a data de sua publicação.

Art. 44. Ficam revogados os arts. 1.037 a 1.048 da Lei nº 3.071, de 1º de janeiro de 1916, Código Civil Brasileiro; os arts. 101 e 1.072 a 1.102 da Lei nº 5.869, de 11 de janeiro de 1973, Código de Processo Civil; e demais disposições em contrário.

Brasília, 23 de setembro de 1996; 175º da Independência e 108º da República.

Fernando Henrique Cardoso
DOU de 24.9.1996

15.3. LEI Nº 10.931, DE 2 DE AGOSTO DE 2004

Dispõe sobre o patrimônio de afetação de incorporações imobiliárias, Letra de Crédito Imobiliário, Cédula de Crédito Imobiliário, Cédula de Crédito Bancário, altera o Decreto-Lei nº 911, de 1º de outubro de 1969, as Leis nº 4.591, de 16 de dezembro de 1964, nº 4.728, de 14 de julho de 1965, e nº 10.406, de 10 de janeiro de 2002, e dá outras providências.

O Presidente da República,

Faço saber que o Congresso Nacional decreta e eu sanciono a seguinte Lei:

Capítulo I - Do Regime Especial Tributário do Patrimônio de Afetação

Art. 1º. Fica instituído o regime especial de tributação aplicável às incorporações imobiliárias, em caráter opcional e irretratável enquanto perdurarem direitos de crédito ou obrigações do incorporador junto aos adquirentes dos imóveis que compõem a incorporação.

Art. 2º. A opção pelo regime especial de tributação de que trata o art. 1º será efetivada quando atendidos os seguintes requisitos:

I – entrega do termo de opção ao regime especial de tributação na unidade competente da Secretaria da Receita Federal, conforme regulamentação a ser estabelecida; e

II – afetação do terreno e das acessões objeto da incorporação imobiliária, conforme disposto nos arts. 31-A a 31-E da Lei nº 4.591, de 16 de dezembro de 1964.

• *Vide nesta edição.*

Art. 3º. O terreno e as acessões objeto da incorporação imobiliária sujeitas ao regime especial de tributação, bem como os demais bens e direitos a ela vinculados, não responderão por dívidas tributárias da incorporadora relativas ao Imposto de Renda das Pessoas Jurídicas – IRPJ, à Contribuição Social sobre o Lucro Líquido – CSLL, à Contribuição para o Financiamento da Seguridade Social – COFINS e à Contribuição para os Programas de Integração Social e de Formação do Patrimônio do Servidor Público – PIS/PASEP, exceto aquelas calculadas na forma do art. 4º sobre as receitas auferidas no âmbito da respectiva incorporação.

Parágrafo único. O patrimônio da incorporadora responderá pelas dívidas tributárias da incorporação afetada.

Art. 4º. Para cada incorporação submetida ao regime especial de tributação, a incorporadora ficará sujeita ao pagamento equivalente a sete por cento da receita mensal recebida, o qual corresponderá ao pagamento mensal unificado dos seguintes impostos e contribuições:

I – Imposto de Renda das Pessoas Jurídicas – IRPJ;

II – Contribuição para os Programas de Integração Social e de Formação do Patrimônio do Servidor Público – PIS/PASEP;

III – Contribuição Social sobre o Lucro Líquido – CSLL; e

IV – Contribuição para Financiamento da Seguridade Social – COFINS.

§ 1º. Para fins do disposto no *caput*, considera-se receita mensal a totalidade das receitas auferidas pela incorporadora na venda das unidades imobiliárias que compõem a incorporação, bem como as receitas financeiras e variações monetárias decorrentes desta operação.

§ 2º. O pagamento dos tributos e contribuições na forma do disposto no *caput* deste artigo será considerado definitivo, não gerando, em qualquer hipótese, direito à restituição ou à compensação com o que for apurado pela incorporadora.

• *§ 2º com redação dada pela Lei nº 11.196, de 21.11.2005.*

§ 3º. As receitas, custos e despesas próprios da incorporação sujeita a tributação na forma deste artigo não deverão ser computados na apuração das bases de cálculo dos tributos e contribuições de que trata o *caput* deste artigo devidos pela incorporadora em virtude de suas outras atividades empresariais, inclusive incorporações não afetadas.

• *§ 3º com redação dada pela Lei nº 11.196, de 21.11.2005.*

§ 4º. Para fins do disposto no § 3º deste artigo, os custos e despesas indiretos pagos pela incorporadora no mês serão apropriados a cada incorporação na mesma proporção representada pelos custos diretos próprios da incorporação, em relação ao custo direto total da incorporadora, assim entendido como a soma de todos os custos diretos de todas as incorporações e o de outras atividades exercidas pela incorporadora.

• *§ 4º com redação dada pela Lei nº 11.196, de 21.11.2005.*

§ 5º. A opção pelo regime especial de tributação obriga o contribuinte a fazer o recolhimento dos tributos, na forma do *caput* deste artigo, a partir do mês da opção.

• *§ 5º incluído pela Lei nº 11.196, de 21.11.2005.*

Art. 5º. O pagamento unificado de impostos e contribuições efetuado na forma do art. 4º deverá ser feito até o décimo dia do mês subseqüente àquele em que houver sido auferida a receita.

Parágrafo único. Para fins do disposto no *caput*, a incorporadora deverá utilizar, no Documento de Arrecadação de Receitas Federais – DARF, o número específico de inscrição da incorporação no Cadastro Nacional das Pessoas Jurídicas – CNPJ e código de arrecadação próprio.

Art. 6º. Os créditos tributários devidos pela incorporadora na forma do disposto no art. 4º não poderão ser objeto de parcelamento.

Art. 7º. O incorporador fica obrigado a manter escrituração contábil segregada para cada incorporação submetida ao regime especial de tributação.

Art. 8º. Para fins de repartição de receita tributária e do disposto no § 2º do art. 4º, o percentual de sete por cento de que trata o *caput* do art. 4º será considerado:

I – três por cento como COFINS;

II – zero vírgula sessenta e cinco por cento como Contribuição para o PIS/PASEP;

III – 2,2% (dois vírgula dois por cento) como IRPJ; e

IV – 1,15% (um vírgula quinze por cento) como CSLL.

Art. 9º. Perde eficácia a deliberação pela continuação da obra a que se refere o § 1º do art. 31-F da Lei nº 4.591, de 1964, bem como os efeitos do regime de afetação instituídos por esta Lei, caso não se verifique o pagamento das obrigações tributárias, previdenciárias e trabalhistas, vinculadas ao respectivo patrimônio de afetação, cujos fatos geradores tenham ocorrido até a data da decretação da falência, ou insolvência do incorporador, as quais deverão ser pagas pelos adquirentes em até um ano daquela deliberação, ou até a data da concessão do habite-se, se esta ocorrer em prazo inferior.

Art. 10. O disposto no art. 76 da Medida Provisória nº 2.158-35, de 24 de agosto de 2001, não se aplica ao patrimônio de afetação de incorporações imobiliárias definido pela Lei nº 4.591, de 1964.

Art. 11. (Revogado).

• *Art. 11 revogado pela Lei nº 11.196, de 21.11.2005.*

Capítulo II – Da Letra de Crédito Imobiliário

Art. 12. Os bancos comerciais, os bancos múltiplos com carteira de crédito imobiliário, a Caixa Econômica Federal, as sociedades de crédito imobiliário, as associações de poupança e empréstimo, as companhias hipotecárias e demais espécies de instituições que, para as operações a que se refere este artigo, venham a ser expressamente autorizadas pelo Banco Central do Brasil, poderão emitir, independentemente de tradição efetiva, Letra de Crédito Imobiliário – LCI, lastreada por créditos imobiliários garantidos por hipoteca ou por alienação fiduciária de coisa imóvel, conferindo aos seus tomadores direito de crédito pelo valor nominal, juros e, se for o caso, atualização monetária nelas estipuladas.

§ 1º. A LCI será emitida sob a forma nominativa, podendo ser transferível mediante endosso em preto, e conterá:

I – o nome da instituição emitente e as assinaturas de seus representantes;

II – o número de ordem, o local e a data de emissão;

III – a denominação "Letra de Crédito Imobiliário";

IV – o valor nominal e a data de vencimento;

V – a forma, a periodicidade e o local de pagamento do principal, dos juros e, se for o caso, da atualização monetária;

VI – os juros, fixos ou flutuantes, que poderão ser renegociáveis, a critério das partes;

VII – a identificação dos créditos caucionados e seu valor;

VIII – o nome do titular; e

IX – cláusula à ordem, se endossável.

§ 2º. A critério do credor, poderá ser dispensada a emissão de certificado, devendo a LCI sob a forma escritural ser registrada em sistemas de registro e liquidação financeira de títulos privados autorizados pelo Banco Central do Brasil.

Art. 13. A LCI poderá ser atualizada mensalmente por índice de preços, desde que emitida com prazo mínimo de trinta e seis meses.

Parágrafo único. É vedado o pagamento dos valores relativos à atualização monetária apropriados desde a emissão, quando ocorrer o resgate antecipado, total ou parcial, em prazo inferior ao estabelecido neste artigo, da LCI emitida com previsão de atualização mensal por índice de preços.

Art. 14. A LCI poderá contar com garantia fidejussória adicional de instituição financeira.

Art. 15. A LCI poderá ser garantida por um ou mais créditos imobiliários, mas a soma do principal das LCI emitidas não poderá exceder o valor total dos créditos imobiliários em poder da instituição emitente.

§ 1º. A LCI não poderá ter prazo de vencimento superior ao prazo de quaisquer dos créditos imobiliários que lhe servem de lastro.

§ 2º. O crédito imobiliário caucionado poderá ser substituído por outro crédito da mesma natureza por iniciativa do emitente da LCI, nos casos de liquidação ou vencimento antecipados do crédito, ou por solicitação justificada do credor da letra.

Art. 16. O endossante da LCI responderá pela veracidade do título, mas contra ele não será admitido direito de cobrança regressiva.

Art. 17. O Banco Central do Brasil poderá estabelecer o prazo mínimo e outras condições para emissão e resgate de LCI, observado o disposto no art. 13 desta Lei.

Capítulo III – Da Cédula de Crédito Imobiliário

Art. 18. É instituída a Cédula de Crédito Imobiliário – CCI para representar créditos imobiliários.

§ 1º. A CCI será emitida pelo credor do crédito imobiliário e poderá ser integral, quando representar a totalidade do crédito, ou fracionária, quando representar parte dele, não podendo a soma das CCI fracionárias emitidas em relação a cada crédito exceder o valor total do crédito que elas representam.

§ 2º. As CCI fracionárias poderão ser emitidas simultaneamente ou não, a qualquer momento antes do vencimento do crédito que elas representam.

§ 3º. A CCI poderá ser emitida com ou sem garantia, real ou fidejussória, sob a forma escritural ou cartular.

§ 4º. A emissão da CCI sob a forma escritural far-se-á mediante escritura pública ou instrumento particular, devendo esse instrumento permanecer custodiado em instituição financeira e registrado em sistemas de registro e liquidação financeira de títulos privados autorizados pelo Banco Central do Brasil.

§ 5º. Sendo o crédito imobiliário garantido por direito real, a emissão da CCI será averbada no Registro de Imóveis da situação do imóvel, na respectiva matrícula, devendo dela constar, exclusivamente, o número, a série e a instituição custodiante.

§ 6º. A averbação da emissão da CCI e o registro da garantia do crédito respectivo, quando solicitados simultaneamente, serão considerados como ato único para efeito de cobrança de emolumentos.

§ 7º. A constrição judicial que recaia sobre crédito representado por CCI será efetuada nos registros da instituição custodiante ou mediante apreensão da respectiva cártula.

§ 8º. O credor da CCI deverá ser imediatamente intimado de constrição judicial que recaia sobre a garantia real do crédito imobiliário representado por aquele título.

§ 9º. No caso de CCI emitida sob a forma escritural, caberá à instituição custodiante identificar o credor, para o fim da intimação prevista no § 8º.

Art. 19. A CCI deverá conter:

I – a denominação "Cédula de Crédito Imobiliário", quando emitida cartularmente;

II – o nome, a qualificação e o endereço do credor e do devedor e, no caso de emissão escritural, também o do custodiante;

III – a identificação do imóvel objeto do crédito imobiliário, com a indicação da respectiva matrícula no Registro de Imóveis competente e do registro da constituição da garantia, se for o caso;

IV – a modalidade da garantia, se for o caso;

V – o número e a série da cédula;

VI – o valor do crédito que representa;

VII – a condição de integral ou fracionária e, nessa última hipótese, também a indicação da fração que representa;

VIII – o prazo, a data de vencimento, o valor da prestação total, nela incluídas as parcelas de amortização e juros, as taxas, seguros e demais encargos contratuais de responsabilidade do devedor, a forma de reajuste e o valor das multas previstas contratualmente, com a indicação do local de pagamento;

IX – o local e a data da emissão;

X – a assinatura do credor, quando emitida cartularmente;

XI – a autenticação pelo Oficial do Registro de Imóveis competente, no caso de contar com garantia real; e

XII – cláusula à ordem, se endossável.

Art. 20. A CCI é título executivo extrajudicial, exigível pelo valor apurado de acordo com as cláusulas e condições pactuadas no contrato que lhe deu origem.

Parágrafo único. O crédito representado pela CCI será exigível mediante ação de execução, ressalvadas as hipóteses em que a lei determine procedimento especial, judicial ou extrajudicial para satisfação do crédito e realização da garantia.

Art. 21. A emissão e a negociação de CCI independe de autorização do devedor do crédito imobiliário que ela representa.

Art. 22. A cessão do crédito representado por CCI poderá ser feita por meio de sistemas de registro e de liquidação financeira de títulos privados autorizados pelo Banco Central do Brasil.

§ 1º. A cessão do crédito representado por CCI implica automática transmissão das respectivas garantias ao cessionário, sub-rogando-o em todos os direitos representados pela cédula, ficando o cessionário, no caso de contrato de alienação fiduciária, investido na propriedade fiduciária.

§ 2º. A cessão de crédito garantido por direito real, quando representado por CCI emitida sob a forma escritural, está dispensada de averbação no Registro de Imóveis, aplicando-se, no que esta Lei não contrarie, o disposto nos arts. 286 e seguintes da Lei nº 10.406, de 10 de janeiro de 2002 – Código Civil Brasileiro.

Art. 23. A CCI, objeto de securitização nos termos da Lei nº 9.514, de 20 de novembro de 1997, será identificada no respectivo Termo de Securitização de Créditos, mediante indicação do seu valor, número, série e instituição custodiante, dispensada a enunciação das informações já constantes da Cédula ou do seu registro na instituição custodiante.

Parágrafo único. O regime fiduciário de que trata a Seção VI do Capítulo I da Lei nº 9.514, de 1997, no caso de emissão de Certificados de Recebíveis Imobiliários lastreados em créditos representados por CCI, será registrado na instituição custodiante, mencionando o patrimônio separado a que estão afetados, não se aplicando o disposto no parágrafo único do art. 10 da mencionada Lei.

Art. 24. O resgate da dívida representada pela CCI prova-se com a declaração de quitação, emitida pelo credor, ou, na falta desta, por outros meios admitidos em direito.

Art. 25. É vedada a averbação da emissão de CCI com garantia real quando houver prenotação ou registro de qualquer outro ônus real sobre os direitos imobiliários respectivos, inclusive penhora ou averbação de qualquer mandado ou ação judicial.

Capítulo IV – Da Cédula de Crédito Bancário

Art. 26. A Cédula de Crédito Bancário é título de crédito emitido, por pessoa física ou jurídica, em favor de instituição financeira ou de entidade a esta equiparada, representando promessa de pagamento em dinheiro, decorrente de operação de crédito, de qualquer modalidade.

§ 1º. A instituição credora deve integrar o Sistema Financeiro Nacional, sendo admitida a emissão da Cédula de Crédito Bancário em favor de instituição domiciliada no exterior, desde que a obrigação esteja sujeita exclusivamente à lei e ao foro brasileiros.

§ 2º. A Cédula de Crédito Bancário em favor de instituição domiciliada no exterior poderá ser emitida em moeda estrangeira.

Art. 27. A Cédula de Crédito Bancário poderá ser emitida, com ou sem garantia, real ou fidejussória, cedularmente constituída.

Parágrafo único. A garantia constituída será especificada na Cédula de Crédito Bancário, observadas as disposições deste Capítulo e, no que não forem com elas conflitantes, as da legislação comum ou especial aplicável.

Art. 28. A Cédula de Crédito Bancário é título executivo extrajudicial e representa dívida em dinheiro, certa, líquida e exigível, seja pela soma nela indicada, seja pelo saldo devedor demonstrado em planilha de cálculo, ou nos extratos da conta corrente, elaborados conforme previsto no § 2º.

§ 1º. Na Cédula de Crédito Bancário poderão ser pactuados:

I – os juros sobre a dívida, capitalizados ou não, os critérios de sua incidência e, se for o caso, a periodicidade de sua capitalização, bem como as despesas e os demais encargos decorrentes da obrigação;

II – os critérios de atualização monetária ou de variação cambial como permitido em lei;

III – os casos de ocorrência de mora e de incidência das multas e penalidades contratuais, bem como as hipóteses de vencimento antecipado da dívida;

IV – os critérios de apuração e de ressarcimento, pelo emitente ou por terceiro garantidor, das despesas de cobrança da dívida e dos honorários advocatícios, judiciais ou extrajudiciais, sendo que os honorários advocatícios extrajudiciais não poderão superar o limite de dez por cento do valor total devido;

V – quando for o caso, a modalidade de garantia da dívida, sua extensão e as hipóteses de substituição de tal garantia;

VI – as obrigações a serem cumpridas pelo credor;

VII – a obrigação do credor de emitir extratos da conta corrente ou planilhas de cálculo da dívida, ou de seu saldo devedor, de acordo com os critérios estabelecidos na própria Cédula de Crédito Bancário, observado o disposto no § 2º; e

VIII – outras condições de concessão do crédito, suas garantias ou liquidação, obrigações adicionais do emitente ou do terceiro garantidor da obrigação, desde que não contrariem as disposições desta Lei.

§ 2º. Sempre que necessário, a apuração do valor exato da obrigação, ou de seu saldo devedor, representado pela Cédula de Crédito Bancário, será feita pelo credor, por meio de planilha de cálculo e, quando for o caso, de extrato emitido pela instituição financeira, em favor da qual a Cédula de Crédito Bancário foi originalmente emitida, documentos esses que integrarão a Cédula, observado que:

I – os cálculos realizados deverão evidenciar de modo claro, preciso e de fácil entendimento e compreensão, o valor principal da dívida, seus encargos e despesas contratuais devidos, a parcela de juros e os critérios de sua incidência, a parcela de atualização monetária ou cambial, a parcela correspondente a multas e demais penalidades contratuais, as despesas de cobrança e de honorários advocatícios devidos até a data do cálculo e, por fim, o valor total da dívida; e

II – a Cédula de Crédito Bancário representativa de dívida oriunda de contrato de abertura de crédito bancário em conta corrente será emitida pelo valor total do crédito posto à disposição do emitente, competindo ao credor, nos termos deste parágrafo, discriminar nos extratos da conta corrente ou nas planilhas de cálculo, que serão anexados à Cédula, as parcelas utilizadas do crédito aberto, os aumentos do limite do crédito inicialmente concedido, as eventuais amortizações da dívida e a incidência dos encargos nos vários períodos de utilização do crédito aberto.

§ 3º. O credor que, em ação judicial, cobrar o valor do crédito exeqüendo em desacordo com o expresso na Cédula de Crédito Bancário, fica obrigado a pagar ao devedor o dobro do cobrado a maior, que poderá ser compensado na própria ação, sem prejuízo da responsabilidade por perdas e danos.

Art. 29. A Cédula de Crédito Bancário deve conter os seguintes requisitos essenciais:

I – a denominação "Cédula de Crédito Bancário";

II – a promessa do emitente de pagar a dívida em dinheiro, certa, líquida e exigível no seu vencimento ou, no caso de dívida oriunda de contrato de abertura de crédito bancário, a promessa do emitente de pagar a dívida em dinheiro, certa, líquida e exigível, correspondente ao crédito utilizado;

III – a data e o lugar do pagamento da dívida e, no caso de pagamento parcelado, as datas e os valores de cada prestação, ou os critérios para essa determinação;

IV – o nome da instituição credora, podendo conter cláusula à ordem;

V – a data e o lugar de sua emissão; e

VI – a assinatura do emitente e, se for o caso, do terceiro garantidor da obrigação, ou de seus respectivos mandatários.

§ 1º. A Cédula de Crédito Bancário será transferível mediante endosso em preto, ao qual se aplicarão, no que couberem, as normas do direito cambiário, caso em que o endossatário, mesmo não sendo instituição financeira ou entidade a ela equiparada, poderá exercer todos os direitos por ela conferidos, inclusive cobrar os juros e demais encargos na forma pactuada na Cédula.

§ 2º. A Cédula de Crédito Bancário será emitida por escrito, em tantas vias quantas forem as partes que nela intervierem, assinadas pelo emitente e pelo terceiro garantidor, se houver, ou por seus respectivos mandatários, devendo cada parte receber uma via.

§ 3º. Somente a via do credor será negociável, devendo constar nas demais vias a expressão "não negociável".

§ 4º. A Cédula de Crédito Bancário pode ser aditada, retificada e ratificada mediante documento escrito, datado, com os requisitos previstos no caput, passando esse documento a integrar a Cédula para todos os fins.

Art. 30. A constituição de garantia da obrigação representada pela Cédula de Crédito Bancário é disciplinada por esta Lei, sendo aplicáveis as disposições da legislação comum ou especial que não forem com ela conflitantes.

Art. 31. A garantia da Cédula de Crédito Bancário poderá ser fidejussória ou real, neste último caso constituída por bem patrimonial de qualquer espécie, disponível e alienável, móvel ou imóvel, material ou imaterial, presente ou futuro, fungível ou infungível, consumível ou não, cuja titularidade pertença ao próprio emitente ou a terceiro garantidor da obrigação principal.

Art. 32. A constituição da garantia poderá ser feita na própria Cédula de Crédito Bancário ou em documento separado, neste caso fazendo-se, na Cédula, menção a tal circunstância.

Art. 33. O bem constitutivo da garantia deverá ser descrito e individualizado de modo que permita sua fácil identificação.

Parágrafo único. A descrição e individualização do bem constitutivo da garantia poderá ser substituída pela remissão a documento ou certidão expedida por entidade competente, que integrará a Cédula de Crédito Bancário para todos os fins.

Art. 34. A garantia da obrigação abrangerá, além do bem principal constitutivo da garantia, todos os seus acessórios, benfeitorias de qualquer espécie, valorizações a qualquer título, frutos e qualquer bem vinculado ao bem principal por acessão física, intelectual, industrial ou natural.

§ 1º. O credor poderá averbar, no órgão competente para o registro do bem constitutivo da garantia, a existência de qualquer outro bem por ela abrangido.

§ 2º. Até a efetiva liquidação da obrigação garantida, os bens abrangidos pela garantia não poderão, sem prévia autorização escrita do credor, ser alterados, retirados, deslocados ou destruídos, nem poderão ter sua destinação modificada, exceto quando a garantia for constituída por semoventes ou por veículos, automotores ou não, e a remoção ou o deslocamento desses bens for inerente à atividade do emitente da Cédula de Crédito Bancário, ou do terceiro prestador da garantia.

Art. 35. Os bens constitutivos de garantia pignoratícia ou objeto de alienação fiduciária poderão, a critério do credor, permanecer sob a posse direta do emitente ou do terceiro prestador da garantia, nos termos da cláusula de constituto possessório, caso em que as partes deverão especificar o local em que o bem será guardado e conservado até a efetiva liquidação da obrigação garantida.

§ 1º. O emitente e, se for o caso, o terceiro prestador da garantia responderão solidariamente pela guarda e conservação do bem constitutivo da garantia.

§ 2º. Quando a garantia for prestada por pessoa jurídica, esta indicará representantes para responder nos termos do § 1º.

Art. 36. O credor poderá exigir que o bem constitutivo da garantia seja coberto por seguro até a efetiva liquidação da obrigação garantida, em que o credor será indicado como exclusivo beneficiário da apólice securitária e estará autorizado a receber a indenização para liquidar ou amortizar a obrigação garantida.

Art. 37. Se o bem constitutivo da garantia for desapropriado, ou se for danificado ou perecer por fato imputável a terceiro, o credor sub-rogar-se-á no direito à indenização devida pelo expropriante ou pelo terceiro causador do dano, até o montante necessário para liquidar ou amortizar a obrigação garantida.

Art. 38. Nos casos previstos nos arts. 36 e 37 desta Lei, facultar-se-á ao credor exigir a substituição da garantia, ou o seu reforço, renunciando ao direito à percepção do valor relativo à indenização.

Art. 39. O credor poderá exigir a substituição ou o reforço da garantia, em caso de perda, deterioração ou diminuição de seu valor.

Parágrafo único. O credor notificará por escrito o emitente e, se for o caso, o terceiro garantidor, para que substituam ou reforcem a garantia no prazo de quinze dias, sob pena de vencimento antecipado da dívida garantida.

Art. 40. Nas operações de crédito rotativo, o limite de crédito concedido será recomposto, automaticamente e durante o prazo de vigência da Cédula de Crédito Bancário, sempre que o devedor, não estando em mora ou inadimplente, amortizar ou liquidar a dívida.

Art. 41. A Cédula de Crédito Bancário poderá ser protestada por indicação, desde que o credor apresente declaração de posse da sua única via negociável, inclusive no caso de protesto parcial.

Art. 42. A validade e eficácia da Cédula de Crédito Bancário não dependem de registro, mas as garantias reais, por ela constituídas, ficam sujeitas, para valer contra terceiros, aos registros ou averbações previstos na legislação aplicável, com as alterações introduzidas por esta Lei.

Art. 43. As instituições financeiras, nas condições estabelecidas pelo Conselho Monetário Nacional, podem emitir título representativo das Cédulas de Crédito Bancário por elas mantidas em depósito, do qual constarão:

I – o local e a data da emissão;

II – o nome e a qualificação do depositante das Cédulas de Crédito Bancário;

III – a denominação "Certificado de Cédulas de Crédito Bancário";

IV – a especificação das cédulas depositadas, o nome dos seus emitentes e o valor, o lugar e a data do pagamento do crédito por elas incorporado;

V – o nome da instituição emitente;

VI – a declaração de que a instituição financeira, na qualidade e com as responsabilidades de depositária e mandatária do titular do certificado, promoverá a cobrança das Cédulas de Crédito Bancário, e de que as cédulas depositadas, assim como o produto da cobrança do seu principal e encargos, somente serão entregues ao titular do certificado, contra apresentação deste;

VII – o lugar da entrega do objeto do depósito; e

VIII – a remuneração devida à instituição financeira pelo depósito das cédulas objeto da emissão do certificado, se convencionada.

§ 1º. A instituição financeira responde pela origem e autenticidade das Cédulas de Crédito Bancário depositadas.

§ 2º. Emitido o certificado, as Cédulas de Crédito Bancário e as importâncias recebidas pela instituição financeira a título de pagamento do principal e de encargos não poderão ser objeto de penhora, arresto, seqüestro, busca e apreensão, ou qualquer outro embaraço que impeça a sua entrega ao titular do certificado, mas este poderá ser objeto de penhora, ou de qualquer medida cautelar por obrigação do seu titular.

§ 3º. O certificado poderá ser emitido sob a forma escritural, sendo regido, no que for aplicável, pelo contido nos arts. 34 e 35 da Lei nº 6.404, de 15 de dezembro de 1976.

§ 4º. O certificado poderá ser transferido mediante endosso ou termo de transferência, se escritural, devendo, em qualquer caso, a transferência ser datada e assinada pelo seu titular ou mandatário com poderes especiais e averbada junto à instituição financeira emitente, no prazo máximo de dois dias.

§ 5º. As despesas e os encargos decorrentes da transferência e averbação do certificado serão suportados pelo endossatário ou cessionário, salvo convenção em contrário.

Art. 44. Aplica-se às Cédulas de Crédito Bancário, no que não contrariar o disposto nesta Lei, a legislação cambial, dispensado o protesto para garantir o direito de cobrança contra endossantes, seus avalistas e terceiros garantidores.

Art. 45. Os títulos de crédito e direitos creditórios, representados sob a forma escritural ou física, que tenham sido objeto de desconto, poderão ser admitidos a redesconto junto ao Banco Central do Brasil, observando-se as normas e instruções baixadas pelo Conselho Monetário Nacional.

§ 1º. Os títulos de crédito e os direitos creditórios de que trata o *caput* considerar-se-ão transferidos, para fins de redesconto, à propriedade do Banco Central do Brasil, desde que inscritos em termo de tradição eletrônico constante do Sistema de Informações do Banco Central – SISBACEN, ou, ainda, no termo de tradição previsto no § 1º do art. 5º do Decreto nº 21.499, de 9 de junho de 1932, com a redação dada pelo art. 1º do Decreto nº 21.928, de 10 de outubro de 1932.

§ 2º. Entendem-se inscritos nos termos de tradição referidos no § 1º os títulos de crédito e direitos creditórios neles relacionados e descritos, observando-se os requisitos, os critérios e as formas estabelecidas pelo Conselho Monetário Nacional.

§ 3º. A inscrição produzirá os mesmos efeitos jurídicos do endosso, somente se aperfeiçoando com o recebimento, pela instituição financeira proponente do redesconto, de mensagem de aceitação do Banco Central do Brasil, ou, não sendo eletrônico o termo de tradição, após a assinatura das partes.

§ 4º. Os títulos de crédito e documentos representativos de direitos creditórios, inscritos nos termos de tradição, poderão, a critério do Banco Central do Brasil, permanecer na posse direta da instituição financeira beneficiária do redesconto, que os guardará e conservará em depósito, devendo proceder, como comissária *del credere*, à sua cobrança judicial ou extrajudicial.

Capítulo V – Dos Contratos de Financiamento de Imóveis

Art. 46. Nos contratos de comercialização de imóveis, de financiamento imobiliário em geral e nos de arrendamento mercantil de imóveis, bem como nos títulos e valores mobiliários por eles originados, com prazo mínimo de trinta e seis meses, é admitida estipulação de cláusula de reajuste, com periodicidade mensal, por índices de preços setoriais ou gerais ou pelo índice de remuneração básica dos depósitos de poupança.

§ 1º. É vedado o pagamento dos valores relativos à atualização monetária apropriados nos títulos e valores mobiliários, quando ocorrer o resgate antecipado, total ou parcial, em prazo inferior ao estabelecido no *caput*.

§ 2º. Os títulos e valores mobiliários a que se refere o *caput* serão cancelados pelo emitente na hipótese de resgate antecipado em que o prazo a decorrer for inferior a trinta e seis meses.

§ 3º. Não se aplica o disposto no § 1º, no caso de quitação ou vencimento antecipados dos créditos imobiliários que lastreiem ou tenham originado a emissão dos títulos e valores mobiliários a que se refere o *caput*.

Art. 47. São nulos de pleno direito quaisquer expedientes que, de forma direta ou indireta, resultem em efeitos equivalentes à redução do prazo mínimo de que trata o *caput* do art. 46.

Parágrafo único. O Conselho Monetário Nacional poderá disciplinar o disposto neste artigo.

Art. 48. Fica vedada a celebração de contratos com cláusula de equivalência salarial ou de comprometimento de renda, bem como a inclusão de cláusulas desta espécie em contratos já firmados, mantidas, para os contratos firmados até a data de entrada em vigor da Medida Provisória nº 2.223, de 4 de setembro de 2001, as disposições anteriormente vigentes.

Art. 49. No caso do não-pagamento tempestivo, pelo devedor, dos tributos e das taxas condominiais incidentes sobre o imóvel objeto do crédito imobiliário respectivo, bem como das parcelas mensais incontroversas de encargos estabelecidos no respectivo contrato e de quaisquer outros encargos que a lei imponha ao proprietário ou ao ocupante de imóvel, poderá o juiz, a requerimento do credor, determinar a cassação de medida liminar, de medida cautelar ou de antecipação dos efeitos da tutela que tenha interferido na eficácia de cláusulas do contrato de crédito imobiliário correspondente ou suspendido encargos dele decorrentes.

Art. 50. Nas ações judiciais que tenham por objeto obrigação decorrente de empréstimo, financiamento ou alienação imobiliários, o autor deverá discriminar na petição inicial, dentre as obrigações contratuais, aquelas que pretende controverter, quantificando o valor incontroverso, sob pena de inépcia.

§ 1º. O valor incontroverso deverá continuar sendo pago no tempo e modo contratados.

§ 2º. A exigibilidade do valor controvertido poderá ser suspensa mediante depósito do montante correspondente, no tempo e modo contratados.

§ 3º. Em havendo concordância do réu, o autor poderá efetuar o depósito de que trata o § 2º deste artigo, com remuneração e atualização nas mesmas condições aplicadas ao contrato:

I – na própria instituição financeira credora, oficial ou não; ou

II – em instituição financeira indicada pelo credor, oficial ou não, desde que estes tenham pactuado nesse sentido.

§ 4º. O juiz poderá dispensar o depósito de que trata o § 2º em caso de relevante razão de direito e risco de dano irreparável ao autor, por decisão fundamentada na qual serão detalhadas as razões jurídicas e fáticas da ilegitimidade da cobrança no caso concreto.

§ 5º. É vedada a suspensão liminar da exigibilidade da obrigação principal sob a alegação de compensação com valores pagos a maior, sem o depósito do valor integral desta.

Art. 51. Sem prejuízo das disposições do Código Civil, as obrigações em geral também poderão ser garantidas, inclusive por terceiros, por cessão fiduciária de direitos creditórios decorrentes de contratos de alienação de imóveis, por caução de direitos creditórios ou aquisitivos decorrentes de contratos de venda ou promessa de venda de imóveis e por alienação fiduciária de coisa imóvel.

Art. 52. Uma vez protocolizados todos os documentos necessários à averbação ou ao registro dos atos e dos títulos a que se referem esta Lei e a Lei nº 9.514, de 1997, o oficial de Registro de Imóveis procederá ao registro ou à averbação, dentro do prazo de quinze dias.

Capítulo VI – Disposições Finais

Alterações da Lei de Incorporações

Art. 53. O Título II da Lei nº 4.591, de 16 de dezembro de 1964, passa a vigorar acrescido dos seguintes Capítulo e artigos:

• *Alterações já efetuadas no corpo da Lei.*

Art. 54. A Lei nº 4.591, de 1964, passa a vigorar com as seguintes alterações:

• Art. 32, § 2º;
• Art. 43, VII;
• Art. 50, *caput* e § 2º.

• *Alterações já efetuadas no corpo da Lei.*

Alterações de Leis sobre Alienação Fiduciária

Art. 55. A Seção XIV da Lei nº 4.728, de 14 de julho de 1965, passa a vigorar com a seguinte redação:

"*Seção XIV – Alienação Fiduciária em Garantia no Âmbito do Mercado Financeiro e de Capitais*

Art. 66-B. O contrato de alienação fiduciária celebrado no âmbito do mercado financeiro e de capitais, bem como em garantia de créditos fiscais e previdenciários, deverá conter, além dos requisitos definidos na Lei nº 10.406, de 10 de janeiro de 2002 – Código Civil, a taxa de juros, a cláusula penal, o índice de atualização monetária, se houver, e as demais comissões e encargos.

§ 1º. Se a coisa objeto de propriedade fiduciária não se identifica por números, marcas e sinais no contrato de alienação fiduciária, cabe ao proprietário fiduciário o ônus da prova, contra terceiros, da identificação dos bens do seu domínio que se encontram em poder do devedor.

§ 2º. O devedor que alienar, ou der em garantia a terceiros, coisa que já alienara fiduciariamente em garantia, ficará sujeito à pena prevista no art. 171, § 2º, I, do Código Penal.

§ 3º. É admitida a alienação fiduciária de coisa fungível e a cessão fiduciária de direitos sobre coisas móveis, bem como de títulos de crédito, hipóteses em que, salvo disposição em contrário, a posse direta e indireta do bem objeto da propriedade fiduciária ou do título representativo do direito ou do crédito é atribuída ao credor, que, em caso de inadimplemento ou mora da obrigação garantida, poderá vender a terceiros o bem objeto da propriedade fiduciária independente de leilão, hasta pública ou qualquer outra medida judicial ou extrajudicial, devendo aplicar o preço da venda no pagamento do seu crédito e das despesas decorrentes da realização da garantia, entregando ao devedor o saldo, se houver, acompanhado do demonstrativo da operação realizada.

§ 4º. No tocante à cessão fiduciária de direitos sobre coisas móveis ou sobre títulos de crédito aplica-se, também, o disposto nos arts. 18 a 20 da Lei nº 9.514, de 20 de novembro de 1997.

§ 5º. Aplicam-se à alienação fiduciária e à cessão fiduciária de que trata esta Lei os arts. 1.421, 1.425, 1.426, 1.435 e 1.436 da Lei nº 10.406, de 10 de janeiro de 2002.

§ 6º. Não se aplica à alienação fiduciária e à cessão fiduciária de que trata esta Lei o disposto no art. 644 da Lei nº 10.406, de 10 de janeiro de 2002." (NR)

Art. 56. O Decreto-Lei nº 911, de 1º de outubro de 1969, passa a vigorar com as seguintes alterações:

"*Art. 3º. (...)*

§ 1º. Cinco dias após executada a liminar mencionada no caput, consolidar-se-ão a propriedade e a posse plena e exclusiva do bem no patrimônio do credor fiduciário, cabendo às repartições competentes, quando for o caso, expedir novo certificado de registro de propriedade em nome do credor, ou de terceiro por ele indicado, livre do ônus da propriedade fiduciária.

§ 2º. No prazo do § 1º, o devedor fiduciante poderá pagar a integralidade da dívida pendente, segundo os valores apresentados pelo credor fiduciário na inicial, hipótese na qual o bem lhe será restituído livre do ônus.

§ 3º. O devedor fiduciante apresentará resposta no prazo de quinze dias da execução da liminar.

§ 4º. A resposta poderá ser apresentada ainda que o devedor tenha se utilizado da faculdade do § 2º, caso entenda ter havido pagamento a maior e desejar restituição.

§ 5º. Da sentença cabe apelação apenas no efeito devolutivo.

§ 6º. Na sentença que decretar a improcedência da ação de busca e apreensão, o juiz condenará o credor fiduciário ao pagamento de multa, em favor do devedor fiduciante, equivalente a cinqüenta por cento do valor originalmente financiado, devidamente atualizado, caso o bem já tenha sido alienado.

§ 7º. A multa mencionada no § 6º não exclui a responsabilidade do credor fiduciário por perdas e danos.

§ 8º. A busca e apreensão prevista no presente artigo constitui processo autônomo e independente de qualquer procedimento posterior." (NR)

"Art. 8º-A. O procedimento judicial disposto neste Decreto-Lei aplica-se exclusivamente às hipóteses da Seção XIV da Lei nº 4.728, de 14 de julho de 1965, ou quando o ônus da propriedade fiduciária tiver sido constituído para fins de garantia de débito fiscal ou previdenciário." (NR)

Art. 57. A Lei nº 9.514, de 1997, passa a vigorar com as seguintes alterações:

"Art. 5º. (...)

§ 2º. As operações de comercialização de imóveis, com pagamento parcelado, de arrendamento mercantil de imóveis e de financiamento imobiliário em geral poderão ser pactuadas nas mesmas condições permitidas para as entidades autorizadas a operar no SFI." (NR)

"Art. 8º. (...)

I – a identificação do devedor e o valor nominal de cada crédito que lastreie a emissão, com a individuação do imóvel a que esteja vinculado e a indicação do Cartório de Registro de Imóveis em que esteja registrado e respectiva matrícula, bem como a indicação do ato pelo qual o crédito foi cedido; (...)." (NR)

"Art. 16. (...)

§ 3º. Os emolumentos devidos aos Cartórios de Registros de Imóveis para cancelamento do regime fiduciário e das garantias reais existentes serão cobrados como ato único." (NR)

"Art. 22. (...)

Parágrafo único. A alienação fiduciária poderá ter como objeto bens enfitêuticos, sendo também exigível o pagamento do laudêmio se houver a consolidação do domínio útil no fiduciário." (NR)

"Art. 26. (...)

§ 7º. Decorrido o prazo de que trata o § 1º sem a purgação da mora, o oficial do competente Registro de Imóveis, certificando esse fato, promoverá a averbação, na matrícula do imóvel, da consolidação da propriedade em nome do fiduciário, à vista da prova do pagamento por este, do imposto de transmissão inter vivos e, se for o caso, do laudêmio.

§ 8º. O fiduciante pode, com a anuência do fiduciário, dar seu direito eventual ao imóvel em pagamento da dívida, dispensados os procedimentos previstos no art. 27." (NR)

"Art. 27. (...)

§ 7º. Se o imóvel estiver locado, a locação poderá ser denunciada com o prazo de trinta dias para desocupação, salvo se tiver havido aquiescência por escrito do fiduciário, devendo a denúncia ser realizada no prazo de noventa dias a contar da data da consolidação da propriedade no fiduciário, devendo essa condição constar expressamente em cláusula contratual específica, destacando-se das demais por sua apresentação gráfica.

§ 8º. Responde o fiduciante pelo pagamento dos impostos, taxas, contribuições condominiais e quaisquer outros encargos que recaiam ou venham a recair sobre o imóvel, cuja posse tenha sido transferida para o fiduciário, nos termos deste artigo, até a data em que o fiduciário vier a ser imitido na posse." (NR)

"Art. 37-A. O fiduciante pagará ao fiduciário, ou a quem vier a sucedê-lo, a título de taxa de ocupação do imóvel, por mês ou fração, valor correspondente a um por cento do valor a que se refere o inciso VI do art. 24, computado e exigível desde a data da alienação em leilão até a data em que o fiduciário, ou seus sucessores, vier a ser imitido na posse do imóvel." (NR)

"Art. 37-B. Será considerada ineficaz, e sem qualquer efeito perante o fiduciário ou seus sucessores, a contratação ou a prorrogação de locação de imóvel alienado fiduciariamente por prazo superior a um ano sem concordância por escrito do fiduciário." (NR)

"Art. 38. Os contratos de compra e venda com financiamento e alienação fiduciária, de mútuo com alienação fiduciária, de arrendamento mercantil, de cessão de crédito com garantia real poderão ser celebrados por instrumento particular, a eles se atribuindo o caráter de escritura pública, para todos os fins de direito." (NR)

Alterações no Código Civil

Art. 58. A Lei nº 10.406, de 2002 – Código Civil passa a vigorar com as seguintes alterações:

"Art. 819-A. (VETADO)"

"Art. 1.331. (...)

§ 3º. A cada unidade imobiliária caberá, como parte inseparável, uma fração ideal no solo e nas outras partes comuns, que será identificada em forma decimal ou ordinária no instrumento de instituição do condomínio. (...)." (NR)

"Art. 1.336. (...)

I – contribuir para as despesas do condomínio na proporção das suas frações ideais, salvo disposição em contrário na convenção;

§ 1º. (VETADO). (...)." (NR)

"Art. 1.351. Depende da aprovação de 2/3 (dois terços) dos votos dos condôminos a alteração da convenção; a mudança da destinação do edifício, ou da unidade imobiliária, depende da aprovação pela unanimidade dos condôminos." (NR)

"Art. 1.368-A. As demais espécies de propriedade fiduciária ou de titularidade fiduciária submetem-se à disciplina específica das respectivas leis especiais, somente se aplicando as disposições deste Código naquilo que não for incompatível com a legislação especial." (NR)

"Art. 1.485. Mediante simples averbação, requerida por ambas as partes, poderá prorrogar-se a hipoteca, até 30 (trinta) anos da data do contrato. Desde que perfaça esse prazo, só poderá subsistir o contrato de hipoteca reconstituindo-se por novo título e novo registro; e, nesse caso, lhe será mantida a precedência, que então lhe competir." (NR)

Alterações na Lei de Registros Públicos

Art. 59. A Lei nº 6.015, de 31 de dezembro de 1973, passa a vigorar com as seguintes alterações:

"Art. 167. (...)

II – (...)

21. da cessão de crédito imobiliário." (NR)

"Art. 212. Se o registro ou a averbação for omissa, imprecisa ou não exprimir a verdade, a retificação será feita pelo Oficial do Registro de Imóveis competente, a requerimento do interessado, por meio do procedimento administrativo previsto no art. 213, facultado ao interessado requerer a retificação por meio de procedimento judicial.

Parágrafo único. A opção pelo procedimento administrativo previsto no art. 213 não exclui a prestação jurisdicional, a requerimento da parte prejudicada.

Art. 213. O oficial retificará o registro ou a averbação:

I – de ofício ou a requerimento do interessado nos casos de:

a) omissão ou erro cometido na transposição de qualquer elemento do título;

b) indicação ou atualização de confrontação;

c) alteração de denominação de logradouro público, comprovada por documento oficial;

d) retificação que vise a indicação de rumos, ângulos de deflexão ou inserção de coordenadas georeferenciadas, em que não haja alteração das medidas perimetrais;

e) alteração ou inserção que resulte de mero cálculo matemático feito a partir das medidas perimetrais constantes do registro;

f) reprodução de descrição de linha divisória de imóvel confrontante que já tenha sido objeto de retificação;

g) inserção ou modificação dos dados de qualificação pessoal das partes, comprovada por documentos oficiais, ou mediante despacho judicial quando houver necessidade de produção de outras provas;

II – a requerimento do interessado, no caso de inserção ou alteração de medida perimetral de que resulte, ou não, alteração de área, instruído com planta e memorial descritivo assinado por profissional legalmente habilitado, com prova de anotação de responsabilidade técnica no competente Conselho Regional de Engenharia e Arquitetura – CREA, bem assim pelos confrontantes.

§ 1º. Uma vez atendidos os requisitos de que trata o caput do art. 225, o oficial averbará a retificação.

§ 2º. Se a planta não contiver a assinatura de algum confrontante, este será notificado pelo Oficial de Registro de Imóveis competente, a requerimento do interessado, para se manifestar em quinze dias, promovendo-se a notificação pessoalmente ou pelo correio, com aviso de recebimento, ou, ainda, por solicitação do Oficial de Registro de Imóveis, pelo Oficial de Registro de Títulos e Documentos da comarca da situação do imóvel ou do domicílio de quem deva recebê-la.

§ 3º. A notificação será dirigida ao endereço do confrontante constante do Registro de Imóveis, podendo ser dirigida ao próprio imóvel contíguo ou àquele fornecido pelo requerente; não sendo encontrado o confrontante ou estando em lugar incerto e não sabido, tal fato será certificado pelo oficial encarregado da diligência, promovendo-se a notificação do confrontante mediante edital, com o mesmo prazo fixado no § 2º, publicado por duas vezes em jornal local de grande circulação.

§ 4º. Presumir-se-á a anuência do confrontante que deixar de apresentar impugnação no prazo da notificação.

§ 5º. Findo o prazo sem impugnação, o oficial averbará a retificação requerida; se houver impugnação fundamentada por parte de algum confrontante, o oficial intimará o requerente e o profissional que houver assinado a planta e o memorial a fim de que, no prazo de cinco dias, se manifestem sobre a impugnação.

§ 6º. Havendo impugnação e se as partes não tiverem formalizado transação amigável para solucioná-la, o oficial remeterá o processo ao juiz competente, que decidirá de plano ou após instrução sumária, salvo se a controvérsia versar sobre o direito de propriedade de alguma das partes, hipótese em que remeterá o interessado para as vias ordinárias.

§ 7º. Pelo mesmo procedimento previsto neste artigo poderão ser apurados os remanescentes de áreas parcialmente alienadas, caso em que serão considerados como confrontantes tão-somente os confinantes das áreas remanescentes.

§ 8º. *As áreas públicas poderão ser demarcadas ou ter seus registros retificados pelo mesmo procedimento previsto neste artigo, desde que constem do registro ou sejam logradouros devidamente averbados.*

§ 9º. *Independentemente de retificação, dois ou mais confrontantes poderão, por meio de escritura pública, alterar ou estabelecer as divisas entre si e, se houver transferência de área, com o recolhimento do devido imposto de transmissão e desde que preservadas, se rural o imóvel, a fração mínima de parcelamento e, quando urbano, a legislação urbanística.*

§ 10. *Entendem-se como confrontantes não só os proprietários dos imóveis contíguos, mas, também, seus eventuais ocupantes; o condomínio geral, de que tratam os arts. 1.314 e seguintes do Código Civil, será representado por qualquer dos condôminos e o condomínio edilício, de que tratam os arts. 1.331 e seguintes do Código Civil, será representado, conforme o caso, pelo síndico ou pela Comissão de Representantes.*

§ 11. *Independe de retificação:*

I – a regularização fundiária de interesse social realizada em Zonas Especiais de Interesse Social, nos termos da Lei nº 10.257, de 10 de julho de 2001, promovida por Município ou pelo Distrito Federal, quando os lotes já estiverem cadastrados individualmente ou com lançamento fiscal há mais de vinte anos;

II – a adequação da descrição de imóvel rural às exigências dos arts. 176, §§ 3º e 4º, e 225, § 3º, desta Lei.

§ 12. *Poderá o oficial realizar diligências no imóvel para a constatação de sua situação em face dos confrontantes e localização na quadra.*

§ 13. *Não havendo dúvida quanto à identificação do imóvel, o título anterior à retificação poderá ser levado a registro desde que requerido pelo adquirente, promovendo-se o registro em conformidade com a nova descrição.*

§ 14. *Verificado a qualquer tempo não serem verdadeiros os fatos constantes do memorial descritivo, responderão os requerentes e o profissional que o elaborou pelos prejuízos causados, independentemente das sanções disciplinares e penais.*

§ 15. *Não são devidos custas ou emolumentos notariais ou de registro decorrentes de regularização fundiária de interesse social a cargo da administração pública.*

Art. 214. *(...)*

§ 1º. *A nulidade será decretada depois de ouvidos os atingidos.*

§ 2º. *Da decisão tomada no caso do § 1º caberá apelação ou agravo conforme o caso.*

§ 3º. *Se o juiz entender que a superveniência de novos registros poderá causar danos de difícil reparação poderá determinar de ofício, a qualquer momento, ainda que sem oitiva das partes, o bloqueio da matrícula do imóvel.*

§ 4º. *Bloqueada a matrícula, o oficial não poderá mais nela praticar qualquer ato, salvo com autorização judicial, permitindo-se, todavia, aos interessados a prenotação de seus títulos, que ficarão com o prazo prorrogado até a solução do bloqueio.*

§ 5º. *A nulidade não será decretada se atingir terceiro de boa-fé que já tiver preenchido as condições de usucapião do imóvel."* (NR)

Alteração na Lei do FGTS

Art. 60. O *caput* do art. 9º da Lei nº 8.036, de 11 de maio de 1990, passa a vigorar com a seguinte redação:

"Art. 9º. As aplicações com recursos do FGTS poderão ser realizadas diretamente pela Caixa Econômica Federal e pelos demais órgãos integrantes do Siste-

ma Financeiro da Habitação – SFH, exclusivamente segundo critérios fixados pelo Conselho Curador do FGTS, em operações que preencham os seguintes requisitos:" (NR)

Alterações na Lei de Locações

Art. 61. A Lei nº 8.245, de 18 de outubro de 1991, passa a vigorar com as seguintes alterações:

"*Art. 32. (...)*

Parágrafo único. *Nos contratos firmados a partir de 1º de outubro de 2001, o direito de preferência de que trata este artigo não alcançará também os casos de constituição da propriedade fiduciária e de perda da propriedade ou venda por quaisquer formas de realização de garantia, inclusive mediante leilão extrajudicial, devendo essa condição constar expressamente em cláusula contratual específica, destacando-se das demais por sua apresentação gráfica."* (NR)

"*Art. 39. (VETADO).*"

Alterações na Lei de Protesto de Títulos e Documentos de Dívida

"*Art. 62. (VETADO).*"

Normas Complementares a esta Lei

Art. 63. Nas operações envolvendo recursos do Sistema Financeiro da Habitação e do Sistema Financeiro Imobiliário, relacionadas com a moradia, é vedado cobrar do mutuário a elaboração de instrumento contratual particular, ainda que com força de escritura pública.

Art. 64. (VETADO).

Art. 65. O Conselho Monetário Nacional e a Secretaria da Receita Federal, no âmbito das suas respectivas atribuições, expedirão as instruções que se fizerem necessárias à execução das disposições desta Lei.

Vigência

Art. 66. Esta Lei entra em vigor na data de sua publicação.

Revogações

Art. 67. Ficam revogadas as Medidas Provisórias nºs 2.160-25, de 23 de agosto de 2001, 2.221, de 4 de setembro de 2001, e 2.223, de 4 de setembro de 2001, e os arts. 66 e 66-A da Lei nº 4.728, de 14 de julho de 1965.

Brasília, 2 de agosto de 2004; 183º da Independência e 116º da República.

Luiz Inácio Lula da Silva

DOU de 3.8.2004

BIBLIOGRAFIA

ACQUAVIVA, Marcus Cláudio. *Notas Introdutórias ao Estudo do Direito*. São Paulo: Ícone, 1990.

ALTAVILA, Jayme de. *Origens dos Direitos dos Povos*. São Paulo: Ícone, 1989.

ASSUNÇÃO, Lutero Xavier. *Direito Fundiário Brasileiro – Ensaio, Legislação Rural e Urbana, Parcelamento do Solo, Registros*. Bauru/São Paulo: EDIPRO, 2008.

BAPTISTA, Joaquim de Almeida. *Impenhorabilidade do Bem de Família Vista pelos Tribunais*. Bauru/São Paulo: EDIPRO, 1994.

BARROS, Luiz Celso de. *Código Tributário Nacional e Legislação Complementar*. 2ª ed., Bauru/São Paulo: EDIPRO, 1986.

BRITO, Maria Cristina. *Vocabulário Forense da Consignação em Pagamento*. Bauru/São Paulo: EDIPRO, 1996.

—————. *Vocabulário Forense dos Contratos*. Bauru/São Paulo: EDIPRO, 1994.

BUSHATSKY, Jaques. *Locação Comercial – Comentários e Julgados*. Bauru/São Paulo: EDIPRO, 1987.

BUSSADA, Wilson. *Ação Cominatória Interpretada pelos Tribunais*. Bauru/São Paulo: EDIPRO, 1989.

—————. *Corretagem Interpretada pelos Tribunais*. Bauru/São Paulo: EDIPRO, 1985.

—————. *Extinção do Condomínio e Venda Judicial Interpretadas pelos Tribunais*. 2ª ed., Bauru/São Paulo: EDIPRO, 1998.

CAMPOS, Antônio Macedo de. *Procedimentos Especiais*. São Paulo: Sugestões Literárias, 1980.

CARVALHO SANTOS, J. M. de. *Código Civil Brasileiro Interpretado*. Rio de Janeiro: Freitas Bastos, 1980.

CARVALHO, Afrânio de. *Registro de Imóveis*. São Paulo: Forense, 1977.

CASEIRO, Luciano. *Loteamentos Clandestinos*. São Paulo: Leud, 1979.

COSTA, Wagner Veneziani. *Contratos – Manual Prático e Teórico*. São Paulo: Ícone, 1990.

COUTO, Sérgio A. Frazão do. *Manual Teórico e Prático do Parcelamento Urbano*. Rio de Janeiro: Forense, 1981.

COVELLO, Sérgio Carlos. *Coleção Saraiva de Prática do Direito.* São Paulo: Saraiva, 1985.

DE LUCCA, Newton. *Direito do Consumidor – Aspectos Práticos – Perguntas e Respostas.* 2ª ed., Bauru/São Paulo: EDIPRO, 2000.

DELMANTO, Celso. *Infrações Penais na Incorporação.* São Paulo: Saraiva, 1976.

FAÉ, Roy Tadeu. *Vocabulário Forense dos Registros Públicos.* Bauru/São Paulo: EDIPRO, 1995.

GAMA, Affonso Dionysio. *Teoria e Prática dos Contratos por Instrumento Particular no Direito Brasileiro.* Rio de Janeiro: Freitas Bastos, 1980.

GAMA, José de Souza. *Curso de Prática Forense Civil e Comercial.* 1ª ed., Rio de Janeiro: Edição do Autor.

GARCIA. Ayrton. *Curso de Direito Comercial.* Porto Alegre: Síntese, 1981.

GOMES, Orlando. *Contratos.* 7ª ed., Rio de Janeiro: Forense, 1979.

—————. *Direitos Reais.* Rio de Janeiro: Forense, 1988.

GONZAGA, Vair. *Vocabulário Forense da Compra e Venda.* Bauru/São Paulo: EDIPRO, 1994.

—————. *Vocabulário Forense do Condomínio.* Bauru/São Paulo: EDIPRO, 1996.

—————. *Vocabulário Forense dos Prazos Cíveis.* Bauru/São Paulo: EDIPRO, 1996.

INOCÊNCIO, Antônio Ferreira. *Da Fiança Civil e Comercial – Doutrina – Jurisprudência e Modelos Práticos.* Bauru/São Paulo: EDIPRO, 1982.

—————. *Divisão de Terras.* 3ª ed., Bauru/São Paulo: Jalovi, 1983.

—————. *Interpretação e Prática das Cláusulas de Incomunicabilidade, Inalienabilidade e Sub-rogação de Bens e Vínculos.* São Paulo: Leud, 1986.

—————. *Restrições de Direito à Propriedade – Impenhorabilidade – Incomunicabilidade – Inalienabilidade – Subrogações de Vínculo.* Bauru/São Paulo: EDIPRO, 1983.

JACINTHO, Roque. *Enciclopédia Jurídica.* São Paulo: Brasiliense, 1981.

JÚNIOR, Humberto Theodoro. *Terras Particulares.* São Paulo: Leud, 1981.

JUNQUEIRA, Gabriel J. P. *Contratos – Manual Prático e Teórico.* São Paulo: Ícone, 1990.

—————. *Locações e Despejos na Administração de Imóveis – Teoria e Prática.* São Paulo: Stiliano, 1999.

—————. *Manual do Corretor de Imóveis.* São Paulo: Ícone, 1989.

LEANDRO, Waldemar. *Condomínio.* São Paulo: Universitária de Direito, 1980.

LEITE, Yara Muller. *Das Sociedades Civis.* Rio de Janeiro, 1986.

LINHARES, Marcelo Jardim. *Coação Irresistível.* São Paulo: Sugestões Literárias, 1980.

MACIEL, Adalberto de Andrade. *Prática da Locação Predial Urbana.* Bauru/São Paulo: EDIPRO, 1994.

MAGALHÃES, Roberto Barcelos de. *A Arte de Advogar no Cível.* Rio de Janeiro: José Kofino, 1975.

MANGIERI, Francisco Ramos et MELO, Omar Augusto Leite. *ITBI : Imposto sobre Transmissões de Bens Imóveis (Inter Vivos).* Bauru/São Paulo: EDIPRO, 2006.

BIBLIOGRAFIA

MARIN, Plínio. *Práticas de Registros Públicos.* São Paulo: Saraiva, 1978.

MOTTA, Walter Ramos. *Manual Prático de Processo Civil.* São Paulo: Ícone, 1991.

MUCCILLO, Jorge A. M.. *A Nova Lei do Inquilinato.* Porto Alegre: Síntese.

NASCIMENTO, Hélio do. *Manual de Contratos.* São Paulo: Hemus, 1978.

NASCIMENTO, Tupinambá Miguel de Castro. *Usucapião.* 4ª ed., Porto Alegre: Síntese.

NAUFEL, José. *Novo Dicionário Jurídico Brasileiro.* São Paulo: Ícone, 1989.

NETO, Carvalho. *Contrato de Mediação – Doutrina e Jurisprudência.* 3ª ed., Bauru/São Paulo: EDIPRO, 1991.

OLIVEIRA, Valdeci Mendes de. *Obrigações e Responsabilidade Civil Aplicadas.* 2ª ed., Bauru/São Paulo: EDIPRO, 2002.

OPTIZ, Oswaldo et OPTIZ, Silvia. *Mora no Negócio Jurídico.* São Paulo: Saraiva, 1984.

PAES, P. R. Tavares. *Ação Pauliana.* São Paulo: Saraiva, 1986.

PAIVA, João Pedro Lamana. *A Nova Sistemática do Registro de Imóveis.* Porto Alegre: Síntese.

PETTERSON, Altamir et MARQUES, Nilson. *Uso e Posse Temporária da Terra.* São Paulo: Pró-Livro, 1977.

RAITANI, Francisco. *Prática de Processo Civil.* São Paulo: Saraiva, 1979,

SANT'ANNA, Valéria Maria. *Arbitragem – Comentários à Lei nº 9.307/1996.* Bauru/São Paulo: EDIPRO, 1997.

——————. *Manual Prático dos Contratos – Teoria – Prática – Modelos* / acompanha CD com 253 modelos no Word – 4ª ed. rev., atual., ampl.. Bauru/São Paulo: EDIPRO, 2007.

SANTOS, Ulderico Pires dos. *Teoria e Prática das Ações Cíveis.* Rio de Janeiro: Forense, 1978.

SAYEG, Ricardo Hasson. *Práticas Comerciais Abusivas – Monopólio x Consumo – Abuso do Poder Econômico.* Bauru/São Paulo: EDIPRO, 1995.

SEVÁ, José. *Manual de Prática Forense.* São Paulo: Julex, 1976.

SILVA, Ana Farides da. *Vocabulário Forense da Transação.* Bauru/São Paulo: EDIPRO, 1995.

SILVA, Ivan de Hugo. *Prática do Processo Civil.* Rio de Janeiro: Aide, 1979.

SILVA, Lucilva Pereira. *Julgados de Alienação Fiduciária.* Bauru/São Paulo: EDIPRO, 1993.

——————. *Julgados de Retificação de Área.* Bauru/São Paulo: EDIPRO, 1995.

STEFANI, Licínio Carpinelli. *Procedimento Sumaríssimo.* São Paulo: Livlex, 1977.

VIANNA. José Segadas et GORINI, Aguiar. *Manual Prático de Compra e Venda de Imóveis.* Rio de Janeiro: Freitas Bastos, 1976.

VIEIRA, Jair Lot (Coordenador). *Código Civil (Novo) Lei nº 10.406, de 10.1.2002.* Bauru/São Paulo: EDIPRO, Série Legislação, 2002.

——————. *Código de Obras e Edificações do Município de São Paulo – Lei nº 11.228/1992.* Bauru/São Paulo: EDIPRO, Série Legislação, 1992.

——————. *Código Sanitário do Estado de São Paulo – Lei nº 10.083/1998.* Bauru/São Paulo: EDIPRO, Série Legislação, 7ª ed., 2008.

──────. *Constituição Federal de 1988 – Até Emenda Constitucional nº 53*. Bauru/São Paulo: EDIPRO, Série Legislação, 16ª ed., 2007.

──────. *Juizados Especiais Cíveis e Criminais – Lei nº 9.099/1995*. Bauru/São Paulo: EDIPRO, Série Legislação, 1995.

──────. *Lei de Registros Públicos – Lei nº 6.015/1973*. Bauru/São Paulo: EDIPRO, Série Legislação, 3ª ed., 1991.

WALLIM, João Rabelo de Aguiar. *Direito Imobiliário Brasileiro*. São Paulo: Revista dos Tribunais, 1980.

OUTRAS OBRAS DESTE AUTOR:

01. *Versos ao Vento* – Poesias
02. *Pingos e Respingos* – Poesias
03. *Trovas da Vida* – Trovas
04. *Emoções* – Poesias
05. *Manual do Corretor de Imóveis*
06. *Contratos*
07. *Administração de Bens e Corretagens*
08. *Ações do Procedimento Comum*
09. *Prática em Processo Civil e Contratos*
10. *Herança*
11. *Teoria e Prática do Direito Imobiliário*
12. *Datilografia Dinâmica*
13. *Aspectos Jurídicos do Direito Imobiliário*
14. *Locações e Despejos na Administração de Imóveis*
15. *Sonhos Avulsos* – Poesias

ÍNDICE ALFABÉTICO-REMISSIVO DOS MODELOS

Ação anulatória de venda do imóvel	195
Ação cominatória – Direito de vizinhança	197
Ação de demarcação	202
Ação de demarcação e esbulho	204
Ação de despejo de parte do imóvel para uso próprio	215
Ação de despejo para fins de ampliação	208
Ação de despejo para reparações urgentes	216
Ação de despejo para uso de descendente, ascendente ou cônjuge	213
Ação de despejo para uso próprio	214
Ação de despejo por falta de pagamento	211
Ação de despejo por infração contratual	212
Ação de despejo por rescisão de contrato de trabalho	217
Ação de evicção	232
Ação de execução de aluguéis – Fiador ou inquilino	226
Ação de manutenção de posse	235
Ação de reintegração por venda de imóvel	218
Ação de remissão – Imóvel hipotecado	241
Ação demarcatória cumulada com queixa de esbulho	206
Ação renovatória comercial – Lei nº 8.245/1991	243
Ação rescisória de contrato	244
Ação revisional de aluguel de acordo com a Lei nº 8.245/1991	249
Adjudicação a pedido do comprador	189
Adjudicação a pedido do vendedor	191
Alienação de bens de incapazes	192

Alteração contratual para majoração do aluguel ou outra cláusula 194
Alvará independente para outorga de escritura, quando não há bens a inventariar 193
Consignação de aluguéis em pagamento 198
Defesa da posse de violência iminente 233
Despejo com base em denúncia vazia comercial 209
Embargo de obra 220
Embargos de retenção por benfeitorias em locação 221
Embargos de terceiros 223
Especialização de hipoteca legal 231
Extinção de condomínio – Venda de coisa comum 227
Extinção de servidão – Confessória 228
Extinção de usufruto ou fideicomisso 230
Modelo de Cláusula Compromissória 265
Modelo de petição de despejo para uso próprio – Através do Juizado Especial Cível – Lei nº 9.099/1995, art. 3º 264
Notificação judicial – Pagamento em atraso 238
Notificação para exercer direito de preferência em venda de imóvel locado 237
Petição concordando com o pedido de desocupação e requerendo prazo para desocupar 263
Petição de ação divisória 219
Petição de cobrança de multa por não ter o locador usado o prédio para o fim declarado 196
Petição de dano infecto 200
Petição de purga de mora e sub-rogação – Sublocatário 239
Purgação de mora – Aluguéis 240
Reintegração de posse – Comodato 242
Rescisão contratual por mútuo acordo – Distrato 245
Retificação de área com citação do alienante 248
Retificação de área com citação dos confrontantes 246
Servidão de passagem – Negatória 251
Suprimento da outorga uxória 252
Usucapião de servidão de passagem 261
Usucapião extraordinário – 15 anos 259
Usucapião ordinário – Prazo de 10 anos 257
Usucapião rural – Especial – Prazo de 5 anos – Constituição de 1988, Lei nº 6.969/1981 e art. 1.239 do CC 255
Usucapião urbano – Área de até 250m^2 – Prazo de 5 anos – Constituição de 1988 e CC art. 1.240 253
Venda de quinhão 262